Slovensko-anglicky

Anglicko-slovensky
turisticky slovnik

MAGDA ŠATUROVÁ-SEPPOVÁ

SLOVENSKO-ANGLICKÝ TURISTICKÝ SLOVNÍK

SLOVENSKÉ PEDAGOGICKÉ NAKLADATEĽSTVO
BRATISLAVA 1992

Autorka © PhDr. Magda Šaturová-Seppová 1987
Slovenský štandardný text posúdili: Břetislav Aleš,
PhDr. Anton Košťál, CSc.
Lektorovala: Heather Trebatická, B. A.
Tretie vydanie

ISBN 80—08—01763-5

AKO POUŽÍVAŤ SLOVNÍK

Slovensko-anglický a anglicko-slovenský turistický slovník je praktickou príručkou, ktorá poslúži návštevníkom krajín, v ktorých sa hovorí po anglicky. Obsahuje nielen potrebnú slovnú zásobu britskej angličtiny, ale aj frekventované americké výrazy.

Pri stále rastúcom cestovnom ruchu sa stáva takýto slovník užitočnou pomôckou. Je určený pre potreby nášho turistu v zahraničí, preto je slovensko-anglická časť rozsiahlejšia a obohatená o najbežnejšie zvraty a spojenia z každodenného života.

Dúfame, že vám tento slovníček bude spoľahlivým spoločníkom na cestách.

AKO POUŽÍVAŤ SLOVNÍK

Za každým heslom v oboch častiach slovníka nasleduje jeho preklad a výslovnosť, ktorú uvádzame v hranatých zátvorkách.

V jednotlivých heslách sa odlišné významy oddeľujú bodkočiarkou. Slová rovnakého znenia s rozličným významom označujeme číslicou [1], [2] vpravo hore nad slovom, napr.: **stáť**[1] (*na nohách*), **stáť**[2] (*o cene*).

V slovníku nájdete krátke poučenie o anglickej výslovnosti a intonácii, tabuľku základných a radových čísloviek, názvy krajín a od nich odvodené prídavné mená, tabuľku anglických mier a hmotností a zoznam skratiek použitých v tomto slovníku.

ANGLICKÁ VÝSLOVNOSŤ

V angličtine je rozdiel medzi písanou podobou a výslovnosťou slova. Preto pri každom slove uvádzame prepis výslovnosti v hranatých zátvorkách. Tie slová, ktorých výslovnosť sa nelíši od písanej podoby, v hranatých zátvorkách neuvádzame.

Slabiky označené v prepise ako [di, ti, ni] vyslovujeme vždy tvrdo ako dy, tý, ny.

[:]	označuje dĺžku samohlásky
[ə]	polohláska, nejasný zvuk, ktorý vzniká pri vyslovovaní spoluhlásky *p, b, t*
[æ]	samohláska podobná slovenskému *ä*
[d]	vyslovuje sa priblížením špičky jazyka k horným zubom (znelé *z*)
[θ]	vyslovuje sa priblížením špičky jazyka k horným zubom (neznelé *s*)
[ŋ]	ako slovenské *n* v slovách *banka, činka, vonku*
[əu]	dvojhláska medzi *ou* a *eu*

[w]	vyslovíme vzájomným priblížením oboch pier
'	apostrof naznačuje vynechanú samohlásku
ˈ	označuje prízvučnú slabiku

Anglická abeceda

a	b	c	d	e	f	g
[ei]	[bi:]	[si:]	[di:]	[i:]	[ef]	[dži:]

h	i	j	k	l	m	n
[eič]	[ai]	[džei]	[kei]	[el]	[em]	[en]

o	p	q	r	s	t	u
[əu]	[pi:]	[kju:]	[a:]	[es]	[ti:]	[ju:]

v	w	x	y	z
[vi:]	[dablju:]	[eks]	[wai]	[zed]

Prízvuk a intonácia

Slovný prízvuk je v angličtine dôraznejší než v slovenčine. Na rozdiel od slovenčiny sa nevyskytuje vždy na prvej slabike. Tam, kde prízvuk nie je na prvej slabike, označujeme ho v prepise výslovnosti krátkou zvislou čiarkou na hornej úrovni riadku [čekəuslou'vækiə].

Oznamovacie vety majú klesajúcu intonáciu. Otázky majú stúpajúcu intonáciu; hlas výrazne vystúpi v tom slove, ktoré chceme zdôrazniť.

Výslovnosť často sa opakujúcich slov

I [ai]	**am** [æm]	**my** [mai]	**has** [hæz, həz]
you [ju:]	**I'm** [aim]	**your** [jo:]	**have** [hæv, həv]
he [hi:]	**are** [a:]	**his** [hiz]	**be** [bi:]
she [ši:]	**is** [iz]	**her** [hə:]	**to** [tu, tə]
we [wi:]	**do** [du:]	**our** [auə]	**for** [fo:, fə]
they [ðei]	**don't** [dəunt]	**their** [ðeə]	**no** [nəu]
can [kæn]	**at** [æt, ət]	**off** [of]	**with** [wið]
can't [ka:nt]	**the** [ðə]	**of** [əv]	**what** [wot]
		as [əz]	**so** [səu]
does [daz]	**that** [ðæt]	**please** [pli:z]	**go** [gəu]
doesn't [daznt]	**this** [ðis]	**by** [bai]	**up** [ap]

ČÍSLOVKY

Základné číslovky	Radové číslovky
0 **nought, zero** [no:t, zi:rəu]	
1 **one** [wan]	1. **first** [fə:st]
2 **two** [tu:]	2. **second** [seknd]
3 **three** [θri:]	3. **third** [θə:d]
4 **four** [fo:]	4. **fourth** [fo:θ]
5 **five** [faiv]	5. **fifth** [fifθ]
6 **six** [siks]	6. **sixth** [siksθ]
7 **seven** [sevn]	7. **seventh** [sevnθ]
8 **eight** [eit]	8. **eighth** [eiθ]
9 **nine** [nain]	9. **ninth** [nainθ]
10 **ten** [ten]	10. **tenth** [tenθ]
11 **eleven** [iˈlevn]	11. **eleventh** [iˈlevnθ]
12 **twelve** [twelv]	12. **twelfth** [twelfθ]
13 **thirteen** [θə:ˈti:n]	13. **thirteenth** [θə:ˈti:nθ]
14 **fourteen** [fo:ˈti:n]	14. **fourteenth** [fo:ˈti:nθ]
15 **fifteen** [fifˈti:n]	15. **fifteenth** [fifˈti:nθ]
16 **sixteen** [siksˈti:n]	16. **sixteenth** [siksˈti:nθ]
17 **seventeen** [sevnˈti:n]	17. **seventeenth** [sevnˈti:nθ]
18 **eighteen** [eiˈti:n]	18. **eighteenth** [eiˈti:nθ]
19 **nineteen** [nainˈti:n]	19. **nineteenth** [nainˈti:nθ]

ČÍSLOVKY

20 **twenty** [twenti]	20. **twentieth** [twentiiθ]
21 **twenty one** [twenti wan]	21. **twenty first** [twenti fə:st]
22 **twenty two** [twenti tu:]	22. **twenty second** [twenti seknd]
30 **thirty** [θə:ti]	30. **thirtieth** [θə:tiəθ]
31 **thirty one** [θə:ti wan]	31. **thirty first** [θə:ti fə:st]
40 **forty** [fo:ti]	40. **fortieth** [fo:tiəθ]
41 **forty one** [fo:ti wan]	41. **forty first** [fo:ti fə:st]
50 **fifty** [fifti]	50. **fiftieth** [fiftiəθ]
51 **fifty one** [fifti wan]	51. **fifty first** [fifti fə:st]
60 **sixty** [siksti]	61. **sixtieth** [sikstiəθ]
61 **sixty one** [siksti wan]	61. **sixty first** [siksti fə:st]
70 **seventy** [sevnti]	70. **seventieth** [sevntiəθ]
71 **seventy one** [sevnti wan]	71. **seventy first** [sevnti fə:st]
80 **eighty** [eiti]	80. **eightieth** [eitiəθ]
81 **eighty one** [eiti wan]	81. **eighty first** [eiti fə:st]
90 **ninety** [nainti]	90. **ninetieth** [naintiəθ]
91 **ninety one** [nainti wan]	91. **ninety first** [nainti fə:st]
100 **hundred** [handrəd]	100. **hundredth** [handrədθ]
101 **hundred and one** [handrəd ənd wan]	101. **hundred and first** [handrəd ənd fə:st]
200 **two hundred** [tu: handrəd]	200. **two hundredth** [tu: handrədθ]
300 **three hundred** [θri: handrəd]	300. **three hundredth** [θri: handrədθ]

ČÍSLOVKY

593 five hundred and ninety three [faiv handrəd ənd nainti θri:]

1000 (one) thousand [θauznd]

2000 two thousand [tu: θauznd]

1.000.000 one million [wan miljən]

2.000.000 two million [tu: miljən]

1.000.000.000 one milliard [miljəd]
am. **billion** [biljən]

593. five hundred and ninety third [faiv handrəd ən nainti θə:d]

1000. (one) thousandth [θauzndθ]

2000. two thousandth [θauzndθ]

1.000.000. millionth [miljənθ]

NÁZVY KRAJÍN
A OD NICH ODVODENÉ
PRÍDAVNÉ MENÁ

A	Rakúsko Austria [oːstriə]		rakúsky Austrian [oːstriən]
AUS	Austrálsky zväz Australia [oːstʲreiljə]		austrálsky Australian [oːstʲreiljən]
B	Belgicko Belgium [beldžəm]		belgický Belgian [beldžən]
BG	Bulharsko Bulgaria [balˈgeəriə]		bulharský Bulgarian [balˈgeəriən]
C	Kuba Cuba [kuːbə]		kubánsky Cuban [kuːbən]
CDN	Kanada Canada [kænədə]		kanadský Canadian [kəˈneidjən]
CH	Švajčiarsko Switzerland [swicələndʲ]		švajčiarsky Swiss [swis]
CS	Česko-Slovensko Czecho-Slovakia [čekəuslɘuˈvækiə]		česko-slovenský Czecho-Slovak [čekəˈslɘuvæk]
	Čechy Bohemia [bəuˈhiːmjə]		český Czech [ček]
	Slovensko Slovakia [slɘuˈvækiə]		slovenský Slovak [slɘuvæk]
D	NSR Federal Republic of Germany [fedərəl riˈpablik əv džɜːməni]		nemecký German [džɜːmən]

NÁZVY KRAJÍN

DK **Dánsko** Denmark [denma:k] — **dánsky** Danish [deiniš]

E **Španielsko** Spain [spein] — **španielsky** Spanish [spæniš]

EIR **Írsko** Eire [eə] — **írsky** Irish [airiš]

F **Francúzsko** France [fra:ns] — **francúzsky** French [frenč]

FL **Lichtenštajnsko** Liechtenstein [lichtenstein] — **lichtenštajnský** Liechtenstein

GB **Veľká Británia** Great Britain [greit britn] — **britský** British [britiš]

Anglicko England [iŋglənd] — **anglický** English [iŋgliš]

Severné Írsko Northern Ireland [no:θən aiəlænd] — **írsky** Irish [airiš]

Škótsko Scotland [skotlænd] — **škótsky** Scottish [skotiš], **Scotch** [skoč]

Wales Wales [weils] — **waleský** Welsh [welš]

GR **Grécko** Greece [gri:s] — **grécky** Greek [gri:k]

H **Maďarsko** Hungary [haŋgəri] — **maďarský** Hungarian [haŋ'geəriən]

I **Taliansko** Italy [itəli] — **taliansky** Italian [i'tæljən]

NÁZVY KRAJÍN

- **L** Luxembursko Luxembourg [laksəmbə:g] — luxemburský Luxembourg
- **N** Nórsko Norway [noːwei] — nórsky Norwegian [noˡːwiːdžən]
- **NL** Holandsko (the) Netherlands [neðələndz] — holandský Dutch [dač]
- **NZ** Nový Zéland New Zealand [njuː ziːlənd] — novozélandský New Zealand
- **P** Portugalsko Portugal [pɔːtjugəl] — portugalský Portuguese [pɔːtjuˡgiːz]
- **PL** Poľsko Poland [pəulənd] — poľský Polish [pəuliš]
- **RO** Rumunsko Romania [rəˡmeinjə] — rumunský Romanian [rəˡmeinjən]
- **S** Švédsko Sweden [swiːdn] — švédsky Swedish [swiːdiš]
- **SF** Fínsko Finland [finlənd] — fínsky Finnish [finiš]
- **SU** Sovietsky zväz Soviet Union [səuviet juːnjən] — sovietsky Soviet [səuviet]
  Rusko Russia [rašə] — ruský Russian [rašən]
- **USA** Spojené štáty americké United States of America [juˡnaitid steits əv əˡmerikə] — americký American [əˡmerikən]
- **YU** Juhoslávia Yugoslavia [juːgəˡslaːviə] — juhoslovanský Yugoslav [juːgəslaːv]

Afrika Africa [æˡfrikə] — africký African [æfrikən]
Amerika America [əˡmerikə] — americký American [əˡmærikən]
Ázia Asia [eišə] — ázijský Asian [eišnə]

Austrália Australia [oːstˈreiljə]
Európa Europe [juərəp]
Čína China [čainə]
India India [indjə]
Japonsko Japan [džəˈpæn]

austrálsky Australian [oːstˈreiljən]
európsky European [juərəˈpiən]
čínsky Chinese [čaiˈniːz]
indický Indian [indjən]
japonský Japanese [džæpəˈniːz]

Tabuľka britských mier a hmotností

Dĺžkové miery	12 inches [inčiz]	1 inch [inč] (palec) = 1 foot [fut] (stopa)	=	2,54 cm 30,48 cm
	3 feet [fiːt]	= 1 yard [jaːd]	=	0,914 m
	1.760 yards [jaːdz]	= 1 mile [mail] (míľa)	=	1.609 km

Plošné miery	144 square inches [skweə]	1 square inch = 1 square foot	= =	6.451 cm^2 926.03 cm^2
	9 square feet	= 1 square yard	=	0,836 m^2
	4.840 square yards	= 1 acre [eikə]	=	0,405 ha
	640 acres	= 1 square mile	=	2.59 km^2

Objemové miery	2 pints	1 pint [paint] = 1 quart [kwoːt]	= =	0,568 l 1,136 l
	4 quarts	= 1 gallon [gælən]	=	4,546 l
	8 gallons	= 1 bushel [bušl]	=	36,37 l
	8 bushels	= 1 quarter [kwoːtə]	=	2,909 hl

TABUĽKA BRITSKÝCH MIER A HMOTNOSTÍ

		1 **ounce** [auns] (**oz.**) (unca) = **28,35 g**
Hmotnostné	16 oz.	= 1 **pound** [paund] (**lb**) (libra) = **0,454 kg**
miery	14 lb.	= 1 **stone** [stəun] (**st.**) = **6,35 kg**
	112 lb.	= 1 **hundredweight** [handrədweit] (**cwt**) = **50,8 kg**
	20 cwt (2.240 lb.)	= 1 **long ton** [tan] = **1,016 tonnes**
	2.000 lb.	= 1 **short ton** [šo:t] = **0,907 tonnes**

Fahrenheit	*Celsius*
0	—17,8
14	—10
32	0
50	10
68	20
86	30
104	40
122	50
140	60
158	70
176	80
194	90
212	100

°F premeníme na °C tak, že odpočítame 32, násobíme 5 a delíme 9.
Napríklad: 68 °F = ? °C

$$\frac{(68 - 32) \times 5}{9} = \frac{36 \times 5}{9} = 20\,°C$$

ZOZNAM SKRATIEK

al.	alebo
am.	americká angličtina
ap.	a podobne
aut.	automotorizmus
br.	britská angličtina
div.	divadlo
dopr.	doprava
el.	elektrotechnika
film.	filmárstvo
fot.	fotografia
hovor.	hovorový výraz
hud.	hudba
kuch.	kuchárstvo
lek.	lekárstvo
mn. č.	množné číslo
os	oneself [wanself]
p.	pozri
podst.	podstatné meno
predl.	predložka
príd.	prídavné meno
prísl.	príslovka
privl.	privlastňovacie zámeno
sb	somebody [sambodi]

ZOZNAM SKRATIEK

sl.	sloveso
sth	something [samθiŋ]
spoj.	spojka
šport.	športový výraz
zám.	zámeno
žel.	železničiarstvo
tech.	technika
telef.	telefónia

A

a spoj. and [ænd, ənd]
abeceda ABC [ei bi: si:], alphabet [ˈælfəbet]; **podľa a-y** in alphabetical order [ˈælfəˈbetikəl ɔ:də]
abonentný: a-á vstupenka season ticket [ˈsi:zn tikit]
absolvent *(školy)* graduate [ˈgrædjuət]
abstinent teetotaller [ti:ˈtəutlə]; **som a.** I'm a teetotaller [aim]
aby that [ðət], in order that [ɔ:də]; **a. nie** lest
adresa address [əˈdres]; **na a-u** c/o (care of) [keə əv]; **spiatočná a.** return address [riˈtə:n]; **akú máte a-u?** what's your address? [wots jɔ:]
adresár directory [diˈrektori]
adresát addressee [ædreˈsi:]
advokát solicitor [səˈlisitə], lawyer [lɔ:iə], am. attorney [əˈtə:ni]
aerolínie airlines [ˈeəlainz], airway [ˈeəwei]; **Československé a.** Czechoslovak airlines [čekəuˈsləuvæk]; **Britské a.** British Airways [britiš eəweiz]
aerotaxi taxi plane [ˈtæksi plein]
agentúra agency [ˈeidžənsi]; **spravodajská a.** news agency [ˈnju:z]; **tlačová a.** press agency
ahoj *(pozdrav)* hello [heˈləu], hallo [həˈləu], hullo [haˈləu]; *(pri lúčení)* cheerio [čiəriˈəu], bye(-bye) [bai]
aj and [ənd], too [tu:]
ak if
akadémia academy [əˈkædəmi]; **a. vied** academy of sciences [saiənsiz]
akcelerátor aut. accelerator [əkˈseləreitə]

AKCIA 22

akcia *(činnosť)* action [ækšn]; *(kampaň)* campaign [kæm'pein]; *(dobročinná)* charity [čæriti]; *(obchodná)* share [šeə], am. stock [stok]

akciový: a-á spoločnosť joint-stock company [džointstok kampəni]

ako *(otázka)* how [hau]; **a. sa máte?** how are you? [a: ju:]; **a. sa to povie po anglicky?** how do you say it in English? [sei, iŋgliš]; **a. sa voláte?** what's your name? [wots jo: neim]; *(porovnanie)* as [əz], like [laik]; **nie tak . . . a.** not so . . . as [səu]

akosť quality [kwoliti]; **výrobok prvej a-ti** top al. best quality product [prə'dakt]

akt *(čin)* act [ækt]; *(spis)* document [dokjumənt], paper [peipə]; *(umelecké dielo)* nude [nju:d]

aktovka briefcase [bri:fkeis], portfolio [po:t'fo:ljəu]

aktuality news [nju:z], current events [karənt i'vents]

aktuálny topical [topikl], *(súčasný)* modern [modən]

akumulátor aut. storage battery [sto:ridž bætəri], am. accumulator [ə'kju:mjuleitə]

akvarel water-colour [wo:təkalə]

aký what (kind of) [wot (kaind əv)]; **akú farbu?** what colour? [kalə]; **akú veľkosť?** what size? [saiz]

ale but [bat, bət], still

alebo or [o:]; **buď — a.** either — or [aiðə o:]

aleja avenue [ævinju:]

alergia allergy [ælədži]

alkohol alcohol [ælkəhol], spirits

alkoholický alcoholic [ælkə'holik]; **a-é nápoje** spirits, strong drinks

Alpy the Alps [ælps]

alt contralto [kən'træltəu]

amatér amateur [æmətə]

ambulancia out-patients' department [autpeišnts di'pa:tmənt]

ambulantný: a. pacient out-patient [autpeišnt]; **a-á predajňa** itinerant shop [i'tinərənt šop]
amfiteáter amphitheatre [æmfiθiətə]
ananás pineapple [painæpl]
anekdota anecdote [ænikdəut], joke [džəuk]
angína tonsil(l)itis [tonsi'laitis]; **mám a-u** I have tonsil(l)itis
anglicky English [iŋgliš]; **(ne)rozprávam po a.** I (don't) speak English [dəunt spi:k]; **rozprávate po a.?** do you speak English?; **(ne)rozumiem po a.** I (don't) understand English [andə'stænd]
Angličan Englishman [iŋglišmən]
Angličanka Englishwoman [iŋglišwumən]
angličtina (the) English (language) [iŋgliš læŋgwidž]
ani nor [no:], not even [i:vn]; **ani — ani** neither — nor [naiðə no:]; **ani trocha** not at all [o:l]
anjel angel [eindžl]; **žltý a.** *(záchranná služba motoristov)* br. AA patrol [ei ei pætrəul]
áno yes [jes]
anténa aerial [eəriəl]; **televízna a.** TV aerial [ti:vi:]
antibiotikum antibiotic [æntibai'otik]
antický antique [æn'ti:k], ancient [einšnt], classical [klæsikl]
antikvariát second-hand bookshop [seknd'hænd bukšop]
aparát apparatus [æpə'reitəs], appliance [ə'plaiəns]; **fotografický a.** camera [kæmərə]
aperitív aperitif [ə'peritif]
apríl April [eiprəl]
archeológia archaeology [a:ki'olədži]
architekt architect [a:kitekt]
architektúra architecture [a:ki'tekčə]
ária aria [a:riə], air [eə]

armáda army [a:mi]
aróma aroma [ə'rəumə]
asfalt asphalt [æsfælt]
asi *(možno)* maybe [meibi:], perhaps [pə'hæps]; *(približne)* about [ə'baut]
asistent *(pomocník)* assistant [ə'sistənt]; *(na vysokej škole)* lecturer [lekčərə]
aspik kuch. aspic [æspik]
aspirín aspirin [æspərin]
aspoň at least [ət li:st]
astma asthma [æsmə]
atašé attaché [ə'tæšei]; **kultúrny a.** cultural attaché [kalčərəl]; **obchodný a.** commercial attaché [kə'mə:šəl]
atď. etc. [i:ti:si:], and so on [ən səu on]
ateliér studio [stju:diəu]
Atlantický oceán the Atlantic Ocean [ət'læntik əušn]
atlét athlete [æθli:t]
atletika athletics [æθ'letiks]; **ľahká a.** athletics; **ťažká a.** boxing, wrestling and weightlifting [boksiŋ, resliŋ, weitliftiŋ]
atmosféra atmosphere [ætməsfiə]
atóm atom [ætəm]
atrament ink
audiencia audience [o:diəns]
august August [o:gəst]
auto car [ka:]; **osobné a.** private car [praivit]; **nákladné a.** lorry [lori]; **máte a.?** have you got a car? [hæv ju:]
autoatlas road-atlas [rəud'ætləs]
autobus bus [bas]; **diaľkový a.** coach [kəuč], motorcoach [məutə-

kəuč]; **ktorý a. ide do . . . ?** which bus is for . . . ? [wič]; **poschodový a.** double-decker (bus) [dabldekə]
autohavária breakdown [breikdaun]
autokar coach [kəuč]; **vyhliadkový a.** sightseeing coach [saitsi:iŋ]
autokemping camp(ing-site) [kæmp(iŋsait)], caravan-site [kærəvənsait]
automapa road map [rəud mæp]; **ukážte mi cestu na a-e, prosím** can you show me the way on the road map, please? [kən ju: šəu, wei, pli:z]
automat *(jedáleň)* snack-bar [snækba:]; *(so samoobsluhou)* self-service restaurant [selfsə:vis rest(ə)rənt]; *(na lístky, tovar)* slot-machine [slotməˈši:n]; **hrací a.** *(hudba)* juke-box [džu:kboks]; *(hry)* amusement arcade [əˈmju:zmənt a:ˈkeid]
automatický automatic [o:təˈmætik]
automechanik car mechanic [ka:miˈkænik]
automobilista motorist [məutərist]
automobilový motor-car [məutəka:]
autonehoda road accident [rəud æksidənt]
autoopravovňa garage [gæra:ž, gæridž]; **kde je najbližšia a.?** where's the nearest garage? [weəz, niərist]
autor(ka) author [o:θə]
autoservis car service (station) [ka:sə:vis (steišn)]
autostop hitchhiking [hičhaikiŋ]; **cestovať a-om** hitchhike [hičhaik]
autostopár(ka) hitchhiker [hičhaikə]
autostráda motorway [məutəwei]
autoškola driving school [draiviŋ sku:l]
autotaxi motor cab [məutə kæb]
autoturistika motor tourism [məutə tuərizm]
avízo advice [ədˈvais], note [nəut], notice [nəutis]

avšak but [bat], however [hau'evə], still
azda perhaps [pə'hæps], maybe [meibi:]
azyl asylum [ə'sailəm]; **poskytnúť a.** grant the right of sanctuary [gra:nt, rait, sæŋkčuəri]
až (*miestne*) as far as [əz fa: əz]; **až do mesta** as far as the town [taun]; (*časove*) till, until [an'til]; **až do rána** till the morning [mo:niŋ]; **až zajtra** not until tomorrow [tə'morəu]

B

bábika doll [dol]
bábka puppet [papit], marionette [mæriə'net]
bábkový: b.-é divadlo puppet-show [papit šou]
bábovka kuch. Madeira cake [mə'diərəkeik], sponge cake [spandž-keik]
bacil bacillus [bə'siləs]
bagančie laced boots [leist bu:ts], brogues [brəugz]
bahno mud [mad], swamp [swomp]
baktérie germs [džə:mz]
balenie wrapping [ræpiŋ], **darčekové b.** gift-box [giftboks]; **pôvodné b.** the original wrapping [o'ridžinəl]
balet ballet [bælei]
baliaci: b. papier wrapping paper [ræpiŋ peipə]
balík parcel [pa:sl]; packet [pækit]; **chcem poslať b.** I'd like to send a parcel [aid laik]
baliť (*zavinúť*) wrap [ræp]; (*kufor*) pack [pæk]
balkón balcony [bælkəni]; **izba s b-om** a room with a balcony [rum];

BATÉRIA

div. **prvý b.** dress circle [dressə:kl]; **druhý b.** upper circle [apə], am. balcony

Baltické more the Baltic Sea [bo:ltik si:]
balónový plášť mack(intosh) [mæk(intoš)]
baňa mine [main], pit
banán banana [bəˈna:nə]
baník miner [mainə], pitman [pitmən]
banka bank [bæŋk]
banket banquet [bæŋkwit]
bankovka banknote [bæŋknəut], am. bill
bar bar [ba:]; **mliečny b.** milk-bar; **nočný b.** nightclub [naitklab]
baranina mutton [matn], lamb [læm]
baret(ka) beret [berei]
barla crutch [krač]
barok baroque [bəˈrok]
barometer barometer [bəˈromitə]; **b. klesá, stúpa** the barometer is falling, rising [fo:liŋ, raiziŋ]
basa hud. double-bass [dablbeis]
báseň poem [pəuim]
basketbal basket-ball [ba:skitbo:l]
básnik poet [pəuit]
bašta bastion [bæstiən], fortification [fo:tifiˈkeišn]
báť sa koho, čoho be afraid of sb,sth [əˈfreid], fear sb,sth [fiə:]; **bojím sa, že nepríde** I'm afraid he won't come [wəunt kam]; **nebojte sa** don't be afraid [dəunt bi:]
batéria aut. battery [bætəri]; **nabiť b-iu** charge the battery [ča:dž]; **b. sa vybila** the battery is flat [flæt]; **b. do tranzistora** battery for a transistor radio [trænˈzistə reidiəu]; **plochá, ceruzková, guľatá b.** square, pencil, round battery [skweə, pensl, raund]

baterka torch [to:č]
batožina luggage [lagidž], am. baggage [bægidž:]; **príručná b.** hand luggage [hænd]; **úschovňa b-y** left-luggage office [leftlagidž ofis]; **príjem b-y** luggage registration [redžistˈreišn]; **výdaj b-y** luggage collection [kəˈlekšn]
bavlna cotton [kotn]
bazén swimming-pool [swimiŋ pu:l], bathing pool [beiðiŋ]; **b. pre (ne)plavcov** pool for (non-)swimmers [swiməz]; **krytý, otvorený, termálny b.** indoor, outdoor, thermal pool [indo:, autdo:, θə:məl]; **b. s teplou vodou** heated pool [hi:tid]
bazilika basilica [bæˈzilikə]
bažant pheasant [feznt]
beh run [ran], šport. race [reis]; **prekážkový b.** hurdle [hə:dl]; **štafetový b.** relay race [ri:lei]; **maratónsky b.** the Marathon [mærəθən]
behať run [ran], race [reis]
belasý light blue [lait blu:]
beletria fiction [fikšn]
beloch white man [wait mən]
benzín petrol [petrəl], am. gas(olene) [gæs(əli:n)]; **dajte mi 10 galónov benzínu, prosím** ten gallons of petrol, please [gælənz, pli:z]; **plnú nádrž benzínu, prosím** a full tank, please [tæŋk]; **koľko stojí galón benzínu?** how much does a gallon of petrol cost? [hau mač daz, kost]; **prosím si b. špeciál, super** two star, three star petrol, please [tu: sta:, θri:]; **bezolovnatý b.** leadless petrol [ledlis]
besnota rabies [reibi:z], hydrophobia [haidrəˈfəubiə]
betón concrete [koŋkri:t]
bez without [wiðˈaut]; **b. peňazí** without money [mani]
bezcenný worthless [wə:θles]
bezcolný duty-free [dju:ti'fri:]

bezdevízový exchange-free [iksčeindž¹fri:]
bezdrôtový wireless [waiəlis]
bezfarebný colourless [kaləlis]
bezočivý cheeky [či:ki], impudent [impjudənt]
bezpečnosť safety [seifti], security [sik¹juriti]; **verejná b.** police [pə-¹li:s]
bezpečnostný safety [seifti]; **b-é predpisy** security regulations [regju-¹leišnz]; **b. pás** aut. safety-belt, seat-belt [si:t]; **b-é viazanie** šport. safety binding [baindiŋ]
bezpečný safe [seif], secure [si¹kjuə]
bezplatný free (of charge) [fri: əv ča:dž]
bezvedomie unconsciousness [an¹konšəsnis]; **je v b-mí** he is unconscious
bežať run [ran]
bežky (*lyže*) cross-country skis [kroskantri ski:z]
béžový beige [beiž]
bicykel bicycle [baisikl], bike [baik]; **skladací b.** folding bicycle [fəuldiŋ]; **pretekársky b.** racing bicycle [reisiŋ]
bicyklista cyclist [saiklist]
bieda misery [mizəri], poverty [povəti]
bielizeň underwear [andəweə]; **dámska b.** ladies' lingerie [leidiz lændžəri], women's underwear [wiminz]; **pánska b.** men's underwear; **osobná b.** linen [linin]; **posteľná b.** linen, bed-clothes [bedkləuđz]
bielok egg white [egwait]
biely white [wait]
biftek steak [steik]
biliard billiards [biljədz]
biskup bishop [bišop]

biskupský episcopal [eˈpiskəpəl]; **b. palác** bishop's residence [reziˈdəns], episcopal see [siː]; **b. chlebíček** kuch. fruit cake [fruːt keik]
biť (sa) beat [biːt]
bitka fight [fait]
bižutéria costume jewellery [kostjuːm džuəlri]
blahobyt wealth [welθ], abundance [əˈbandəns]
blahoželanie congratulation [kəngrætjuˈleišn]
blahoželať congratulate [kənˈgrætjuleit]; **blahoželám** congratulations [kəngrætjuˈleišnz]
blanketa form [foːm]; **vyplňte b-u, prosím** fill in the form, please [pliːz]; **b. na telegramy** a telegram form [teligræm]
blatník mudguard [madgaːd], wing, am. fender [fendə]; **vyklepte mi b., prosím** hammer out the wing, please [hæmə aut, pliːz]; **predný, zadný b.** front, back wing [frant, bæk]
blato mud [mad]
blázon fool [fuːl]
bledomodrý light blue [lait bluː]
bledý pale [peil]
blesk lightning [laitniŋ], fot. (photo)flash [fəutəflæš]
bleskozvod lightning-conductor [laitniŋ kənˈdaktə], lightning-rod
blikač, blinker aut. indicator [indikeitə]
blikať (*svetlo*) blink
blíz(k)o near [niə]; **je to celkom b.** it is quite near [kwait]; **je to b.?** is it near?
blízky near [niə], close [kləus]; **b. príbuzný** close relative [relətiv]
blok (*domov*) block [blok]; (*zápisník*) writing pad [raitiŋ pæd]
blondín(ka) blonde [blond]
blúdiť wander [wondə]
blúz(k)a blouse [blauz]

blýskať sa: blýska sa there's lightning [ðeəz laitniŋ]
boby šport. bob-sleigh [bobslei]
bočný side [said]; **b-á ulica** side street [stri:t]; **b-á cesta** byway [baiwei]; **b. vchod** side entrance [entrəns]
bod point
boh god
bohatý rich [rič], wealthy [welθi]
bohoslužby divine service [divain sə:vis], liturgy [litədži]
bohužiaľ unfortunately [anˈfoːčənətli]
bochník loaf [ləuf]; **b. chleba** a loaf of bread [bred]
boj battle [bætl], fight [fait]
bója buoy [boi]
bok side [said]
bolesť pain [pein], ache [eik]; **b. hlavy** headache [hedeik]; **b. zubov** toothache [tu:θeik]; **mám (veľké) bolesti** I have (terrible) pain [terəbl pein]
bolieť hurt [hə:t]; **bolí ma hlava, zuby, žalúdok** I have a headache, a toothache, a stomach-ache [hedeik, tu:θeik, staməkeik]; **bolí ma hrdlo** I have a sore throat [ai hævə so: θrəut]; **bolí vás to?** does it hurt? [daz]; **bolia ma nohy** my legs ache [mai legz eik]
bomba bomb [bom]
bonbón chocolate sweets [čoklit swi:ts]
bonboniéra a box of chocolates [čoklits]
bony *(stravné lístky)* meal vouchers [mi:l vəučəz]
borievky bilberries [bilbəriz]
borovica pine tree [pain tri:]
borovička gin [džin]
bosý barefooted [beəfutid]

box šport. boxing; *(vo vlaku, v kaviarni)* compartment [kəm-ˈpa:tmənt]
bozk kiss
bozkať kiss; **bozkáva Ťa** *(v liste)* (much) love [(mač) lav]
bôčik kuch. belly of pork [beli əv po:k]
brada *(časť tváre)* chin [čin]; *(porast)* beard [biəd]
brána gate [geit]
brániť (sa) defend (oneself) [diˈfend (wanself)]
brankár goal-keeper [gəulki:pə]
brat brother [bradə]
brať take [teik]; **b. do úvahy** consider [kənˈsidə], take into consideration [teik intə kənsidəˈreišn]; **b. na vedomie** take note of sth [nəut əv]
bratanec cousin [kazn]
Bratislava Bratislava [brætiˈsla:və]
bravčovina pork [po:k]
bravčový pork [po:k]; **b. rezeň** *(vysmážaný)* schnitzel [šnicəl]; **b-á pečeň** pig's liver [pigz livə]
breh bank [bæŋk]; **morský b.** beach [bi:č]; **b. rieky** river bank [rivə]
breza birch [bə:č]
brigáda *(pracovná)* voluntary work [voˈləntəri wə:k]
britva razor [reizə]
bronchitída bronchitis [brɔnˈkaitis]
bronz bronze [brɔnz]
broskyňa peach [pi:č]
brožúra booklet [buklit], brochure [brəušuə], pamphlet [pæmflət]
brucho belly [beli], stomach [stamək]
brunetka brunette [bru:ˈnet]
brusnice cranberries [krænbəriz]

brutto gross weight [grəus weit]
brzda brake [breik]; **automatická b.** automatic brake [o:tə¦mætik]; **nožná b.** footbrake [futbreik]; **ručná b.** handbrake [hændbreik]; **tlaková b.** air brake [eəbreik]; **záchranná b.** emergency brake [i¦mə:džənsi], communications cord [kəmju:ni¦keišnz ko:d]; **uvoľnite b-y** loosen the brakes [lu:zn]; **b-y nefungujú** the brakes don't work [dəunt wə:k]; **zlyhali mi b-y** the brakes failed [feild]
brzdiť brake [breik]
buď — alebo either — or [aiðə o:]
Budapešť Budapest [¦bju:də¦pest]
budík alarm-clock [ə¦la:mklok]; **cestovný b.** travelling clock [trævliŋ]
búdka box; **telefónna b.** telephone box [telifəun], call-box [ko:l], public telephone [pablik]
budova building [bildiŋ]
budúci future [fju:čə]
budúcnosť future [fju:čə]
bufet buffet [bafei], snack bar [snækba:]
búchať bang [bæŋ], rap [ræp]
buchty kuch. filled buns [fild banz]
bujón kuch. clear soup [kliə su:p], bouillon [bu:jo:n]
buk beech [bi:č]
bunka cell [sel]
búrka storm [sto:m]
burza exchange [iks¦čeindž]
bydlisko place [pleis], abode [ə¦bəud], address [ə¦dres]; **prechodné, trvalé b.** present, permanent address [preznt, pə:mənənt]
býk bull
bylinkový: b. čaj herb(al) tea [hə:b(əl) ti:]
byt flat [flæt], am. apartment [ə¦pa:tmənt]; **b. so stravou** board and

lodgings [bo:d ənd lodžiŋz]; **byt s príslušenstvom** a flat with all modern conveniences [wið o:l modən kən'vi:njənsiz]; **trojizbový b.** a three-room flat [θri:rum]

byť be [bi:]; **som spokojný** I'm satisfied [aim sætisfaid]; **som hladný, smädný,** I'm hungry, thirsty [haŋri, θə:sti]; **som Slovák (Slovenka), pochádzam z Bratislavy** I'm Slovak, I come from Bratislava [sləuvæk, kam]; **ste Angličan(ka)?** are you English? [a: ju: iŋgliš]; **čo je to?** what is that? [wot iz ðæt]; **čo je?** what's the matter? [wots, mætə]

bývalý former [fo:mə], ex-

bývať live [liv]; **bývam v hoteli, v súkromí, v kempingu** I'm staying at a hotel, in private lodgings, at a campsite [aim steiiŋ, həu'tel, praivit lodžiŋz, kæmpsait]; **kde bývate?** where are you staying? [weə a: ju:]; **býva tu pán X.?** does Mr. X. live here? [daz mistə, hiə]

byzantský: b. štýl Byzantine style [bi'zæntain stail]

C

celkom (*dosť*) quite [kwait], fairly [feəli]; **cíti sa c. dobre** he is feeling quite al. fairly well [fi:liŋ]; (*úplne*) fully [fuli], completely [kəm'pli:tli]; **som c. sám** I'm completely alone [ə'ləun]

celkový (*úhrnný*) total [təutl]; **c-á suma** total amount [ə'maunt]; (*všeobecný*) general [dženərəl]; **c. dojem** general impression [im'prešn]

celodenný full(-time) [fultaim], whole-day [həuldei], full-day [fuldei]; **c-á penzia** full board [bo:d]; **c. výlet** whole-day tour [tuə], day-trip

celý whole [həul]; **c. deň** all day [o:l dei], the whole day [həul]; **c-ú noc** all night [nait]; **po c-ú sezónu** throughout the season [θru:aut, si:zn]; **na c-om svete** all over the world [əuvə, wə:ld]

cement cement [si'ment]

cena *(tovaru)* price [prais]; **nízke, znížené, vysoké c-y** low, reduced, high prices [lo:, ri'dju:st, hai praisiz]; *(hodnota)* value [vælju:]; **to (ne)má veľkú c-u** it is (not) of great value [greit]; *(odmena)* reward [ri'wo:d]; prize [praiz]; **vyhrať prvú c-u** win the first prize [fə:st]

cenník price list [prais list]

cenný valuable [væljuəbl], precious [prešəs]

cent *(peniaz)* cent [sent]; *(metrický)* metric centner [metrik sentnə], two hundredweight [tu: handrədweit]

centimeter centimetre [sentimi:tə]

centrála: telefónna c. telephone exchange [telifəun iks'čeindž]

centrum centre [sentə]; **obchodné c.** shopping centre [šopiŋ]; **ako sa dostanem do centra?** how do I get to the centre? [hau du: ai]

ceruz(k)a pencil [pensl]

cesnak garlic [ga:lik]

cesta dopr. way [wei], road [rəud]; **jednosmerná c.** one-way road [wanwei]; **ukážte mi c-u do . . ., prosím** show me the way to . . ., please [šəu, pli:z]; **najkratšia c.** the shortest way [šo:tist]; **prístupová c.** drive [draiv]; *(cestovanie)* journey [džə:ni]; **služobná c.** business trip [biznis]; **spiatočná c.** return journey [ri'tə:n]; **svadobná c.** honeymoon [hanimu:n]; **študijná c.** study tour [stadi tuə]; **šťastnú c-u!** have a good journey [hæv ə gud]

cesto paste [peist], *(kysnuté)* dough [dəu]

cestopis book of travels [buk əv trævlz]

cestovať travel [trævl]; **c. autom, autobusom, lietadlom, loďou, vla-**

kom travel by car, by bus, by air, by ship, by train [bai ka:, bas, eə, šip, trein]

cestovateľ traveller [trævələ]

cestoviny pasta [pæstə]

cestovný travel [trævl]; **c. doklad** travel document [dokjumənt]; **c-á kancelária** travel agency [eidžənsi], travel agent's (office) [eidžənts ofis]; **c. pas** passport [pa:spo:t]; **c. poriadok** timetable [taimteibl]; **c. šek** traveller's cheque [ček]; **c-é výdavky** travelling expenses [iksˈpensis]

cestujúci passenger [pæsindžə], traveller [trævlə]

cez *(miestne)* over [əuvə], across [əˈkros]; **prejsť c. cestu** cross the street [kros, stri:t]; *(časove)* over [əuvə]; **c. celý rok** throughout the year [θru:aut, jiə], the whole year (round) [həul, raund]

cibuľa onion [anjən]

cieľ aim [eim]; šport. goal [gəul]; **c. cesty** destination [destiˈneišn]

cievka reel [ri:l]; am. spool [spu:l]; tech. coil [koil]

cigara cigar [siˈga:]

cigareta cigarette [sigəˈret]; **c. s filtrom** a filter-tipped cigarette [filtə tipt]; **c. bez filtra** a cigarette without a filter [wiďaut]

cintorín cemetery [semitri], churchyard [čə:čja:d]

cirkev church [čə:č]

cirkus circus [sə:kəs]

cítiť (sa) feel [fi:l]; **cítim bolesť** I feel pain [pein]; **(ne)cítim sa dobre** I don't feel well [ai dəunt]; **ako sa cítite?** how do you feel? [hau du: ju:]; *(čuchom)* smell; **cítiť tu dym** there's a smell of smoke here [ðeəz, sməuk hiə]

citlivý sensitive [sensətiv]

citrón lemon [lemən]

citronáda lemonade [leməneid], lemon squash [lemən skwoš]

clo duty [dju:ti], customs [kastəmz]; **dovozné, vývozné c.** import, export duty [impo:t, ekspo:t]; **bez cla** duty-free [fri:]; **podlieha to clu?** is it subject to duty? [sabdžikt]; **koľko cla treba zaplatiť?** how much duty is there to pay? [hau mač, ðeə, pei]

clona fot. diaphragm [daiəfræm]

colnica customs house [kastəmz haus]

colník customs officer [kastəmz ofisə]

colný customs [kastəmz]; **c. poplatok** customs tariff [tærif]; **c. úrad** customs house [haus]; **c-é potvrdenie** clearance documents [kliərəns dokjumənts]; **c-é vyhlásenie** customs declaration [dekləˈreišn]; **c-á kontrola** customs examination [igzæmiˈneišn]

cudzí *(cudzokrajný)* foreign [forən]; **c-ia valuta** foreign exchange [iksˈčeindž]; *(neznámy)* strange [streindž]

cudzina foreign country [forən kantri]; **v c-e** abroad [əˈbro:d]; **cestujem do c-y** I'm going abroad [aim gəuiŋ]

cudzinec *(neznámy)* stranger [streindžə]; *(zo zahraničia)* foreigner [forənə]; **som c., nerozumiem dobre po anglicky** I'm a foreigner, I don't understand English very well [ai dəunt andəˈstænd ingliš]

cukor sugar [šugə]; **kockový, kryštálový, práškový, vanilkový c.** lump, granulated, icing, vanilla sugar [lamp, grænjuleitid, aisiŋ, vəˈnilə]; **bez cukru** without sugar [wiðˈaut]; **s cukrom** with sugar [wið]

cukornička sugar basin [šugə beisn], sugar bowl [bəul]

cukráreň confectioner's [kənˈfekšnəz], pâtisserie [pəˈtisəri], am. candy store [kændi sto:]

cukríky sweets [swi:ts], am. candy [kændi]

cukrovka *(repa)* sugar-beet [šugəbi:t]; lek. diabetes [daiəˈbi:tiz]

cúvať aut. back [bæk], reverse [riˈvə:s]; **cúvnite!** back your car, please [jo: ka: pli:z]; **môžem cúvať?** can I back? [kən]

cvičenie exercise [eksəsaiz]; šport. training [treiniŋ]
cvikla beetroot [bi:tru:t], red beet [bi:t]
cyklista cyclist [saiklist]
cyklistický cycling [saikliŋ]
cylinder *(klobúk)* silk hat [hæt], top hat; tech. cylinder [silində]

Č

čaj tea [ti:]; **č. s cukrom, bez cukru** tea with sugar, without sugar [wið, wið'aut]; **č. s citrónom** lemon tea [lemən]; **porciovaný č.** tea-bags [ti:bægz]; **slabý, silný č.** strong, weak tea [wi:k]; **č. o piatej** five o'clock tea [faivəklok]
čajník *(na varenie)* tea-kettle [ti:ketl]; *(na podávanie)* tea-pot
čajovňa tearoom [ti:rum], tea-shop [ti:šop]
čakáreň waiting room [weitiŋ rum]; **č. pre matky s deťmi** waiting room for mothers with babies [maðəs, beibiz]; **č. pre nefajčiarov** waiting room for non-smokers [nonsməukəz]
čakať wait [weit]; **čakám na pána ...** I'm waiting for Mr ... [aim weitin, mistə]; **na koho čakáte?** who are you waiting for? [hu:]; **čakáte už dlho?** have you been waiting long? [bi:n]; **budem vás čakať o piatej** I'll be waiting for you at five o'clock [ət faivəklok]
čalúnený upholstered [ap'həulstə(:)d]
čapica p. **čiapka**
čas time [taim]; **letný, zimný č.** summer, winter time [samə, wintə]; **nemám č.** I have no time [ai həv nəu]; **máme dosť času** we have time enough [i'naf]; **presný č.** the exact time [ig'zækt]; **voľný č.** free time [fri:], leisure [ležə]; **pracovný č.** working hours [wə:kiŋ auəz]

časopis journal [džə:nl]; *(obrázkový)* magazine [mægə'zi:n]
časť part [pa:t]; **po častiach** in parts; *(podiel)* share [šeə]
často often [ofn]; **ako č.?** how often? [hau]
čašníčka waitress [weitris]
čašník waiter [weitə]; **hlavný č.** headwaiter [hedweitə]
čelo *(časť tváre)* forehead [forid]; hud. cello [čeləu]
čeľusť jaw [džo:]; aut. **brzdová č.** shoe [šu:]
čerešňa *(plod)* cherry [čeri]; *(strom)* cherry-tree [tri:]
čerešňovica cherry-brandy [čeribrændi]
černice blackberries [blækbəriz]
černoch negro [ni:grəu]
čerpací: č-ia stanica filling station [steišn], petrol station [petrəl]
čerpadlo pump [pamp]; **benzínové č.** filling station [steišn], petrol station [petrəl]
čerstvý fresh [freš]
červený red; aut. **ísť na č-ú** jump the lights [džamp, laits]
Červený kríž Red Cross [kros]
červík worm [wə:m]
česať sa comb [kəum]
česť honour [onə]
čestný honest [onist]; *(funkcia)* honorary [onə(rə)ri]; **č-é slovo** word of honour [wə:d əv onə]
či if, whether [weðə]
čí, čia, čie privl. whose [hu:z]
čiapka cap [kæp], hat [hæt]; **kúpacia č.** bathing cap [beiðiŋ]; **lyžiarska č.** skiing cap [ski:iŋ]
čiara line [lain]; **vzdušnou č-ou** as the crow flies [əz ðə krəu flaiz]
čiastočne partly [pa:tli]
čiernobiely black-and-white [blækən'wait]

čierny black [blæk]
čin act [ækt]
činnosť activity [æk'tiviti]
činohra play [plei]
činžiak tenement house [tenimənt haus], block of flats [flæts]
čipka lace [leis]
číselník dial [daiəl]
číslica figure [figə], digit [didžit]
číslo *(znak)* number [nambə]; **č. domu** house number [haus]; **párne, nepárne č.** even, odd number [i:vn]; **smerovacie č.** *(poštové)* postcode [pəustkəud], am. zip code; telef. **smerové č.** dialling code [daiəliŋ]; *(veľkosť)* size [saiz]; **č. košele, šiat, topánok** shirt, dress, shoe size [šə:t, šu:]; **prosím si väčšie, menšie č.** give me a larger, smaller size, please [la:džə, smo:lə, pli:z]
čistiaci: č. prostriedok detergent [di'tə:džənt]
čistiareň cleaner's [kli:nəz]; **chemická č.** dry cleaner's [drai]; **dať do čistiarne** have sth cleaned [hæv kli:nd], take to the cleaner's [teik]; **vybrať z čistiarne** collect from the cleaner's [kə'lekt]
čistý clean [kli:n]
čitáreň reading-room [ri:diŋrum]
čítať read [ri:d]
čitateľný legible [ledžəbl]
čižmy boots [bu:ts]; **gumené č.** rubber boots [rabə]
článok *(časť)* cell [sel]; *(novinový)* article [a:tikl]
člen member [membə]; **čestný č.** honorary member [onərəri]
členok ankle [æŋkl]; **vytkol som si č.** I sprained my ankle [spreind mai]
čln boat [bəut]; **motorový č.** motor-boat [məutə]; **rybársky č.** fish-

ing-boat [fišiŋ]; **záchranný č.** rescue-boat [reskju:]; **nafukovací č.** dinghy [diŋgi]

človek man [mæn]

čo what [wot]; **čo robíš?** what are you doing? [a: ju: duiŋ]; **čo chcete?** what do you want? [wont]; **čo sa stalo?** what's happened? [hæpnd]; **čo si želáte?** what would you like? [laik]; **čo vám je?** what's the matter with you? [mætə, wid]

čokoláda chocolate [čoklət]; **horká, mliečna č.** plain, milk chocolate [plein]; **plnená č.** filled chocolate [fild]

čosi something [samθiŋ]

čoskoro soon [su:n]

čpavok ammonia [ə'məunjə]

čučoriedky bilberries [bilbəriz]

D

ďakovať komu za thank sb for [θæŋk]; **ďakujem pekne!** thank you very much [mač]; **ďakujem vám** thank you

ďaleko far [fa:]; **ako ď. je do . . .?** how far is it to . . .? [hau]; **je to ď.?** is it far away? [ə'wei]

ďalekohľad binoculars [bin'okjuləz], field glasses [fi:ld gla:siz]

ďalekopis teleprinter [teliprintə]

ďalekozraký far-sighted [fa:saitid], long-sighted [loŋsaitid]

ďalší next

dáma lady [leidi]; **pre dámy** for ladies [fo: leidiz]

dámsky lady's [leidiz], ladies [leidiz]

daň tax [tæks], duty [dju:ti]

dar present [preznt], gift

darovať give [giv]

ďasno gum [gam]

dať give [giv]; **daj mi to** give it to me; **dajte mi, prosím, vedieť** let me know, please [nəu pli:z]

dať sa: d. sa oholiť get a shave [šeiv]; **d. sa ostrihať** get a haircut [heəkat]; **nič sa nedá robiť** there's nothing to be done [ðeəs naθiŋ, dan]; it can't be helped [ka:nt, helpt]

dať si: dám si kávu I'll have coffee [ail hæv, kofi]; **čo si dáte na obed?** what will you have for lunch? [wot, lanč]; **chcem si d. opraviť topánky** I want to have my shoes mended [wont, mai šu:z mendid]

datľa date [deit]

dáta: osobné d. personal data [pəːsənəl deitə]

dátum date [deit]; **d. narodenia** date of birth [bəːθ]; **d. odchodu, príchodu** date of departure, of arrival [diˈpaːčə, əˈraivl]

dav crowd [kraud]

dávať give [giv]; **čo dávajú dnes v televízii, v divadle, v kine?** what's on television, at the theatre, at the cinema today? [wots, teliˈvižn, θiətə, sinəmə təˈdei]

dávidlo emetic [iˈmetik], vomitory [vomitəri]

dáviť vomit, be sick [biː sik]

dávka *(prídel)* ration [rešn]; *(poplatok)* rate [reit]; lek. dose [dəus]

dávno long ago [loŋ əˈgəu]

dážď rain [rein]

dáždnik umbrella [amˈbrelə]; **skladací d.** folding umbrella [fəuldiŋ]

dcéra daughter [doːtə]

debna case [keis]

december December [diˈsembə]

decimeter decimetre [desiˈmiːtə]

deciliter decilitre [desilitə]
dedič heir [eə]
dedina village [vilidž]; **na d-e** in the village
defekt aut. puncture [paŋkčə]; **mám d.** I've got a puncture [aiv]
dej action [ækšn]
dejiny history [histəri]; **d. umenia** art history [a:t]
dejstvo act [ækt]
dekagram decagram(me) [dekəgrəm], ten grams [grəmz]
deliť divide [di'vaid]
delo cannon [kænən]
demokracia democracy [di'mokrəsi]
demokratický democratic [demə'krætik]
deň day [dei]; **celý d.** the whole day [həul]; **dobrý d.!** *(dopoludnia)* good morning [gud mo:niŋ], *(popoludní)* good afternoon [a:ftə-'nu:n]; **každý d.** every day [evri]; **o 3 dni** in three days time [θri: deiz taim]; **návštevné dni** visiting days [vizitiŋ]; **Štedrý d.** Christmas Eve [krisməs i:v]; **vo dne v noci** day and night [ənd nait]; **vo všedné dni** on weekdays [wi:kdeiz]; **voľný d.** day off
denne daily [deili]
denník *(zápisník)* diary [daiəri]; *(noviny)* daily [deili]
dentista dentist
deravý full of holes [həulz]; *(nádoba)* leaky [li:ki]
desatina tenth [tenθ]
desiata *(jedlo)* snack [snæk], elevenses [i'levnziz]
destilovaný: d-á voda distilled water [dis'tild wo:tə]
detektívka detective story [di'tektiv sto:ri]
detský children's [čildrnz]
devalvácia devaluation [di:'væljueišn]
devízy foreign currency [forin karənsi]

dezert dessert [diˈzə:t], sweet [swi:t]
dezinfekcia disinfection [disinˈfekšn]
dezinfekčný prostriedok disinfectant [disinˈfektənt]
dezodorant deodorant [di:ˈəudərənt]
diabetik diabetic [daiəˈbetik]
diagnóza diagnosis [daiəgˈnəusis]
diaľka distance [distəns]
diaľkový long-distance [loŋ distəns]; **d. autobus** coach [kəuč]
diaľnica motorway [məutəwei], am. highway [haiwei]
diamant diamond [daiəmənd]
diapozitív slide [slaid]; **farebný d.** colour slide [kalə]
dielňa workshop [wə:kšop]
dielo work [wə:k]; **majstrovské d.** masterpiece [ma:stəpi:s]
diera hole [həul], *(prepichnutie)* puncture [paŋkčə]
dieťa child [čaild], mn. č. children [čildrən]
diéta diet [daiət]; **mám d-u** I'm on a diet [aim]
diétny dietary [daiətri]
dievča girl [gə:l]
diferenciál aut. differential gear [difərenšl giə]
dioptria diopter [daiˈoptə]; **mám dve d-e** I've two diopters [aiv tu:]
diplomat diplomat [diplomæt]
dirigent conductor [kənˈdaktə]
disciplína *(poriadok)* discipline [disəplin]; šport. discipline, event [iˈvent]
disk šport. discus [diskəs]; **hod d-om** discus throwing [θrəuiŋ]; aut. disc [disk]
diskotéka discotheque [diskətek]
diskusia discussion [disˈkašn]
div wonder [wandə]

divadelný theatre [θiətə]

divadlo theatre [θiətə]; **bábkové d.** puppet-show [papitšəu]; **prírodné d.** open air theatre [əupn eə]; **poďme do d-a** let's go to the theatre [gəu]; **čo hrajú v d-e?** what's on at the theatre? [wots]

divák spectator [spek'teitə]; **televízny d.** television viewer [teli'vižn vju:ə]

dívať sa look at [luk æt]; **d. sa na televíziu** watch TV al. television [woč ti:vi:, teli'vižn]

diviak boar [bo:]

divina *(zver)* game [geim]; *(mäso)* venison [venizn]

divý wild [waild]

dlaha splint

dlaň palm [pa:m]

dlažba paving [peiviŋ]

dláždený paved [peivd]

dlaždica tile [tail]

dlážka floor [flo:]

dlh debt [det]

dlho long; **ste tu už d.?** have you been here long? [bi:n hiə]; **ako d. tu zostanete?** how long are you staying? [hau, steiiŋ]; **ako d. to potrvá?** how long will it take? [teik]

dlhý long; **to je mi d-é** it's too long for me [tu:, fəmi:]

dĺžka length [leŋθ]

dlžný: čo som d.? how much do I owe you? [hau mač, əu ju:]

dnes today [tə'dei]; **d. ráno** this morning [ðis mo:niŋ]; **d. večer** tonight [tə'nait]; **koľkého je d.?** what's the date today? [wots, deit]; **d. je piatok** it's Friday today [fraidi]

dno bottom [botəm]

dnu inside [in'said], in; **poďte d.** come in [kam in]

do *(miestne)* to [tə, tu]; into [intu]; **do domu** into the house [haus]; **do práce** to work [wəːk]; **idem do mesta** I'm going to town [gəuiŋ, taun]; *(časove)* till, until [ənˈtil]; **do zajtra** by tomorrow [bai təˈmorəu]; **deti do 5 rokov** children under five [čildrən andə faiv]

doba time [taim], period [piəriəd]

dobierka: na d-u cash on delivery [kæš, diˈlivri], C. O. D. [siː əu diː]

dobre well; **mám sa d.** I feel well [fiːl]; **majte sa d.** have a good time [hæv ə gud taim]; **to je d.** that's fine [dæts fain]

dobročinný charitable [čæritəbl]

dobrodruh adventurer [ədˈvenčərə]

dobrodružný adventurous [ədˈvenčərəs]

dobrovoľný voluntary [voləntri]

dobrý good [gud]; **buďte taký d.** be so kind as [biː səu kaind əz]

dobytok cattle [kætl]

dočasný temporary [tempərəri]

dodať *(doložiť)* add to sth [æd]; *(poslať)* deliver [diˈlivə]

dodatočný additional [əˈdišənəl]

dodávka *(tovaru)* delivery [diˈlivəri]

dodávkový voz delivery van [diˈlivəri væn], estate car [isteit kaː]

dodnes to this day [tə ðis dei], up to now [ap, nau]

dohoda agreement [əˈgriːmənt]; **podľa d-y** according to the agreement [əˈkoːdiŋ]

dohodnúť sa na čom agree upon sth [əˈgriː əˈpon]

dohovor arrangement [əˈreindžmənt], agreement [əˈgriːmənt]

dohovoriť sa *(na čom)* agree (on sth) [əˈgriː]; **dohovoríte sa po anglicky?** can you make yourself understood in English? [kən, meik joːˈself andəˈstud, ingliš]

dohromady altogether [oːltəˈgeðə]; **koľko je to d.?** how much is it altogether? [hau mač]

dochádzka attendance [əˈtendəns]: **povinná školská d.** compulsory education [kəmˈpalsəri edjuˈkeišn]

dojča baby [beibi]

dojem impression [imˈprešn]; **urobiť d.** impress [imˈpres]

dokázať *(podať dôkaz)* prove [pru:v]; *(vedieť)* manage [mænidž]

dokedy until when [anˈtil wen]; **d. máte otvorené?** when do you closse? [kləuz]; **d. máte zavreté?** when do you open? [əupn]

doklady documents [dokjuməntsˌ]; **cestovné, osobné, úradné d.** travel, personal, official documents [trævl, pəːsənl, əˈfišl]

dokonalý perfect [pəːfikt]

dokončiť finish [finiš], complete [kəmˈpliːt]

doktor(ka) doctor [doktə]

dokument document [dokjumənt]

dolár dollar [dolə]

doľava to the left; **zabočte d.** turn to the left [təːn]; **prvá ulica d.** the first street to the left [fəːst striːt]

dole down [daun], below [biˈləu]

dolina valley [væli]

doložka: vycestovacia d. exit permit [eksit pəːmit], exit visa [viːzə]

dom house [haus]; **číslo d-u** the house number [nambə]; **v d-e** in the house

dóm cathedral [kəˈθiːdrəl], minster [minstə]

doma at home [ət həum]; **kedy ste d.?** when are you at home? [wen aː juː]; **je d. pán, pani X.?** is Mr., Mrs. X at home? [mistə, misiz]; **som d.** I'm at home [aim]; **nie som d.** I'm not at home

domáci[1] *(doma urobený)* domestic [dəˈmestik]; home [həum]

domáci[2] *(pán)* landlord [lændloːd]; *(pani)* landlady [lændleidi]

domácky home-made [həum meid]

domácnosť household [haushəuld]

domorodec native [neitiv]; **domorodci** natives [neitivs], aborigenes [əboˈridžini:z]

domov[1] *(internát)* home [həum], hostel [hostl], residence [rezidəns]

domov[2] podst., prísl. home [həum]; **idem d.** I'm going home [aim gəuiŋ]

domovníčka, domovník caretaker [keəteikə], am. janitor [džænitə]

donáška do domu home delivery [həum diˈlivəri]

doniesť carry [kæri], bring; **doneste mi to do izby, prosím** carry it to my room, please [tə mai rum pli:z]; **doneste to do hotela, prosím** carry it into the hotel, please [həuˈtel]

doobeda in the morning [mo:niŋ]

doplatok extra charge [ekstrə ča:dž]

doplniť complete [kəmˈpli:t]

doplnky *(módne)* accessories [əkˈsesəriz]

dopoludnia a. m. [ei em], in the morning [mo:niŋ]; **o 10. d.** at ten this morning; **zajtra d.** tomorrow morning [təˈmorəu]

doporučené registered [redžistəd]; **pošlite ten list d., prosím** send the letter by registered post, please [letə bai, pəust pli:z]

doprava[1] *(smer)* to the right [rait]; **zabočte d.** turn to the right [tə:n]; **prvá ulica d.** the first street to the right [fə:st stri:t]

doprava[2] transport [trænspo:t]; **autobusová d.** bus transport [bas]; **automobilová d.** road transport [rəud]; **mestská d.** city transport [siti]; **letecká d.** air transport [eə]; **vodná d.** water transport [wo:tə]; **železničná d.** railway transport [reilwei]; **d. bez sprievodcu** flat fare system [flæt feə sistəm]

dopredaj sale [seil]; **letný d.** summer sale [samə]

dopredu *(smer)* forward [fo:wəd]; *(časove)* in advance [ədˈva:ns]

dopyt demand [diˈma:nd]

dorastenec junior [džu:niə]

dorozumieť sa make oneself understood [meik wanself andəˈstud];

nemôžem sa d. I can't make myself understood [ka:nt, mai'self]

doručiť deliver [di'livə]; **doručte mi tento list, prosím** deliver this letter for me, please [ðis letə, pli:z]; **doručte to na adresu . . . , prosím** deliver it to this address . . . , please [ə'dres]

doručovateľ (*pošty*) postman [pəustmən], am. mailman [meilmən], (*ostatného*) deliveryman [di'livrimən]

dosah reach [ri:č]; **na d.** within reach [wid'in]

dosiahnuť achieve [ə'či:v], reach [ri:č]

doska board [bo:d]

dospelý adult [ædalt]; **len pre d-ch** for adults only [əunli]

dosť enough [i'naf]; **už d.** that'll do [ðætl du:]; **ďakujem, mám dosť** no more, thank you [nəu mo: θæŋk ju:]; **už mám toho d.!** I can't stand it any more [ai ka:nt stænd it əni mo:]

dostať get; **kde d. . . . ?** where can I get . . . ? [weə kən ai get]; **dostal som chuť na obed** I feel like having a lunch [fi:l laik hæviŋ ə'lanč]; **dostal som chrípku** I've caught flu [aiv ko:t flu:]

dostať sa: ako sa dostanem do mesta? how can I get to town? [hau kən ai, taun]

dostatočný sufficient [sə'fišənt], satisfactory [sætis'fæktəri]

dostatok plenty

dostihy horseraces [ho:sreisiz]

dotaz question [kwesčn], inquiry [in'kwaiəri]; **mám d.** I'd like to ask a question [aid laik, a:sk]

dotazník questionnaire [kwesčə'neə]; **vyplňte tento d., prosím** fill in this questionnaire, please [pli:z]

doteraz till now [nau]

dotknúť sa (*čoho*) touch sth [tač]

do videnia see you later [si: ju: leitə], goodbye [gud'bai]

dovnútra inside [in'said]; **smieme sa pozrieť d.?** can we have a look inside? [kən wi: hæv əl luk]

dovolať sa telef.: **nemôžem sa d.** I can't get through [ai ka:nt, θru:]

dovolenie permission [pəlmišən]; **s dovolením** excuse me, please [iks- lkju:z mi: pli:z]

dovolenka holiday [holədei]; **na d-e** on holiday; **materská d.** maternity leave [məltə:niti li:v]; **zdravotná d.** sick leave [sik]

dovoliť allow [əllau]; **dovolíte, prosím?** excuse me, please [iks'kju:z mi: pli:z]; **dovoľte, aby som sa predstavil** may I introduce myself? [mei ai intrəldju:s mailself]

dovoz import [impo:t]

dovtedy till then [den]

dozadu backwards [bækwədz]

dozajtra till tomorrow [təlmorəu]

dozor supervision [sju:pəvižən], control [kənltrəul]

dozorca supervisor [sju:pəvaizə]

dôchodca pensioner [penšənə]

dôchodok pension [penšn]; **invalidný, starobný d.** disablement, old-age pension [diseiblmənt, əuldeidž]

dôkaz proof [pru:f]

dôležitý important [imlpo:tənt]

dôstojník officer [ofisə]

dôvera trust [trast], confidence [konfidəns]

dôvod reason [ri:zn]; **z rodinných d-ov** for family reasons [fæmili]; **zo zdravotných d-ov** for health reasons [helθ]; **vážne d-y** serious reasons [siəriəs ri:zns]

dráha žel. railway [reilwei]; **podzemná d.** underground [andəgraund], tube [tju:b]; šport. **bežecká d.** track [træk]; **pretekárska d.** racecourse [reiskɔ:s]; **zjazdárska d.** ski run [ski: ran]

drahokam jewel [džuəl], gem [džem]

drahý (*milý*) dear [diə]; (*cenove*) expensive [iks'pensiv]; **to je veľmi d-é** that's very expensive [dæts]

dráma drama [dra:mə]

dražba auction [o:kšn], public sale [pablik seil]

dreváky clogs [klogz]

drevený wooden [wudn]

drevo wood [wud]

drevorezba woodcut [wudkat]

drevoryt(ina) woodcarving [wudka:viŋ]

driek trunk [traŋk]

driemať slumber [slambə], doze [dəuz]

drobky kuch. tripe [traip]

drobné (*peniaze*) change [čeindž]; **nemám d.** I haven't got change [ai hævnt]

drogéria chemist('s) [kemist(s)], am. drug store [drag sto:]

drogy drugs [dragz]

drôt wire [waiə]; **izolačný d.** insulating wire [insju'leitiŋ]

droždie yeast [ji:st]

drsný rough [raf]

druh (*priateľ*) pal [pæl]; (*odroda*) kind [kaind], sort [so:t]; **aký d. si želáte?** what kind would you like to have? [wot, wud, laik, hæv]

druhotriedny (of) second class [seknd kla:s]

druhý (*iný*) other [aðə]; **na d-ej strane cesty** on the other side of the street [ði aðə said, stri:t]; (*číslovka*) second [sekənd]; (*ďalší*) next

družstvo co-operative [kəu'opərətiv], co-op [kəuop]; **bytové d.** housing association [hauziŋ əsəusi'eišn]; **jednotné roľnícke d.** co-operative farm [fa:m]; **výrobné d.** producers' co-op [prə'dju:səz]; šport. team [ti:m]

držadlo handle [hændl]
držať hold [həuld]
držať sa čoho hold on to sth [həuld]; **držte sa!** hold tight [tait]
držky kuch. tripe [traip]
dub oak [əuk]
dúfať hope [həup]; **dúfam, že áno** I hope so [səu]; **dúfam, že nie** I hope not
dúha rainbow [reinbəu]
duch spirit, mind [maind]; **v d-u** in one's mind [wans]; (*strašidlo*) ghost [gəust]
Dunaj the Danube [dænju:b]
dur hud. major [meidžə]
dusený (*mäso*) stewed [stju:d]
dusiť (*mäso*) stew [stju:]
dusiť sa choke [čəuk], suffocate [safəkeit]
dusný stifling [staifling]
duša soul [səul]; aut. inner tube [inə tju:b]; am. air tube [eə]
duševný mental [mentl]
dutý hollow [holəu]
dvere door [do:]; **otvorte, zatvorte d., prosím** open, shut the door, please [əupn, šat, pli:z]; **d. sú zamknuté** the door is locked [lokt]
dvíhať lift
dvojaký twofold [tu:fəuld]
dvojča(tá) twin(s)
dvojdielny bipartite [bai'pa:tait]; **d-e plavky** two-piece swim-suit [tu:pis swims(j)u:t], bikini; **d-e šaty** two-piece dress
dvojhra šport. single [siŋgl]
dvojica couple [kapl]; **manželská d.** married couple [mærid]
dvojitý double [dabl]

dvojizbový two-room [tu:rum]
dvojjazyčný bilingual [baiˈlingwəl]
dvojlôžkový double [dabl]
dvojmo twofold [tu:fəuld]
dvojsedadlový aut. two-seater [tu:si:tə]
dvojtaktný aut. two-stroke [tu:strəuk], am. two-cycle [tu:saikl]
dvor courtyard [ko:tja:d]
dýchať breathe [bri:ď]; **dýchajte zhlboka** breathe deeply [di:pli]; **nedýchajte** don't breathe [dəunt]
dym smoke [sməuk]
dynamo dynamo [dainəməu], am. generator [dženəreitə]
džbán jug [džag]
džem jam [džem]; **pomarančový d.** marmalade [ma:məleid]
džez jazz br. [džæz], am. [džez]
džínsy blue jeans [blu: dži:nz]
džungľa jungle [džaŋgl]
džús juice [džu:s]; **pomarančový d.** orange juice [orindž]

E

egreš gooseberry [guzbəri]
ekonóm economist [iːˈkonəmist]
ekzém eczema [eksimə]
elastický elastic [iˈlæstik]; **e. obväz** elastic bandage [bændidž]
elegantný elegant [eligənt], smart [sma:t]
elektráreň power-station [pauəsteišn]; **atómová, vodná e.** atomic, hydro-electric power-station [əˈtomik, haidrəuiˈlektrik]

električka tram(-way) [træm(wei)], am. car [ka:]
elektrina electricity [ilekˈtrisiti]
elektrónka valve [vælv]
elektrospotrebič electric(al) appliance [iˈlektrikl əˈplaiəns]
embólia lek. embolism [embəlizm]
ementál(sky syr) Emmentaler [emənta:lə], Swiss cheese [či:z]
emigrant emigrant [emigrənt]
emigrovať emigrate [emigreit]
energia energy [enədži], power [pauə]
energický energetic [enəˈdžetik]
epidémia epidemic [epiˈdemik]
éra era [iərə]
erb coat-of-arms [kəut əv a:mz]
eso ace [eis]
espresso espresso [espˈresəu]
estráda show [šəu]
ešte still, yet [jet]; **e. nie** not yet; **e. raz** once more [wans mo:]; **e. trochu** a bit more [mo:]; **čo e.?** what else? [wot els]
evidencia records [rekoːdz]
existencia existence [igˈzistəns], living
exkurzia excursion [iksˈkəːšn], trip
expedícia expedition [ekspiˈdišn]
export export [ekspoːt]
expozícia fot. exposure [iksˈpəužə]
expozimeter fot. exposure meter [iksˈpəužə miːtə]
expres(ný) express [ikˈspres]

F

fajčiar smoker [sməukə]
fajčiť smoke [sməuk]; **f. zakázané** no smoking [nəu sməukiŋ]; **fajčíte?** do you smoke?; **nefajčím** I don't smoke [ai dəunt]
fajka pipe [paip]
fakt fact [fækt]
faktúra invoice [invois], bill
fakulta faculty [fæklti]
falošný false [fo:ls]
falšovať falsify [fo:lsifai], *(podpis)* forge [fo:dž]
fantázia fancy [fænsi], fantasy [fæntəsi]
fanúšik fan [fæn]
fara parish [pæriš]
farár priest [pri:st], parson [pa:sn]
farba colour [kalə]
farboslepý colour-blind [kaləblaind]
farebný coloured [kaləd]
farma farm [fa:m]
fašiangy carnival [ka:nivl]
fašírka kuch. mincemeat [minsmi:t]
fazuľa beans [bi:nz]
február February [februəri]
festival festival [festivl]; **medzinárodný filmový f.** international film festival [intəˈnæšnl]
fiaker hackney cab [hækni kæb]
fialka violet [vaiələt]
fialový violet [vaiələt]

figa fig

filatelista philatelist [fiˈlætəlist], stamp-collector [stæmpkəlektə]

filé kuch. fillet [filit]; **hovädzie f.** a slice of beef [slais, bi:f]; **rybacie f.** a fillet of fish [fiš]

filiálka branch [bra:nč]

filharmónia philharmonic [filəˈmonik]

film film, am. movie [mu:vi]; **čiernobiely f.** black-and-white film [blækənwait]; **farebný f.** colour film [kalə]; **celovečerný f.** feature film [fi:čə]; **dabovaný f.** dubbed film [dabd]

filmovať shoot a film [šu:t]

filozofia philosophy [fiˈlosəfi]

filter filter [filtə]; **cigarety s filtrom** filter-tipped cigarettes [filtətipt sigəˈrets]; **cigarety bez filtra** cigarettes without a filter [wiˈðaut]

finančný financial [faiˈnænšl]

firma firm [fə:m]

fľak stain [stein]

flanel flannel [flænl]

fľaša bottle [botl]

flauta flute [flu:t]

folklór folklore [fəuklo:]

fond fund [fand]

fontána fountain [fauntin]

forma form [fo:m]

formulár form [fo:m]; **vyplňte tento f.** fill in this form [ðis]

fotoaparát camera [kæmrə]

fotoblesk photoflash [fəutəflæš]

fotograf photographer [fəˈtogrəfə]

fotografia photograph [fəutəgra:f]

fotografický photographical [fotəˈgræfikəl]

fotografovať photograph [fəutəgra:f]; **môže sa tu f.?** is taking photographs allowed here? [teikiŋ, əˈlaud hiə]
frak evening suit [i:vniŋ sju:t], tailcoat [teilkəut]
frank franc [fræŋk]
freska fresco [freskəu]
froté (*látka*) terry cloth [kloθ]
fúkaná (*účes*) blow dry [bləu drai]
fúkať blow [bləu]; **vietor fúka** the wind is blowing [bləuiŋ]
funkcia function [faŋkšn]
funt (*mena aj hmotnosť*) pound [paund]
futbal football [futbɔ:l]
futbalista football player [futbɔ:l pleiə]
fúzy moustache [məˈsta:š]
fyzika physics [fiziks]

G

gajdy bagpipe [bægpaip]
galantéria haberdasher('s) [hæbədæšə(z)]
galéria (*obrazová*) art gallery [a:t gæləri]; div. gods [godz]
garáž garage [gæra:ž]; **je tu voľná g.?** is there a vacant garage here? [deə, veiknt, hiə]; **môžem si dať auto do g-e?** can I put my car into the garage? [kən, mai ka: intə]
garsoniéra bedsitter [bedsitə], flatlet [flætlət]
gaštan chestnut [česnat]; **divý g.** horse chestnut [ho:s]
gauč sofa [səufə], settee [seˈti:], daybed [deibed]
gáza gauze [gɔ:z]

gazdiná (*domáca pani*) housewife [hauzwaif]; (*vedúca domácnosti*) housekeeper [hauski:pə]
gazdovstvo farm [fa:m], am. ranch [ra:nč]
generácia generation [dženəˈreišn]
generál general [dženrəl]
gitara guitar [giˈta:]
gól goal [gəul]
golf golf
golier collar [kolə]
gombička, gombík button [batn]; (*na dverách, zásuvke*) knob [nob]
gotický Gothic [goθik]
gotika Gothic [goθik]; **neskorá g.** Late Gothic style [leit, stail]; br. Perpendicular style [pəːpenˈdikjulə]; **raná g.** Early Gothic style [əːli]; br. Early English style [ingliš]
grafika graphic art [græfik a:t]
gram gram(me) [græm]
gramofón record-player [rekoːdpleiə]
grapefruit grapefruit [greipfru:t]
gratulácia congratulation [kənˈgrætjuleišn]
gratulovať congratulate [kənˈgrætjuleit]; **gratulujem Vám** congratulations [kəngrætjuˈleišnz]
grilovaný grilled [grild]
gróf count [kaunt], earl [əːl]
grófstvo county [kaunti]
guľa ball [boːl], globe [gləub]; **snehová g.** snow-ball [snəuboːl]
guláš kuch. goulash [guːlæš]
guľatý round [raund]
guma (*na radírovanie*) rubber [rabə], eraser [iˈreizə]; (*do odevov*) elastic [iˈlæstik]; (*žuvacia*) chewing-gum [čuːiŋgam]

gumový rubber [rabə]
gymnastika gymnastics [džim'næstiks]
gymnázium grammar school [græməsku:l]
gynekológ gynaecologist [gainə'kolədžist]

H

háčik hook [huk]; (*na háčkovanie*) crochet-hook [krəušeihuk]
had snake [sneik]; **jedovatý h.** poisonous snake [poiznəs]
hádanka riddle [ridl]
hádať guesss [ges]; (*riešiť*) solve [solv]
hádzaná handball [hændbo:l]
hádzať throw [θrəu]
háj grove [grəuv], wood [wud]
hák hook [huk]
hala hall [ho:l]; lounge [laundž]; **hotelová h.** lounge [laundž]; **športová h.** indoor sports hall [indo: spo:ts]
halier heller [helə]
haló hallo [hə'ləu]
halušky kuch. shaggy dumplings [šægi damplingz]
hanba shame [šeim]
handra rag [ræg], cloth [kloθ]
haring herring [heriŋ]
harmanček camomile, chamomile [kæməmail]
harmonika (*ústna*) mouth-organ [mauθo:gən], (*ťahacia*) accordion [ə'ko:diən]
hárok sheet [ši:t]
hasič fireman [faiəmən]

hašé kuch. mince [mins]
havária crash [kræš], breakdown [breikdaun]
helikoptéra helicopter [helikoptə]
helma helmet [helmit]
hemoroidy piles [pailz]
herec actor [æktə]
herečka actress [æktris]
heslo slogan [sləugən]
hever jack [džæk]
história (*dejiny*) history [histəri]; (*dej*) story [sto:ri]
historický historical [his¦torikl]
hlad hunger [haŋgə]
hľadať look for [luk fo:]; **hľadám ulicu ...** I'm looking for ... street [aim lukiŋ, stri:t]; **čo, koho hľadáte?** what, who are you looking for? [wot, hu: a: ju:]
hladina surface [sə:fis]
hľadisko div. auditorium [o:di¦to:riəm]; (*stanovisko*) point of view [vju:]
hladký smooth [smu:d]
hladný hungry [haŋgri]; **som h.** I'm hungry [aim]; **ste h.?** are you hungry? [a: ju:]
hlas voice [vois]; (*volebný*) vote [vəut]; hud. part [pa:t]
hlásiť (sa) report [ri¦po:t]
hlasivky vocal chords [vəukl ko:dz]
hláskovať spell; **hláskujte svoje meno, prosím** spell your name, please [jo: neim pli:z]
hlasný loud [laud]
hlava head [hed]; **bolí ma h.** I've got a headache [aiv, hedeik]
hlávkový: h. šalát lettuce [letis]

hlavne mainly [meinli]

hlavný[1] (*podstatný*) main [mein], chief [čiːf]

hlavný[2] (*čašník*) waiter [weitə]; **pán h., platím!** waiter, the bill, please [pliːz]

hĺbka depth [depθ]

hlboký deep [diːp]

hlina earth [əːθ], clay [klei]

hliník aluminium [ælju'minjəm]

hltan oesophagus [iː'sofəgəs]

hltať swallow [swoləu]

hlučný noisy [noizi], loud [laud]

hluchonemý deaf-and-dumb [defəndam]

hluchý deaf [def]

hluk noise [noiz]

hlúpy stupid [stjuːpid], dull [dal]

hmat touch [tač]

hmla fog

hmlovky aut. foglamps [foglæmps]

hmota matter [mætə]; **umelá h.** plastic [plæstik]

hmotnosť weight [weit]

hmyz insect [insekt]

hnačka diarrhoea [daiə'riə]; **mám h-u** I've got diarrhoea [aiv]

hneď at once [ət wans]

hnedý brown [braun]

hnevať sa be angry [biː æŋgri]; **nehnevajte sa** don't be angry [dəunt]

hnilý rotten [rotn]

hnis pus [pas]

hnisať fester [festə]

hniť rot

hoci though [ðəu]

hocičo anything [eniθiŋ]

hocikto whoever [hu:ˈevə], anybodi [enibodi]

hodina hour [auə]; **koľko je hodín?** what's the time? [wots ðə taim]; **o h-u** in an hour; **o ktorej h-e?** at what time?; **pred 2. hodinou** before two o'clock [biˈfo: tu: əklok]; **okolo 5. h-y** at about five [æt əˈbaut faiv]; **návštevné h-y** visiting hours [vizitiŋ auəz]; **úradné h-y od — do** office hours from — to [ofis, frəm tə]; **špičkové h-y** rush-hours [raš]; *(vyučovacia)* lesson [lesn]

hodinár watchmaker('s) [wočmeikə(z)]

hodinky watch [woč]; **dámske, pánske, náramkové, vreckové h.** lady's, man's, wrist, pocket watch [leidiz, mænz, rist, pokit]; **natiahnuť h.** wind up a watch [waind ap]; **h. mi meškajú, ponáhľajú sa** my watch is slow, fast [mai, sləu, fa:st]; **opravte mi h., prosím** repair my watch, please [riˈpeə, pli:z]; **h. mi nejdú** my watch doesn't work [daznt wə:k]

hodiny clock [klok]; **slnečné h.** sun-dial [sandaiəl]; **vežové h.** tower clock [tauə]

hodiť sa suit [sju:t]; **to sa mi presne hodí** that suits me exactly [ðæt sju:ts mi: igˈzæktli]; **kedy sa vám to hodí?** when does it suit you? [wen daz, ju:]

hodnota value [vælju:], worth [wə:θ]

hodnotný valuable [væljuəbl]

hodváb silk; **umelý h.** artificial silk [a:tifišl]

hodvábny silk(en) [silk(n)]

hojdačka swing

hojiť sa heal [hi:l]

hokej (ice-)hockey [(ais)hoki]

hokejista hockey player [hoki pleiə]

HOTEL

holič barber [ba:bə]
holičstvo barber's [ba:bəz]
holiť sa shave [šeiv]
holohlavý bald [bo:ld]
holub pigeon [pidžən]
holý bare [beə]
hora mountain [mauntin]
horár gamekeeper [geimki:pə]
horčica mustard [mastəd]
hore above [əˈbav]
horieť burn [bə:n]; **horí!** fire! [faiə]
horký bitter [bitə]
horľavý combustible [kəmˈbastəbl]
hornatý mountainous [mauntinəs]
horný upper [apə]
horolezec mountaineer [mauntiˈniə]
horské slnko ultraviolet lamp [altrəˈvaiələt læmp]
horský mountain [mauntin]
horší, horšie worse [wə:s]; **mám sa horšie** I feel worse [ai fi:l]
horúci hot
horúčava heat [hi:t]; **je tu h.** it's hot here [hiə]
horúčka fever [fi:və]; **mám h-u** I have a temperature [ai hæv əˈtemprəčə]; **máte h-u?** have you got a temperature?
hospodárstvo economy [i:ˈkonəmi]; (*gazdovstvo*) farm [fa:m]
hosť guest [gest]
hostina feast [fi:st], banquet [bæŋkwit]
hostinec inn, pub [pab]
hostiteľ host [həust]
hotel hotel [həuˈtel]; **h. prvej, druhej kategórie** three star, two star

HOTELIER 64

hotel [θri: sta:, tu:]; **drahý, lacný h.** an expensive, a cheap hotel [iks'pensiv, či:p]
hotelier hotel-keeper [həu'tel'ki:pə]
hotovosť cash [kæš]; **platíte v h-i?** will you pay in cash? [pei]
hotový ready [redi]; **je to už h-é?** is it ready (now)? [nau]; **ešte to nie je h-é** it isn't ready yet [iznt, jet]; **kedy to bude h-é?** when will it be ready? [wen]
hovädzina beef [bi:f]; **dusená h.** stewed beef [stju:d]
hovor talk [to:k], conversation [konvə'seišn]; telef. call [ko:l]; **medzimestský, miestny, medzinárodný, súrny h.** trunk, local, international, urgent call [traŋk, ləukl, intə'næšənl, ə:džnt]
hovoriť talk [to:k], speak [spi:k]; **hovoríte?** do you speak? [du: ju:]
hra div. play [plei]; šport. game [geim]; **olympijské hry** the Olympic games [ə'limpik geimz]
hráč player [pleiə]
hračka toy [toi]
hračkárstvo toy shop [toi šop]
hrad castle [ka:sl]; **je tento h. prístupný verejnosti?** is this castle open to the public? [əupn, pablik]; **kedy je h. otvorený?** when is the castle open? [wen]; **h. je zatvorený** the castle is closed [kləuzd]
hradba bulwark [bulwək]
hradská road [rəud], highway [haiwei]
hrádza dam [dæm]
hrach peas [pi:z]
hranica frontier [frantjə], border [bo:də]; **prekročiť h-e** cross the frontier [kros]; **štátna h.** state border [steit]
hranolčeky kuch. chips [čips]
hrášok garden peas [ga:dn pi:z]

hrať (sa) play [plei]; **hráte karty?** do you play cards? [du: ju:, ka:dz]; **hrám na klavíri** I play the piano [ai plei ðə piˈænəu]; **čo hrajú dnes večer v divadle?** what's on tonight at the theatre? [wots, təˈnait, θiətə]; **A hrá proti B** A is playing B [pleiiŋ]

hrdlo throat [θrəut]; **bolí ma h.** I have a sore throat [ai hæv ə so:]

hrdý na proud of [praud əv]

hrdzavý rusty [rasti]

hrebeň comb [kəum]; (horský) ridge [ridž], crest [krest]

hrianka toast [təust]

hriať warm [wo:m]

hríb mushroom [mašrum]

hrmieť thunder [θandə]; **hrmí** it's thundering [θandəriŋ]

hrnček cup [kap], mug [mag]

hrniec pot

hrob grave [greiv]

hrobka tomb [tu:m]

hrom thunder [θandə]; **h. udrel** the lightning has struck [laitniŋ həz strak]

hromadný collective [kəˈlektiv], mass [mæs]

hrozienka raisins [reiznz], sultanas [səlˈta:nəz]

hrozno grapes [greips], (strapec) bunch of grapes [banč]

hrozný terrible [terəbl]

hrubý (silný) thick [θik]; (surový) rude [ru:d], coarse [ko:s]; (brutto) gross [grəus]

hrudník chest [čest], thorax [θo:ræks]

hruška pear [peə]

huba (hríb) mushroom [mašrum]; (špongia) sponge [spandž]

hudba music [mju:zik]; **dychová, ľudová, komorná, ľahká, klasická, tanečná, vážna h.** brassband, folk, chamber, light, classic, dance,

serious music [braːsbænd, fəuk, tʃeimbə, lait, klæsik, daːns, siəriəs]
hudobník musician [mjuːˈziʃn]
hudobný musical [mjuːzikl]
humor humour [hjuːmə]
humoristický humorous [hjuːmərəs]
hus goose [guːs]
husacina goose(-meat) [guːs(miːt)]
husle violin [vaiəlin]; **hráte na husliach?** do you play the violin? [duː juː pleɪ]
huslista violinist [vaiəlinist]
huspenina jelly [dʒeli], aspic [æspik]
hustota density [densiti]; **h. obyvateľstva** density of population [pɔpjuˈleiʃn]
hustý dense [dens]
húština thicket [θikit]
hvezdáreň observatory [əbˈzəːvətri]
hviezda star [staː]
hýbať sa move [muːv]
hydina poultry [pəultri]
hygienický hygienic [haiˈdʒiːnik], sanitary [sænitəri]
hymna anthem [ænθəm]

CH

chalupa cottage [kotidʒ]
chata (weekend) cottage [wiːkend kotidʒ]; **turistická (horská) ch.**

mountain chalet [mauntin šælei]; **ideme na ch-u** we're going to our al. the weekend cottage [wiə gəuiŋ tə auə]
chatrč shanty [šænti]
chcieť want [wont]; **chcete ísť?** do you want to go? [du: ju:, gəu]; **chcem tu zostať** I want to stay here [stei hiə]; **chcel by som** I should like [ai šəd laik]; **čo chcete?** what would you like? [wot wud ju:]; **ďakujem, nechcem** no, thank you [nəu θæŋk ju:]
chémia chemistry [kemistri]
chinín quinine [kwi'ni:n]
chirurg surgeon [sə:džən]
chirurgia surgery [sə:džəri]
chirurgický surgical [sə:džikl]
chladený cooled [ku:ld]; **ch. vodou** water-cooled [wo:tə ku:ld]; **ch. vzduchom** air-cooled [eə]
chladič aut. car radiator [ka: reidi'eitə]
chladiť cool [ku:l]
chladnička refrigerator [ri'fridžəreitə], fridge [fridž]
chladno cold [kəuld], cool [ku:l]; **je tu ch.** it's cold here [hiə]
chladný cool [ku:l], cold [kəuld], chilly [čili]
chládok coolness [ku:lnis]
chlap man [mæn], chap [čæp], am. guy [gai]
chlapec boy [boi]
chlebík: obložený ch. open sandwich [əupn sænwič]
chlebník knapsack [næpsæk]
chlieb bread [bred]; **biely, čierny, čerstvý ch.** white, brown, fresh bread [wait, braun, freš]; **ch. s maslom** bread and butter [ənd batə]; **krajec chleba** a slice of bread [slais]; **kilo chleba** a two-pound loaf [tu:paund ləuf]; **peceň chleba** a loaf [ləuf]

chod kuch. course [ko:s]; **hlavný ch.** the main course [mein]; tech. running [raniŋ]; **ch. stroja** the running of the machine [məši:n]

chodba corridor [koridə]; **na ch-e** in the corridor

chodec pedestrian [piˡdestriən]

chodiť go [gəu], walk [wo:k]; **rád chodím peši** I like to walk [ai laik]; **chodíte často do divadla?** do you often go to the theatre? [du: ju: ofn, θiətə]

chodník pavement [peivmənt], am. sidewalk [saidwo:k]

choroba disease [diˡzi:z]; **nákazlivá ch.** infectious disease [inˡfekšəs]

chorý ill; **ťažko ch.** seriously ill [siəriəsli]; **som ch.** I'm ill [aim]; **nie ste ch.?** aren't you ill? [a:nt ju:]

chovať *(dochovávať)* breed [bri:d]; *(kŕmiť)* feed [fi:d]

chôdza walk [wo:k]

chrám church [čə:č], cathedral [kəˡθi:drəl]

chránidlo shield [ši:ld]

chrániť protect [prəˡtekt]

chrápať snore [sno:]

chrbát back [bæk]

chrbtica spine [spain], backbone [bækbəun]

chren horse radish [ho:s rædiš]

chrípka flu [flu:]; **mám ch-u** I've got flu [aiv]

chrobák insect [insekt], beetle [bi:tl], am. bug [bag]

chronický chronic [kronik]

chrumkavý crunching [krančiŋ]

chrup set of teeth [ti:θ]; **umelý ch.** denture(s) [denčə(z)]

chudnúť grow thin [grəu θin]

chudobný poor [puə]

chudý thin [θin], meagre [mi:gə]

chúlostivý delicate [delikət]

chuť *(príchuť)* taste [teist]; **bez chuti** tastless [teistlis]; *(na jedlo)* appetite [æpitait]; **nemám na to ch.** I don't feel like it [ai dəunt fi:l laik]

chutný delicous [di'lišəs]

chváliť praise [preiz]

chvieť sa tremble [trembl]

chvíľa while [wail], moment [məumənt]; **o chvíľu** in a moment; **pred chvíľou** a moment ago [əˈgəu]

chvost tail [teil]

chyba mistake [mis'teik]; *(omyl)* error [erə]; *(osobná)* fault [fo:lt]; **to je (nie je) moja ch.** it is (isn't) my fault [mai]

chýbať be absent [bi: æbsənt], be missing; **chýba mi to** I miss that [dæt]; **kto chýba?** who is absent? [hu:]; **nikto nechýba** nobody is absent [nəubədi]

chystať (sa) prepare [pri'peə]

chytiť catch [kæč]; **chytil som rybu** I caught a fish [ai ko:t əˈfiš]; **chytiť za ruku** take hold of one's hand [teik həuld, wanz hænd]

chytľavý contagious [kən'teidžəs]; **ch.-á choroba** contagious disease [di'zi:z]

chytro quickly [kwikli], fast [fa:st]

chyžná chambermaid [čeimbəmeid]

I

iba only [əunli], just [džast]
ideál(ny) ideal [ai'diəl]
igelit(ový) plastic [plæstik]
ihla needle [ni:dl]

ihlica *(na pletenie)* knitting needle [nitiŋ ni:dl]; *(do vlasov)* hair pin [heə]; *(do klobúka)* hat pin [hæt]; *(do kravaty)* tie pin [tai]
ihličnatý pine [pain]; **i. les** coniferous wood [kəu'nifərəs wud]
ihneď at once [ət wans]
ihrisko playground [pleigraund], playing field [pleiiŋ fi:ld]; **detské i.** children's playground [čildrənz]
imelo mistletoe [misltəu]
import import [impo:t]
ináč otherwise [aðəwaiz]
inde, inam elsewhere [elsweə]
individuálny individual [indi'vidjuəl]
infarkt heart attack [ha:t ə'tæk]
infekcia infection [in'fekšn]
infekčný infectious [in'fekšəs]
informácie information [infə'meišn]
informačný: i-á kancelária inquiry office [in'kwaiəri ofis], inquiries [in'kwaiəriz]
informovať sa ask for [a:sk fo:], inquire [in'kwaiə]; **kde sa môžem informovať o . . .?** where can I inquire about . . .? [weə kən ai ə'baut]
injekcia injection [in'džekšn]
inkasovať collect [kə'lekt]
inokedy another time [ə'naðə taim]
inscenácia production [prə'dakšn]; **divadelná, televízna i.** theatre, television production [θiətə, teli'vižn]
inštalatér plumber [plamə]
inštitúcia institution [insti'tju:šn]
internát college [kolidž], boarding school [bo:diŋ sku:l]; **vysokoškolský i.** hall of residence [ho:l əv rezidns]

invalid invalid [invəˈli:d], disabled person [disˈeibld pəːsn]
inventúra stock-taking [stokteikiŋ]
iný *(ďalší)* other [aðə]; *(odlišný)* different [difrənt]
inzerát advertisement [ədˈvəːtismənt]
inžinier engineer [endžiˈniə]; **stavebný, strojný i.** civil, mechanical engineer [sivl, miˈkænikl]
irónia irony [aiərəni]
ischias sciatica [saiˈætikə]
ísť go [gəu]; **ísť autom, autobusom, loďou, lietadlom, vlakom** go by car, bus, ship, plane, train [bai kaː, bas, šip, plein, trein]; **ísť na bicykli, na motorke** go by bicycle, by motorcycle [baisikl, məutəsaikl]; **idem správne do . . .?** am I right for . . .? [æm ai rait foː]; **kam idete?** where are you going? [weəˈaːju: gəuiŋ]; **kedy ide vlak do . . .?** when is there a train to . . .? [wen, ðeə]; **musíme už ísť** we have to go [wiː hæv]; **kam ide autobus číslo 2?** where is bus number two going? [nambə tuː]
iste certainly [səːtnli], surely [šuəli]
istý certain [səːtn], sure [šuə]; **to (nie) je i-é** that's (not) certain [ðæts]
izba room [ru(ː)m]; **jednoposteľová, dvojposteľová i.** a single, a double room [siŋgl, dabl]; **zariadená i.** a furnished room [fəːništ]; **i. s osobitným vchodom** a room with a separate entrance [seprət entrəns]; **i. s polpenziou** a room with partial board [paːšl boːd]; **i. s raňajkami** bed and breakfast [bedənd brekfəst]; **i. číslo 3** room number three [nambə θriː]; **chcem si prenajať i-u** I want to rent a room [ai wont]; **prenajme sa i.** vacant room [veiknt]; **i. s kúpeľňou** a room with a bathroom [baːθrum]; **i. so sprchou** a room with a shower [šauə]
izolácia tech. insulation [insjuˈleišn]
izolačný: i-á páska insulation tape [insjuˈleišn teip]

J

ja zám. I [ai]; **ja sám** myself [mai'self]
jablko apple [æpl]
jačmeň barley [ba:li]; *(na oku)* stye [stai]
Jadranské more the Adriatic Sea [eidri'ætik si:]
jadro kernel [kə:nl]; *(vo fyzike)* nucleus [nju:kliəs]
jahňa lamb [læm]
jahňacina lamb [læm]
jahoda strawberry [stro:bəri]; **j-y so šľahačkou** strawberries with whipped cream [wipt kri:m]; **lesné j-y** wild strawberries [waild]
jachta yacht [jot]
jachting yachting [jotiŋ]
jama hollow [holəu], pit
jantár amber [æmbə]
január January [džænjuəri]
jar spring [spriŋ]; **na j.** in spring
jarabica partridge [pa:tridž]
jarmok fair [feə], market [ma:kit]
jaskyňa cave [keiv]
jasno: je j. it's clear [kliə]
jasný clear [kliə]; *(farba)* bright [brait]; **to mi je (nie je) j-é** that is, (isn't) clear to me [ðæt, tə mi:]
jašterica lizard [lizəd]
jaternica white pudding [wait pudiŋ], sausage [sosidž]
javisko stage [steidž]
javor maple [meipl]
jazda ride [raid]; **j. autom** a car ride [ka:]; **j. na koni** a horse ride

[ho:s]; **okružná j. mestom** round trip of the town [raund, taun]
jazdec rider [raidə]
jazdiť ride [raid]; **j. na aute, na bicykli, na motorke, na koni** ride a car, a bicycle, a motorcycle, a horse [ka:, baisikl, məutəsaikl, ho:s]
jazero lake [leik]
jazva scar [ska:]
jazyk tongue [taŋ], language [læŋgwidž]; **cudzí j.** foreign language [forin]; **materinský j.** mother tongue [madə]; **aké j-y ovládate?** which languages do you know? [wič læŋgwidžiz, nəu]; **v anglickom j-u** in English [iŋgliš]
jed poison [poizn]
jedáleň *(verejná)* restaurant [restroŋ]; **diétna j.** dietetic restaurant [daiəˈtætik]; **závodná j.** canteen [kænˈti:n]; *(v byte)* dining-room [dainiŋrum]
jedálny: j. lístok menu [menju], bill of fare [feə]; **j. vozeň** dining-car [dainiŋ ka:], restaurant car [restroŋ ka:]
jediný only [əunli]; **ani j.** not a single [siŋgl]; **j. raz** only once [əunli wans]
jedľa fir [fə:]
jedlo food [fu:d], dish [diš], meal [mi:l]; **teplé, studené j.** cold, hot dish [kəuld]; **diétne j.** dietary dish [daiətəri]; **národné j.** national dish [næšənəl]; **pred j-m** before a meal [biˈfo:]; **po j-e** after a meal [a:ftə]
jedlý edible [edəbl]
jedno: mne je to j. it's all the same to me [o:l də seim tə mi:]
jednoduchý simple [simpl]
jednofarebný plain-coloured [pleinˈkaləd]
jednoizbový: j. byt single- al. one-room flat [siŋgl, wanru:m flæt]

jednoposteľový: j-á izba a single room [siŋgl ru:m]

jednoradový: j. kabát single-breasted coat [siŋglbrestid kəut]; **j-é sako** single-breasted jacket [džækit]

jednosedadlový: j. bicykel single-seater bicycle [siŋglsi:tə baisikl]

jednosmerný one-way [wanwei]

jednostranný one-sided [wanˈsaidid]

jednota unity [ju:niti]

jednotka unit [ju:nit]; **j. miery** unit of measurement [mežəmənt]; **j. hmotnosti** unit of weight [weit]; **dĺžková j.** unit of length [leŋθ]; **menová j.** monetary unit [manitri]

jednotlivec individual [indiˈvidjuəl]; **na j-vca** per head [pəˈhed]

jednotlivý single [siŋgl], individual [indiˈvidjuəl]

jednotvárny monotonous [məˈnotənəs]

jednovalcový: j. motor one-cylinder motor [ˈwanˈsilində məutə]

jedovatý poisonous [poizənəs]

jeho privl. his [hiz]; its

jej privl. her [hə:]

jeleň deer [diə]

jelenica *(koža)* doeskin [dəuskin], chamois [šæmwa]; *(na umývanie okna)* window leather [windəu leðə]

jemný fine [fain], delicate [delikət], soft

jeseň autumn [o:təm], am. fall [fo:l]; **na j.** in autumn

jeseter sturgeon [stə:džn]

jesť eat [i:t]; **chcete niečo j.?** would you like something to eat? [wud ju: laik samθiŋ]; **jedli ste už?** have you eaten yet? [həv ju: i:tn jet]; **ďakujem, už som jedol** thanks, I've already eaten [θæŋks aiv o:lrədi i:tn]

jódový: j-á tinktúra iodine tincture [aiəudi:n tiŋkčə]

jogurt yoghurt (yogurt, yoghourt) [jogət]; am. [jəugərt]; **ovocný j.** fruit yoghurt [fru:t]
jubileum anniversary [æniˈvə:səri]
juh south [sauθ]; **na j. od** south of; **na j-u** in the south
juhovýchod south-east [sauθi:st]
juhozápad south-west [sauθwest]
júl July [džuˈlai]
jún June [džu:n]
južný south [sauθ], southern [saðən]

K

k, ku to [tə, tu], towards [təˈwo:dz]
kabaret cabaret [kæbərei], variety show [vəˈraiəti šou]
kabát *(plášť)* coat [kəut], *(sako)* jacket [džækit]; **nepremokavý k.** mac(kintosh) [mækintoš]; **prechodný k.** springcoat [spriŋkəut]; **zimný k.** overcoat [əuvəkəut]; **zložte si k.** take off your coat [teik of jo:]; **vezmi si k.** put your coat on
kábel cable [keibl]
kabela bag [bæg]; **cestovná, nákupná k.** travelling, shopping bag [trævliŋ, šopiŋ]
kabelka handbag [hændbæg]
kábelogram cable [keibl]
kabína cabin [kæbin]; **telefónna k.** telephone box [telifəun]; **k. na kúpalisku** cubicle [kju:bikl]
kačica duck [dak]; **divá k.** wild-duck [waildak]; **pečená k.** roast duck [rəust]

kade which way [wič wei]
kaderníctvo hairdresser('s) [heədresə(z)]
kaderníčka hairdresser [heədresə]
kachle stove [stəuv]
kajak kayak [kaiæk]; **jednosedadlový, dvojsedadlový, skladací k.** oneseated, double-seated, folding kayak [wansi:tid, dablsi:tid, fəuldiŋ]
kajuta cabin [kæbin]; *(s lôžkom)* berth [bə:θ]
kakao cocoa [kəukəu]
kalendár calendar [kælində]
kaleráb kohlrabi [kəulˈra:bi]
kam where [weə]; **k. idete?** where are you going? [a: ju: gəuiŋ]; **k. vedie táto cesta?** where does this way al. road lead to? [weə daz ðis wei, rəud li:dtə]; **k. ide ten autobus?** where is that bus going? [dæt bas gəuiŋ]
kamarát(ka) friend [frend]
kameň stone [stəun]; **žlčový, obličkový k.** bladder-stone [blædə], kidney-stone [kidni]
kamera camera [kæmərə]; **filmová k.** film camera, cine-camera [sini]
kamión camion [kæmiən], am. truck [trak]
kamzík chamois [šæmwa:]
kanál *(stoka)* sewer [sjuə]; *(prieliv)* channel [čænl]; **K. La Manche** the English Channel [iŋgliš]; *(umelý vodný)* canal [kəˈnæl]
kancelária office [ofis]; **cestovná k.** travel agent's (office) [trævl eidžənts]; **informačná k.** inquiries [inˈkwaiəriz]
kanoe canoe [kəˈnu:]
kanva can [kæn]
kanvica can [kæn]; **k. na čaj** teapot [ti:pot]; *(na zovretie vody)* tea-kettle [ti:ketl]

kapitál capital [kæpitl]
kapitán captain [kæptin]
kapitola chapter [čæptə]
kaplnka chapel [čæpl]
kapor [ka:p]; **vyprážaný k.** fried carp [fraid]
kapota aut. bonnet [bonit]; **zdvihnite k-u, prosím** lift the bonnet, please [pli:z]
kapsa bag [bæg], *(školská)* satchel [sæčl], schoolbag [sku:lbæg]
kapucňa hood [hud]
kapusta cabbage [kæbidž]; **kyslá k.** sauerkraut [sauəkraut]; **plnená k.** stuffed cabbage [staft]
karambol accident [æksidənt]
karamel caramel [kærəməl], burnt sugar [bə:nt šugə]
karamelky toffees [tofiz]
karanténa quarantine [kworənti:n]
karbonátka fried hamburger [fraid hæmbə:gə]
karburátor aut. carburettor [ka:bjuˈretə]; **vyčistite mi k., prosím** clean the carburettor, please [kli:n, pli:z]
karé chop [čop]; **bravčové, teľacie k.** pork, veal chop [po:k, vi:l]
karfiol cauliflower [ko:liflauə]
karikatúra caricature [kærikətjuə]
karneval carnival [ka:nivl]
karoséria the body (of a motor-car) [bodi, məutə ka:]
karotka carrots [kærəts]
karta card [ka:d]; **hracie k-y** playing cards [pleiiŋ]; **zahrajme si k-y** let's have a game of cards [hæv ə geim]; aut. **zelená k.** green card [gri:n]
kartón *(papier)* carton [ka:tn]; *(škatuľa)* cardboard box [ka:dbo:d]
kartún *(látka)* cotton print [kotn]

kasáreň barracks [bærəks]

kasíno club [klab], casino [kəˈsiːnəu]

kastról saucepan [soːspæn], cooking pot [kukiŋ]

kaša pulp [palp]; **zemiaková k.** mashed potatoes [mæst pəˈteitəuz]; **krupicová k.** semolina pudding [seməˈliːnə pudiŋ]; **hrachová k.** pease pudding [piːz]; **ovocná k.** fruit pulp [fruːt]; **ovsená k.** porridge [poridž]

kašeľ cough [kof]; **mám k.** I have a cough [ai hæv]; **čierny k.** whooping cough [huːpiŋ]

kašlať cough [kof]

kaštieľ manor-house [mænəhauz], country-seat [kantrisiːt]

katalóg catalogue [kætəlog]

katar catarrh [kəˈtaː]; **črevný, žalúdočný k.** catarrh of the bowels, of the stomach [bauəlz, stamək]

katastrofa catastrophe [kəˈtæstrəfi]; **letecká k.** air disaster [eə diˈzaːstə]; **prírodná k.** natural disaster [næčərəl]; **železničná k.** railway accident [reilwei æksidənt]

katedrála cathedral [kəˈθiːdrəl]

kategória category [kætigəri], class [klaːs]; **prvá k.** first class [fəːst]

katolík Catholic [kæθəlik]

kaučuk rubber [rabə], coutchouc [kaučuk]

káva coffee [kofi]; **čierna, biela, mrazená, presso, turecká k.** black, white, iced, presso, Turkish coffee [blæk, wait, aist, presəu, təːkiš]

kaviár caviar [kæviaː]

kaviareň coffee-bar [kofibaː], coffee-house [kofihaus]; **poďme do kaviarne** let's go to a coffee-bar [gəu]

kazeta cassette [kæset]; **magnetofónová k.** taperecorder cassette [teipriˈkoːdə]

kazetový: k. magnetofón cassette taperecorder [kæset teipri¦ko:də]
kaziť (sa) spoil, get worse [wə:s]
každodenný daily [deili]
každý every [evri]; (*z určitého počtu*) each [i:č]; (*samostatne*) everybody [evribodi]; **k. týždeň, rok** every week, year [wi:k, jə:]; **k. z vás** each of you [əv ju:]
kde where [weə]; **k. je . . .?** where is . . .?; **kde si?** where are you? [a: ju:]
kdesi somewhere [samweə]
keby if; **k. aj** even if [i:vn]
keď when [wen]
kedy when [wen]; **k. je otvorené?** when is it open? [əupn]; **k. odchádza vlak do . . .?** when does the train for . . . leave? [daz də trein, li:v]; **k. príde vlak z . . .?** when does the train from . . . get in?; **k. máte čas?** when will you have time? [ju: hæv taim]; **k. prídete?** when will you come? [kam]
kefa brush [braš]; **k. na šaty, na vlasy, na topánky** clothes, hair, shoe brush [kləuθ, heə, šu:]
kefka: zubná k. toothbrush [tu:θbraš]
keks biscuit(s) [biskit(s)]
kemping (*miesto*) camping-site [kæmpiŋ sait], campsite [kæmpsait]; **kde je k.?** where is the camping-site? [weə]
ker bush [buš]
keramika ceramics [si¦ræmiks]
kilogram kilo [ki:ləu], kilogram(me) [ki:ləugræm], two pounds of [tu: paundz əv]; **k. jablk** two pounds of apples [æplz]; **koľko stojí k. hrozna?** how much is a kilo of grapes? [hau mač, greips]
kilometer kilometre [kiləumi:tə]; **koľko kilometrov je do . . .?** how

KINO 80

many kilometres is it to . . .? [hau meni, tə]; **100 kilometrov za hodinu** a hundred kilometres an hour [handrəd, ən auə]

kino cinema [sinəmə]; **čo dávajú v k-e?** what's on at the cinema? [wots]; **poďme do k-a** let's go to the cinema [gəu]

kiosk kiosk, stall [stoːl]

kladivo hammer [hæmə]

kladný positive [pozətiv]

klamať deceive [diˈsiːv]

klapka telef. extension [iksˈtenšn]

klasický classic [klæsik]

kláštor convent [konvənt], monastery [monəstri]

klavír piano [piˈænəu]; **hráte na k-i?** do you play the piano? [duː ju pleɪ]

kĺb joint [džoint]

klenba vault [voːlt]

klenot jewel [džuːəl]

klesať sink; **ceny klesajú** the prices are falling [praisiz aː foːliŋ]; **teplota klesá** the temperature is falling [tempračə]

kliešte pliers [plaiəz], tongs [toŋz], pincers [pinsəz]

klinček (*kvet*) carnation [kaːˈneišn]; kuch. clove [kləuv]

klimatizácia air-conditioning [eəkənˈdišəniŋ]

klinec nail [neil]

klinika clinic [klinik]

klobása sausage [sosidž]

klobúk hat [hæt]

kloktadlo gargle [gaːgl]

klopať knock [nok]; **k. na dvere** knock at the door [doː]

klub club [klab]

kľúč key [kiː]; **patentný k.** latch key [læč], Yale key [jeil]; **k. od auta**

car key [ka:]; **k. od izby číslo . . .** key of room number . . . [ru(:)m nambə]; *(nástroj)* spanner [spænə], am. wrench [renč]; **francúzsky k.** adjustable spanner [əd'džastəbl], am. wrench

kľučka handle [hændl], knob [nob]

klzisko ice-rink [aisriŋk]

klzký slippery [slipəri]

kňaz priest [pri:st]

knedľa kuch. dumpling [dampliŋ]; **slivkové k-e** plum dumplings [plam]

kniha book [buk]

kníhkupectvo bookshop [bukšop], am. bookstore [buksto:]

knižnica library [laibrəri]; *(polica)* bookcase [bukkeis]

koberec carpet [ka:pit]

kocka cube [kju:b]; **k. cukru** lump of sugar [lamp, šugə]; *(hracia)* dice [dais]

koč carriage [kæridž], coach [kəuč]

kočík *(hlboký)* pram [præm], *(športový)* push-chair [puščeə], buggy [bagi]

kohút cock [kok]

kohútik *(vodovodný)* tap [tæp], am. faucet [fo:sit]

kokos coconut [kəukənat]

koktail *(nápoj)* cocktail [kokteil]; **mliečny, ovocný k.** milk, fruit shake [fru:t šeik]; *(večierok)* cocktail party [pa:ti]

koláč cake [keik]; *(plnený)* pie [pai]; **ovocný, orechový, tvarohový k.** fruit, nut, cheese cake [fru:t, nat, či:z]; **jablkový k.** apple pie [æpl]

koľajnica rail [reil]

kolega, kolegyňa colleague [koli:g]

kolektív group [gru:p], team [ti:m]

KOLENO

koleno knee [ni:]; **bolí ma k.** my knee hurts [mai, həːts]; **odrel som si k.** I grazed my knee [greizd]

koleso wheel [wiːl]; **náhradné k.** spare wheel [speə]; **vymeniť k.** change the wheel [čeindž]

kolika colic [kolik]

kolíska cradle [kreidl]

kolkáreň bowling-alley [bəuliŋ æli]

koľko (*počítateľné*) how many [hau meni], (*nepočítateľné*) how much [mač]; **k. je hodín?** what's the time? [wots ðə taim]; **k. to stojí?** how much is it?; **o koľkej?** at what time? [ət wot]; **do koľkej?** till what time?

koľký: koľkého je dnes? what's the date today? [wots ðə deit təˈdei]

kolobežka scooter [skuːtə]

kolok revenue stamp [revinjuː stæmp]; **nalepiť k.** stick on a revenue stamp [stik]

kolonáda colonnade [koləˈneid]

kolónia colony [koləni]

kolotoč merry-go-round [merigəuraund], am. car(r)ousel [kærəsəl]

komár gnat [næt], mosquito [məsˈkiːtəu]

kombinačky (*kliešte*) pliers [plaiəz]

kombiné slip

kombinéza overall [əuvərɔːl], dungarees [daŋgəˈriːz]

komédia comedy [komədi]

komický comic(al) [komik(l)]

komín chimney [čimni]

komisia commission [kəˈmišn]

kompa ferry-boat [feribəut]

kompas compass [kompəs]

kompletný complete [kəmˈpliːt]

kompót stewed fruit [stju:d fru:t]

komunikačný: k-é prostriedky means of communication [mi:nz əv kəmju:niˈkeišn]

koňak cognac [konjæk]; **vajcový k.** eggnog [egnog]

konať sa take place [teik pleis]; **predstavenie sa koná zajtra** the performance takes place tomorrow [pəˈfo:məns, təˈmorəu]

koncert concert [konsət]; **husľový, klavírny, symfonický, filharmonický, komorný k.** violin, piano, symphony, philharmonic, chamber concert [vaiəlin, piˈænəu, simfəni, fila:ˈmonik, čeimbə]

končiť (sa) end; **divadelné predstavenie sa končí o 10. hodine** the theatre performance ends at ten o'clock [θiətə pəˈfo:məns ends ət tenəklok]

kondenzovaný: k-é mlieko condensed milk [kənˈdenst]

konečne at last [ət la:st]

konečný final [fainəl]; **k-á stanica** terminus [tə:minəs], terminal [tə:minəl]

konfekcia ready-made clothes [redi meid kləudž]; (*obchod*) outfitter's [autfitəz], clothes-shop [kləudžšop]

konfekčný ready-made [redimeid]

konferencia conference [konfərəns]; **tlačová k.** press conference; **zúčastniť sa na k-ii** attend a conference [əˈtend]

kongres congress; **medzinárodný k.** international congress [intəˈnæšnl]; **usporiadať k.** arrange a congress [əˈreindž]

koníček (*záľuba*) hobby [hobi]

koniec end; **k. týždňa** weekend [wi:kend]; **na konci** at the end; **do konca týždňa, roku** until the end of the week, year [antil, wi:k, jə:]

konštrukcia construction [kənˈstrakšn]

kontakt aj el. contact [kontækt]; **nadviazať k.** make contact with [meik, wiđ]

kontinent continent [kontinənt]

kontrola check [ček], control [kənt'rəul]; **pasová, colná k.** passport, customs control [pa:spo:t, kastəmz]

kontrolovať check [ček]

konverzácia conversation [konvə'seišn], talk [to:k]

konzerva tin, am. can [kæn]; **mäsová k.** tinned meat [tind mi:t]

konzul consul [konsl]; **generálny k.** general consul [dženrl]

konzulát consulate [konsjulət]

kopec hill; **do kopca** uphill [əphil]; **na kopci** on the hill; **z kopca** downhill [daunhil]

kópia copy [kopi]

korálky beads [bi:dz]

korčule skates [skeits]; **kolieskové k.** roller skates [rəulə]

korčuľovať sa skate [skeit]

korenie spices [spaisiz]; **čierne k.** pepper [pepə]

korešpondencia correspondence [kori'spondəns]

korešpondenčný: k. lístok postcard [pəustka:d]

korešpondent correspondent [kori'spondənt]; **zahraničný k.** foreign correspondent [forin]

kormidelník helmsman [helmsmən], steersman [stiəsmən]

kormidlo helm, steering-wheel [stiəriŋwi:l]

korok cork [ko:k]

koruna crown [kraun]; **k. československá** Czechoslovak crown [čekəu'sləuvæk]

korytnačka tortoise [to:təs]

kosť bone [bəun]; **slonová k.** ivory [aivəri]

kostol church [čə:č]

kostra skeleton [skelitn]
kostým costume [kostju:m]; **nohavicový k.** trousersuit [trauzəsju:t]
košeľa shirt [šə:t]; **nočná, pánska, hodvábna k.** night, men's, silk shirt [nait]; **k. s dlhými, s krátkymi rukávmi** long-sleeved, short-sleeved shirt [loŋsli:vd, šo:tsli:vd]
kotleta kuch. chop [čop], cutlet [katlit]; **bravčová k.** pork chop [po:k]; **teľacia k.** veal cutlet [vi:l]
kotlík kettle [ketl]
kotva anchor [æŋkə]
kotviť lie at anchor [lai ət æŋkə]
kov metal [metl]; **drahý k.** noble metal [nəubl]
koza goat [gəut]
kozmetický cosmetic [kozˈmetik]; **k. salón** beauty parlour [bju:ti pa:lə]; **k-é prostriedky** cosmetics [kozˈmetiks]
kozmický cosmic [kozmik]
kozmonaut astronaut [æstrənɔ:t]
kozub fireplace [faiəpleis]
koža (*pokožka*) skin; (*vypracovaná*) leather [leðə]; **bravčová, jelenicová, hadia k.** pigskin, deerskin, snakeskin [diəskin], [sneikskin]
kožený leather [leðə]
kožný skin
kožuch fur coat [fə: kəut]
kožušina fur [fə:]; **umelá k.** imitation fur [imiˈteišn]
kôň horse [ho:s]
kôpor dill
kôš basket [ba:skit]; **k. na odpadky** waste-paper basket [weistpeipə ba:skit]
krab crab [kræb]

krádež theft [θeft]; **chcem ohlásiť k.** I want to report a theft [ai wont, ri'po:t]
kraj[1] (*okraj*) edge [edž]; **na k-i** at the edge
kraj[2] (*krajina*) region [ri:džən]
krajan fellow-countryman [felou'kantrimən]
krájať cut [kat]
krajčír (*pánsky*) tailor [teilə], (*dámsky*) ladies' tailor [leidiz]
krajčírka dressmaker [dresmeikə]
krajec slice [slais]; **k. chleba** a slice of bread [bred]
krajina landscape [lænskeip]
krajnica (*na ceste*) hard shoulder [ha:d šəuldə]
krajný extreme [iks'tri:m]
krajový regional [ri:džənl]
kráľ king
králik rabbit [ræbit]
kráľovná queen [kwi:n]
kráľovský royal [roiəl]
kráľovstvo kingdom [kindəm]
krása beauty [bju:ti]
krásny beautiful [bju:tifl]
krasokorčuliar figure-skater [figəskeitə]
krasokorčuľovanie figure-skating [figəskeitiŋ]
krátkozraký short-sighted ['šo:t'saitid]
krátky short [šo:t]; **je mi to k-e** it's too short for me [tu:, fə'mi:]
krava cow [kau]
kravata tie [tai]
kŕč cramp [kræmp]; **mám žalúdočné k-e** I've got cramp in my stomach [aiv, mai stamək]
krčah jug [džag]

krčma pub [pab], am. saloon [səˈluːn]

krehký fragile [frædžail]

krém cream [kriːm]; **k. na topánky** shoe polish [šuː poliš]; **k. na holenie** shaving cream [šeiviŋ]; **zubný k.** toothpaste [tuːθpeist]; **k. na ruky** handcream [hændkriːm]; **pleťový k.** face cream [fɛiskriːm]; **suchý, mastný, hydratačný, regeneračný k.** day, night, moisturising, cold cream [dei, nait, moisčəraiziŋ, kəuld]; **k. na opaľovanie** sun-lotion [sanləušn]

krepsilon stretch nylon [streč nailən]

kresba drawing [droːiŋ]

kreslo armchair [aːmčeə]; div. stall [stoːl]

kresťan Christian [krisčən]

krídlo aj šport. wing; hud. grand-piano [grændpiˈænəu]

krieda chalk [čoːk]

krištáľ crystal [kristl]

kritik critic [kritik]; **filmový, literárny, hudobný k.** film, literary, music critic [litərəri, mjuːzik]

kritika criticism [kritisizm]

kríž cross [kros]; **Červený k.** Red Cross

križovatka crossroads [krosrəudz]; žel. junction [džaŋkšn]; **k. riadená svetlami** a crossroad with traffic lights [træfik laits]; **mimoúrovňová k.** flyover [flaiəuvə], am. overpass [əuvəpaːs]; **pred, za k-ou** before, beyond the crossroads [biˈfoː, biˈjond]; **na k-e** at the crossroads

krížovka crossword puzzle [kroswəːd pazl]

krk neck [nek]

kroj costume [kostjuːm]; **ľudový, národný k.** folk, national costume [fəuk, næšnl]

krok step; **ísť k-om** walk at a slow pace [wo:k, sləu peis]; **je to na pár k-ov odtiaľto** it's a few steps from here [fju:, frəm hiə]

kroketa kuch. rissole [risəul], croquette [krəu'ket]; **zemiaková, zeleninová k.** potato, vegetable croquette [pə'teitəu, vedžitəbl]

kruh circle [sə:kl], ring

krupica semolina [semə'li:nə]

krupobitie hailstorm [heilsto:m]

krúpy (*jačmenné*) grains of barley [greinz, ba:li]; (*ľadovec*) hail [heil], hailstones [heilstəunz]

krv blood [blad]; **transfúzia k-i** blood transfusion [træns'fu:žn]

krvácanie bleeding [bli:diŋ]; **zastaviť·k.** stop bleeding

krvácať bleed [bli:d]; **rana krváca** the wound is bleeding [wu:nd]

krvavnica kuch. black pudding [blæk pudiŋ]

kryštálový: k. cukor granulated sugar [grænjuleitid šugə]

kto who [hu:]; **kto je to?** who is it?; **o kom hovoríte?** who are you talking about? [a:ju: to:kiŋ ə'baut]; **koho hľadáte?** who are you looking for? [lukiŋ]; **s kým?** with whom? [wið hum]; **kto je na rade?** whose turn is it? [hu:z tə:n]

ktorý (*opytovacie*) what [wot], which [wič]; **k. autobus ide do . . . ?** which bus is going to . . . ? [bas, gəuiŋ]; **z k-ého nástupišťa odchádza vlak?** from which platform does the train leave? [plætfo:m, trein, li:v]; (*vzťažné*) who [hu:], which, that [ðæt]

ktosi someone [samwan], somebody [sambədi]; (*v otázke*) anyone [eniwan], anybody [enibodi]

kufor (*batožina*) suitcase [sju:tkeis]; **ľahký, ťažký k.** a light, heavy suitcase [lait, hevi]; **dať k. do úschovne** put the suitcase in the left-luggage office [leftlagidž ofis]; **stratil sa mi k.** I've lost my suitcase [aiv, mai]; **vyzdvihnúť si k.** collect one's suitcase [kə'lekt wanz]; **vybaliť, zabaliť si k.** unpack, pack one's suitcase [an'pæk]; **čí je to**

k.? whose suitcase is this? [hu:z]; **poslať k. ako spolubatožinu** send the suitcase as registered luggage [redžistəd lagidž]; (*priestor v aute*) boot [bu:t], am. trunk [traŋk]

kufríkový: k-é rádio portable radio [po:təbl reidiəu]; **k. písací stroj** portable typewriter [taipraitə]

kuchár(ka) cook [kuk]

kuchyňa kitchen [kičən]; **závodná k.** canteen [kən'ti:n]; (*spôsob varenia*) cooking [kukiŋ], cuisine [kwizi:n]

kukurica maize [meiz], am. corn [ko:n]

kultúra culture [kalčə]

kuchynský: k. kút kitchenette [kiči'net]

kúpací: k. plášť bathing wrap [beiθiŋ ræp]; **k-ia čiapka** bathing-cap [beiθiŋ kæp]

kúpalisko swimming pool [swimiŋ pu:l]

kúpať sa bathe [beiθ]; (*vo vani*) have a bath [hæv ə ba:θ]; **poďme sa k.** let's go for a swim [gəu]

kupé žel. compartment [kəm'pa:tmənt]

kúpeľ bath [ba:θ]; **parný k.** steambath [sti:mba:θ]

kúpele health-resort [helθri'so:t], spa [spa:]

kúpeľňa bathroom [ba:θrum]; **izba s k-ou** room with private bath [rum wið praivit]

kúpiť buy [bai]; **chcem si k. . . .** I want to buy [ai wont]; **kde ste to kúpili?** where did you buy it? [weə, ju:]

kupón coupon [ku:pon]

kura chicken [čikin], **grilované, plnené, pečené k.** grilled, stuffed, roast chicken [grild, staft, rəust]; **vyprážané k.** chicken fried in bread-crumbs [fraid, bredkramz]; **zaprávané k.** fricassee of chicken [frikə'si:]

kúra (*liečebná*) treatment [tri:tmənt]; **odtučňovacia k.** slimming cure [kjuə]

kúrenie heating [hi:tiŋ]; **ústredné, plynové, elektrické k.** central, gas, electric heating [sentrəl, gæs, iˈlektrik]

kúriť heat [hi:t]; **v izbe sa nekúri** the room isn't heated [rum iznt hi:tid]

kurt court [ko:t]; **trávnatý, antukový k.** grass, hard court [gra:s, ha:d]

kurz (*peňažný*) exchange rate [iksˈčeindž reit]; **aký je k. dolára, libry?** what's the exchange rate of the dollar, of the pound? [dolə, paund]; (*školský*) course [ko:s]; **jazykový k.** language course [læŋgwidž]; **k. pre začiatočníkov, pre pokročilých** course for beginners [biˈginəz], for advanced learners [ədˈva:nst lə:nəz]; (*smer*) course, direction [diˈrekšn]

kus piece [pi:s]; **k. stojí 30 pencí** thirty pence each [θə:ti pens i:č]

kúsok bit; **k. chleba** a piece of bread [pi:s, bred]; **ani k.** not a bit

kút corner [ko:nə]; **v k-e** in the corner

kúzelník magician [məˈdžišən]

kvalita quality [kwoləti]; **tovar prvej k-y** firstclass quality goods [fəˈstkla:s, gudz]

kvalitný good quality [gud kwoləti]

kvapalina liquid [likwid]; **brzdová k.** brake fluid [breik]

kvasený: k-é uhorky leavened cucumber preserve [levnd kju:kambə priˈzə:v]

kvasnice yeast [ji:st]

kvet(ina) flower [flauə]

kvetinárstvo florist('s)

kvôli: k. tebe, vám because of you [biˈkoz əv ju:]

kybernetika cybernetics [saibəˈnetiks]

kýchať sneeze [sni:z]
kyselina acid [æsid]
kyslík oxygen [oksidžən]
kyslý sour [sauə]; **k-é mlieko** sour milk
kysnutý leavened [levnd]
kytica bunch of flowers [banč, flauəz]
kývať (sa) swing; (*mávať*) wave [weiv]; (*hlavou*) nod

L

Labe the Elbe [elb]
laboratórium laboratory [ləˈborətri], lab [læb]
lacno cheaply [či:pli]; **l. kúpiť, predať** buy, sell cheap [bai]; **kde sa možno l. najesť?** where can one eat cheaply? [weə kən wan i:t]
lacný cheap [či:p]
ľad ice [ais]
ľadvinky kuch. kidneys [kidniz]; **dusené ľ.** stewed kidneys [stju:d]
ľahko easily [i:zili]
ľahký light [lait], (*na pochopenie*) easy [i:zi]; **ľ-á atletika** athletics [æθˈletiks]
ľahnúť si lie down [lai daun]; **idem si ľ.** I'm going to bed [aim gəuiŋ]
lahôdka delicacy [delikəsi]; **l-y** (*obchod*) delicatessen shop [delikəˈtesn šop]
lak varnish [va:niš]; **l. na nechty** nail varnish [neil]; **l. na vlasy** hair spray [heəsprei]
lakeť elbow [elbəu]
lakový: l-é topánky patent leather shoes [peitənt ledə šu:z]

lámať (sa) break [breik]

lámka lek. gout [gəut]

lampa lamp [læmp]; **uličná l.** street lamp [stri:t]; **stolná l.** table lamp [teibl]; **l. nesvieti** the lamp doesn't work [daznt wə:k]

lampáš lantern [læntən]

ľan flax [flæks]

lano rope [rəup]; **horolezecké l.** mountaineering rope [maunti'niəriŋ]; **vlečné l.** rope for hauling [ho:liŋ]

lanovka (*pozemná*) funicular (railway) [fju:'nikjulə (reilwei)]; (*visutá*) cable-car [keiblka:]; **vedie tam l.?** is there a cable-car going there? [ðeə, gəuiŋ, ðeə]

láska love [lav]

láskavý kind [kaind]; **buďte taký l.** be so kind as to [bi: səu, əz tu]; **ste veľmi l.** that's very kind of you [ðæts]

laterna magica magic lantern [mædžik læntən]

latinský Latin [lætin]

látka (*textilná*) material [mə'tiəriəl]; **hodvábna, vlnená, bavlnená, syntetická l.** silk, woollen, cotton, synthetic material [wuln, kotn, sinθətik]; fabric [fæbrik]; (*pohonná*) fuel [fjuəl]

lavica bench [benč]

ľavica left hand [hænd]; (*politická*) the Left

lavína avalanche [ævəla:nš]

lavór wash-basin [wošbeisin]

ľavý left; **na ľ-ej strane** on the left side [said]

lebka skull [skal]

lebo or [o:]

legálny legal [li:gəl]

legitimácia (*občiansky preukaz*) identity card [ai'dentiti ka:d]; **členská l.** membership card [membəšip]

legitimovať sa prove one's identity [pruːv wanz aiˈdentiti]; **legitimujte sa** show your card, please [šəu joː kaːd pliːz]

lehota term [təːm], time [taim], (*konečná*) deadline [dedlain]; **dodacia l.** delivery date [diˈlivəri deit]; **záručná l.** guarantee [gærənˈtiː]; **predĺžiť l-u** extend the deadline [iksˈtend]

lejak downpour [daunpoː], (*krátky*) heavy shower [hevi šauə]

lekár doctor [doktə]; **detský l.** pediatrician [piːdiəˈtrišn]; **obvodný l.** general practitioner [džnerəl prækˈtišənə]; **očný l.** eye specialist [ai spešəlist]; **odborný l.** consultant [kənˈsaltənt]; **praktický l. G. P.** [džiːpiː], general practitioner [džnerəl prækˈtišənə]; **zubný l.** dentist, dental surgeon [dentl səːdžən]; **ženský l.** gynecologist [gainəˈkolədžist]; **musím ísť k l-ovi** I must go to a doctor [ai mast gəu]; **zavolajte mi l-a, prosím** call a doctor, please [koːl, pliːz]

lekáreň chemist('s) [kemist(s)], am. drugstore [dragstoː]; **l. s nočnou prevádzkou** all-night chemist [oːlnait]

lekárnička (*súbor liekov*) first-aid box [fəːst eid]

lekársky medical [medikl], medicinal [meˈdisinl]

len only [əunli]

lenivý lazy [leizi]

lepiaci: l-a páska adhesive tape [ədˈhiːsiv teip]

lepidlo glue [gluː]

lepiť stick [stik], glue [gluː]

lepší, lepšie better [betə]; **už je mi lepšie** I feel better now [ai fiːl, nau]; **bolo by lepšie** it would be better [wud biː]

les wood [wud]

lesknúť sa shine [šain]

leštidlo polish [poliš]

let flight [flait]; **priamy l.** non-stop flight; **l. s medzipristátím** flight

with a stop-over [əuvə]; **vyhliadkový l.** sight-seeing flight [sait-si:iŋ]

letec pilot [pailot]

letecky by air [bai eə]; **poslať list l.** send a letter by airmail [letə bai eəmeil]

letenka air ticket [eə tikit]; **spiatočná l.** return air ticket [ri¦təːn]; **l. bez uvedeného dátumu** open air ticket [əupn]; **koľko stojí l. do Londýna?** how much does an air ticket to London cost? [hau mač daz, landn kost]

letieť fly [flai]; **kedy letí lietadlo do Londýna?** when does the plane fly to London? [wen daz, plein, landn]; **letíme vo výške 4000 m** we're flying at an altitude of four thousand metres [wiə: flaiiŋ, æltitjuːd, fo: θauznd miːtəz]; **v akej výške letíme?** at what altitude are we flying? [æt wot]

letisko airport [eəpoːt]; **na l-u** at the airport; **ako sa dostanem na l.?** which way is it to the airport? [wič wei]; **l. neprijíma** the airport is closed [kləuzd]

leto summer [samə]; **v l-e** in summer; **babie l.** (*pavučina*) Indian summer [indjən]

letovisko summer resort [samə ri¦soːt]

letový: l. poriadok flying schedule [flaiiŋ šedjuːl]; **l-á rýchlosť** flying speed [spiːd]

letuška stewardess [stjuə¦des], air hostess [eəhəustis]

leukoplast plaster [plaːstə]

levandula lavender [lævində]

ležadlo (*rozkladacie*) deck-chair [dekčeə]; (*vo vlaku*) couchette [kuː¦šet]; **koľko stojí l.?** how much does a couchette cost? [hau mač daz, kost]

ležadlový: l. vozeň a couchette carriage [kuː¦šet kæridž]

ležiak (*pivo*) lager [la:gə]

liať pour [po:]

libra (*hmotnosť*) pound [paund] *(=0,45 kg);* (*mena*) pound sterling, £ [stə:liŋ]

líce (*tvár*) cheek [či:k]; (*opak rubu*) front side [frant said], obverse [obvə:s]

licencia licence [laisns]; **vyrábať v l-ii** manufacture under licence [mænju:ˈfækčə andə]

liečba cure [kjuə], treatment [tri:tmənt]

liečebný healing [hi:liŋ]

liečenie treatment [tri:tmənt]; **cestujem na l. do . . .** I'm going to . . . for a treatment [aim gəuiŋ]

liečiť heal [hi:l], cure [kju:]

lieh spirit; **čistý l.** pure alcohol [pjuə ælkəhol]; **denaturovaný l.** methylated spirits [meθileitid]

liehoviny spirits

liek medicine [medsn]; **l. proti bolesti** a pain-killer drug [peinkilə drag]; **posilňujúci l.** tonic [tonik]; **predpísať l.** prescribe a medicine [priˈskraib]; **ako mám užívať tento l.?** in what doses am I to take this medicine? [wot dəuziz æm ai təˈteik ðis]

lieskovec hazel-nut [heizlnat]

lietadlo plane [plein]; **nastúpiť do l-a** board a plane [bo:d]; **cestovať l-m** go by air [gəu bai eə]; **v l-e** on the plane; **l. štartuje, pristáva** the plane is taking off, landing [teikiŋ, lændiŋ]; **l. mešká** the plane is delayed [diˈleid]

lievanec kuch. muffin [mafin]

lievik funnel [fanl]

liga šport. league [li:g]; br. division [diˈvižn]

likér liqueur [liˈkjuə]; **čerešňový l.** cherry liqueur [čeri]; **rascový l.**

LIMONÁDA 96

kummel liqueur [kuməl]; **bylinkový l.** herbal liqueur [hə:bl]; **vaječný l.** egg nog [eg nog]; **žalúdočný l.** cordial [ko:djəl]

limonáda lemonade [leməneid], squash [skwoš]; **citrónová l.** lemonade; **pomarančová l.** orangeade [orin'džeid], orange squash [orindž]; **ovocná l.** fruit squash [fru:t]

linka line [lain]; (*trasa*) route [raut]; **autobusová, dopravná, letecká l.** bus, traffic, air route [bas, træfik, eə]; telef. extension [iks-'tenšn]; **l. je obsadená, voľná, prerušená** the line is engaged, free, cut off [in'geidžd, fri:, kat of]

list (*stromu*) leaf [li:f]; (*papiera*) sheet [ši:t]; (*korešpondencia*) letter [letə]; **záručný l.** guarantee [gærən'ti:]; **rodný l.** birth certificate [bə:θ sə'tifikət]; **sobášny l.** marriage certificate [mæridž]; **cenný l.** registered letter [redžistəd]; **doporučený l.** recorded delivery [ri-'ko:did di'livəri]; **podať l.** post a letter [pəust]; **dostať l.** receive a letter [ri'si:v]; **nemáte tu l. na meno . . .?** have you got a letter in the name of . . .? [hæv ju:, də neim]

listina document [dokjumənt], certificate [sə'tifikət]

lístok ticket [tikit]; **cestovný l.** (*vlakový*) railway ticket [reilwei]; **perónny l.** platform ticket [plætfo:m]; **spiatočný l.** return ticket [ri'tə:n]; **l. do divadla, do kina, na koncert** theatre, cinema, concert ticket [θiətə, sinimə, konsət]; **jedálny l.** menu [menju:]; **korešpondenčný l.** postcard [pəustka:d]; **palubný l.** boarding-card [bo:diŋ ka:d]; **batožinový l.** left-luggage ticket [leftlagidž]

líšiť sa differ from [difə frəm]

liter litre [li:tə], two pints [tu: paints]; **pol litra** half a litre [ha:f], one pint [wan paint]

literatúra literature [litrəčə]; **krásna l.** fiction [fikšn]; **dobrodružná l.** adventure stories [əd'venčə sto:riz]; **odborná, technická,**

vedecká l. specialized, technical, scientific literature [spešəlaizd, teknikl, saiən'tifik]
loď ship [šip], boat [bəut]; **motorová l.** motor-boat [məutəbəut]; **osobná l.** (*malá*) passenger boat [pæsindžə bəut], (*veľká*) liner [lainə]; **zámorská l.** sea-going vessel [si:gəuiŋ vesl]; **na lodi** on board (a) ship [bo:d]; **nastúpiť na l.** board a ship; **cestujem l-ou** I go by boat [ai gəu bəi]; (*chrámová*) nave [neiv]
lodenica dock [dok]
lokálka žel. local railway [ləukl reilwei]
lokomotíva engine [endžin]
Londýn London [landn]
lopata shovel [šavl]
lopta ball [bo:l]
lós lot
losos salmon [sæmən]
lotéria lottery [lotəri]
loviť hunt [hant], chase [čeis]; (*ryby*) (catch) fish [(kæč) fiš]
lóža box
ložisko tech. bearing [beəriŋ]; **premazať, vymeniť l.** grease, replace a bearing [gri:s, ri'pleis]
lôžko bed, (*vo vlaku, na lodi*) berth [bə:θ], bunk [baŋk]; **dolné, horné l.** lower, top bunk [ləuə]
lôžkový: l. vozeň sleepingcar [sli:piŋka:], sleeper [sli:pə]
lúč beam [bi:m], ray [rei]; **slnečný l.** sunbeam [sanbi:m]
lúčiť sa take leave [teik li:v]
ľudia people [pi:pl]
ľudový popular [popjulə]
lúka meadow [medəu]
lunapark amusement park [ə'mju:zmənt pa:k]

lupa magnifying glass [mægni'faiiŋ gla:s]//
lúpež robbery [robəri]//
luster chandelier [šændə'liə]//
ľúto: je mi ľ. I'm sorry [aim sori]//
ľutovať be sorry [bi: sori]; **ľutujem** I'm sorry [aim]; **ľutujem, že** I regret that [ri'gret dæt]; **ľutujem vás** I'm sorry for you [fə'ju:]//
luxusný luxurious [lak'zjuəriəs], luxury [lak'zjuri]//
lýtko calf [ka:f]//
lyže skis [ski:z]; **bežecké, zjazdárske, vodné, pretekárske l.** running, downhill, water, racing skis [raniŋ, daunhil, wo:tə, reisiŋ]//
lyžiar skier [ski:ə]//
lyžiarsky skiing [ski:iŋ]//
lyžica spoon [spu:n]; **polievková l.** tablespoon [teiblspu:n]; **l. na topánky** shoe horn [šu: ho:n]//
lyžička teaspoon [ti:spu:n]; **l. cukru** a teaspoon of sugar [šugə], a spoonful of sugar [spu:nful]//
lyžovať sa ski [ski:]

M

mačka cat [kæt]//
magnetofón tape-recorder [teipri'ko:də]; **kazetový m.** cassette tape-recorder [kə'set]; **spustiť, zastaviť m.** switch on, stop a tape-recorder [swič]//
máj May [mei]; **Prvý máj** May Day [dei]//
maják lighthouse [laithaus]//
majetok property [propəti]; **osobný, súkromný, verejný m.** personal, private, public property [pə:sənl, praivit, pablik]

majiteľ owner [əunə]

majonéza kuch. mayonnaise [meiə'neiz]

majster master [ma:stə]; **m. športu** champion [čæmpiən]; **m. sveta** world champion [wə:ld]; **koncertný m.** leader [li:də]; *(dielenský)* foreman [fo:mən]

majstrovstvá šport. championship [čæmpiənšip]; **m. sveta v krasokorčuľovaní** world figureskating championship [wə:ld figəskeitiŋ]

mak poppy [popi]

makaróny kuch. macaroni [mækə'rəuni]

makovník poppy-seed cake [popisi:d keik]

makrela mackerel [mækrl]

malária malaria [mə'leəriə]

malátny languid [læŋwid], sluggish [slagiš]

maľba painting [peintiŋ]; **nástenná m.** wall painting [wo:l]; **m. na skle** glass painting [gla:s]

maliar painter [peintə]; **akademický m.** artist [a:tist]; **m. izieb** decorator [dekəreitə]

malina raspberry [ra:zbəri]

malinovka raspberry juice [ra:zbəri džu:s]

málo *(nepočítateľné)* little [litl], *(počítateľné)* few [fju:]; **m. času, peňazí** little time, money [taim, mani]; **m. ľudí, kníh** few people, books [pi:pl, buks]

málokedy seldom [seldəm]

maloletý minor [mainə], not of age [eidž]

maloobchod retail business [ri:teil biznis]

maloobchodný: m-á cena retail price [ri:teil prais]

maľovať *(obraz)* paint [peint], *(izbu)* decorate [dekəreit]

malý small [smo:l], little [litl], *(nízky)* short [šo:t]; **tieto šaty sú mi m-é** this dress is too small for me [ðis, tu:]

mama, mamička mum(my) [mam(i)]
mandarínka tangerine [tændžəri:n], mandarin [mændərin]
mandle[1] almonds [a:məndz]; **sladké, slané m.** sweet, salted [swi:t, so:ltid]
mandle[2] *(krčné)* tonsils [tonslz]; **zápal m-í** tonsil(l)itis [tonsi'laitis]
manifestácia rally [ræli]; **mierová m.** peace rally [pi:s]
manikúra manicure [mænikjuə]
manzarda garret room [gærət ru:m]
manžel husband [hazbənd]
manželka wife [waif]
manželský: m-á dvojica married couple [mærid kapl]
manželstvo marriage [mæridž]
manžeta cuff [kaf]
mapa map [mæp]; **turistická m.** tourist map [tuərist]; **ukážte mi to na mape, prosím** show it on the map, please [šou, pli:z]
maratón šport. marathon [mærəθən]
marec March [ma:č]
margarín margarine [ma:džə'ri:n]
marhuľa apricot [eiprikot]
marmeláda jam [džæm]
márne in vain [vein]
masáž massage [mæsa:ž]
maslo butter [batə]
masť *(potravina)* fat [fæt], grease [gri:s]; *(mazadlo)* ointment [ointmənt]; **ichtyolová m.** ichthaminol [ichtæminəl]; **m. na popáleniny** ointment for burns [bə:nz]
mastný *(mäso)* fatty [fæti], *(vlasy)* greasy [gri:si]
maškrtný: byť m. have a sweet tooth [hæv ə swit: tu:θ]
mať have [hæv, həv]; **mám čas** I've got time [aiv, taim]; **nemáme čas**

we haven't got time [wi: hævnt]; **mám horúčku** I have got a temperature [temprəčə]; **máte pravdu** you are right [ju: a: rait]; **nemáte pravdu** you are wrong [roŋ]; **mám ťa, vás rád** I like you [laik]; **čo mám robiť?** what am I to do? [wot əm ai tə du:]; **mám radšej kávu než čaj** I prefer coffee to tea [pri'fə: kofi, ti:]; **mal som** I had [hæd, həd]; **nemal som** I didn't have [didnt hæv]; **nemáme** we don't have [wi: dəunt]; **máte?** have you got?, do you have?

mať sa: mám sa dobre I'm well [aim]; **mám sa zle** I'm not too well [tu:]; **ako sa máte?** how are you? [hau a: ju:]; **ako sa má váš, vaša . . .?** how is your . . .? [jo:]; **majte sa dobre!** have a good time [hævə gud 'taim]

matematika mathematics [mæθə'mætiks]

materský: m.-á dovolenka maternity leave [mə'tə:niti li:v]; **m.-á škola** kindergarten [kində'ga:tn], nursery school [nə:sri sku:l]; **m.-é šaty** maternity wear [weə]

matica tech. nut [nat]

matka mother [maðə]

matrac mattress [mætrəs]; **nafukovací m.** inflatable mattress [in'fleitəbl], airbed [eəbed]

maturita school-leaving examination [sku:lli:viŋ igzæmi'neišn], br. A-level [eilevl]

mazadlo aut. lubrication [lu:bri'keišn]

mäkký soft

mäsiarstvo butcher('s) [bučə(z)]

mäso meat [mi:t]; **bravčové m.** pork [po:k]; **hovädzie m.** beef [bi:f]; **jahňacie m.** lamb [læm]; **teľacie m.** veal [vi:l]; **dusené m.** stewed meat [stju:d]; **mrazené m.** frozen meat [frəuzn]; **údené m.** smoked meat [sməukt]; **varené m.** boiled meat [boild]; **mleté m.** mincemeat [minsmi:t]

mäsový: m-á polievka meat soup [mi:t su:p]; **m-á konzerva** tinned meat [tind]
mdloba faintness [feintnes]; **upadnúť do mdlôb** faint [feint]
med honey [hani]
meď copper [kopə]
medaila medal [medl]; **bronzová, strieborná, zlatá m.** bronze, silver, gold medal [bronz, silvə, gəuld]; **olympijská m.** Olympic medal [əˈlimpik]
medzi between [biˈtwi:n], *(viac než dvoma)* among [əˈmaŋ]; **m. 4. a 5. hodinou** between four and five o'clock [fo:, faivəˈklok]
medzimestský intercity [intəsiti]; telef. trunk [traŋk]; **m. hovor** trunk call [ko:l], am. long distance call [loŋ distəns]
medzinárodný international [intəˈnæšnl]; **m. telefónny hovor** foreign trunk call [forin traŋk ko:l]
medziposchodie mezzanine [mezəni:n]
medzipristátie stop-over [stopəuvə]; **s m-ím v . . .** with a stop-over in . . . [wiđ]
medzitým in the meantime [mi:ntaim]
mechanický mechanical [miˈkænikl]
mechanik mechanic [miˈkænik]
mechúr bladder [blædə]; **močový m.** urinary bladder [ju:rinəri]; **žlčový m.** gall bladder [go:l]
melódia melody [melədi]
melón melon [melən]; **červený m.** water-melon [wo:tə]; **žltý m.** honeydew melon [hanidju:]
mena currency [karənsi]; **v akej m-e?** in which currency? [wič]; **cudzia m.** foreign currency [forən]
menej less

meniť change [čeindž]; **m. doláre za libry** exchange dollars for pounds [iks'čeindž doləz fə' paundz]

meniť sa change [čeindž]; **počasie sa mení** the weather is changing [wedə, čeindžiŋ]

meno name [neim]; **krstné m.** first name [fə:st]; Christian name [krisčn]; **dievčenské m.** maiden name [meidn], née [nei]; **na aké m.?** in what name? [wot]

menovka label [leibl]

menší smaller [smo:lə]; **m-ie číslo** a smaller size [saiz]; **nemáte niečo m-ie?** have you got anything smaller? [hæv ju: əniθiŋ]

menšina minority [mai'noriti]

menu menu [menju:]; **budem obedovať m.** I'll have a set meal [ail həv, mi:l]

menza *(študentská)* student's dining-hall [stju:dnts dainiŋho:l]

mesačne monthly [manθli]

mesačník *(časopis)* monthly [manθli]

mesačný monthly [manθli]

mesiac[1] *(na oblohe)* moon [mu:n]

mesiac[2] *(kalendárny)* month [manθ]; **minulý, budúci, tento m.** last, next, this month [la:st, ðis]; **koncom, začiatkom m-a** at the end, at the beginning of the month [bi'giniŋ]

mesto town [taun]; *(väčšie)* city [siti]; **hlavné m.** capital [kæpitl]; **okresné m.** district town [distrikt]; **krajské m.** county town [kaunti]; **priemyselné m.** industrial town [in'dastriəl]; **do m-a** to town; **v m-e** in the town; **historické časti m-a** the historical parts of the town [his'torikl pa:ts]

meškanie delay [di'lei]; **vlak má m.** the train is late [trein, leit]

meškať be late [bi: leit]; **vlak mešká hodinu** the train is one hour late [trein, wan auə]; **hodinky mi meškajú 5 minút** my watch is five

minutes slow [mai woč, faiv minits sləu]; **prepáčte, že meškám** excuse me for being late [iksˈkju:z mi:, bi:iŋ]

meteorologický meteorological [mitrəˈlodžikl]

meter metre [mi:tə]; **štvorcový, kubický m.** a square, a cubic metre [skweə, kju:bik]; **m. látky** a metre of material [əv məˈtiəriəl]; **koľko metrov?** how many metres? [hau meni mi:təz]

metla broom [bru:m]

metrický cent one hundred kilograms [wan handrəd kiləgræmz], metric centner [metrik sentnə]

metro underground [andəgraund]; **cestujem m-m** I go by underground [ai gəu bai]; **kde je stanica m-a do . . .?** where is the underground station for . . .? [weə iz, steišn]

mier peace [pi:s]

miera measure [mežə]

mierny mild [maild]

miestenka seat-reservation [si:t rezəˈveišn]; **predaj miesteniek** seat-reservation office [ofis]; **m-u na vlak do . . ., prosím** a seat-reservation for the . . . train, please [trein, pli:z]; **m-y sú vypredané** there are no more seat-reservations [ðeə a: nəu mo:]

miestnosť room [ru:m]

miestny local [ləukl]

miesto place [pleis], *(priestor)* room [ru:m], *(sedadlo)* seat [si:t]; **m. bydliska** address [ədˈres]; **m. narodenia** birth-place [bə:θpleis]; **m. na sedenie, na státie** seating-room, standing-room [si:tiŋru:m, stændiŋru:m]; **je tu voľné m.?** is there a free seat, please? [ðeə, fri:, pli:z]; **toto m. je voľné, obsadené** this seat is vacant, taken [veiknt, teikn]; **m. určenia** destination [destiˈneišn]; *(zamestnanie)* job [džob]; **bez m-a** jobless [džobləs]

miešaný mixed [mikst]

miešať mix, *(lyžičkou)* stir [stə:]
migréna migraine [mi:grein]
mihalnice eyelashes [ailæšiz]
mikrobus microbus [maikrəubəs], minibus [minibas]
milimeter millimetre [milimi:tə]
milovať love [lav]; **milujem ťa, vás** I love you [ai lav ju:]
milý nice [nais]; *(oslovenie v liste)* dear [diə]; **m-á pani** dear Madam [mædəm]; **m. pán** dear Sir [sə:]; **je to od vás m-é** it's very kind of you [kaind]; **to je m. chlapec** he's a nice boy [hi:z ə]
mimo outside [aut'said]; **m. cesty** out of the way [aut əv də wei]; **je m. nebezpečenstva** he's out of danger [hi:z aut əv deindžə]
mimochodom by the way [bai də wei]
mimoriadny extraordinary [ik'strɔ:dnri]
míňať *(peniaze)* spend
míňať sa *(čas)* pass [pa:s]
minca coin [koin]
minerálka mineral water [minrəl wo:tə]
minigolf minigolf, clock golf [klok]
minister (Cabinet) minister [(kæbinət) ministə]
ministerstvo ministry, department [di'pa:tmənt]; **m. vnútra** Ministry of the Interior [in'tiəriə], br. Home Office [həum ofis]; **m. zahraničných vecí** Ministry of Foreign Affairs [forin ə'feəz], br. Foreign Office
minisukňa miniskirt [miniskə:t]
minulý past [pa:st], last [la:st]; **m. týždeň, mesiac, rok** last week, month, year [wi:k, manθ, jə:]
minúť spend; **minul som veľa peňazí** I spent a lot of money [mani]
minúta minute [minit]; **o 5 minút 12** five to twelve [faiv tə twelv]; **10 hodín a 10 minút** ten past ten [pa:st]; **vrátim sa o 10 minút** I'll be

back in ten minutes [ail bi: bæk, minits]; **pred 5 minútami** five minutes ago [ə'gəu]; **je to na 10 minút odtiaľto** it's ten minutes from here [frəm hiə]

minútka kuch. a short order [šo:t o:də]

misa bowl [bəul], dish [diš]; **obložená m.** cold meat (with salad) [kəuld mi:t (wid sæləd)]

mixér liquidizer [likwidaizə]

mládež youth [ju:θ]

mladík young man [jaŋ mæn]

mladší younger [jaŋgə]; **je o 3 roky m. odo mňa** he's three years younger than me [hi:z θri: jə:z, ðən mi:]; **môj m. brat** my younger brother [mai bradə]; **moja m-ia sestra** my younger sister [sistə]

mladý young [jaŋ]

mlčať be quiet [bi: kwaiət]

mliekareň dairy [deəri]

mlieko milk; **kondenzované, sušené m.** condensed, powdered milk [kən'denst, paudəd]; **(ne)sladené m.** (un)sweetened milk [(an)swi:tnd]; **kyslé m.** curdled milk [kə:dld]; **trvanlivé m.** long-life milk [loŋlaif]; **čaj s m-m** tea with milk [ti: wiđ]; **liter m-a** two pints of milk [tu: paints]

mlyn mill

mlynček grinder [graində]

mnoho *(nepočítateľné)* much [mač], *(počítateľné)* many [meni]; **m. práce, peňazí** much work, money [wə:k, mani]; **m. ľudí, vecí** many people, things [pi:pl, θiŋz]

mnohokrát many times [məni taimz]

množstvo amount [ə'maunt], quantity [kwontiti]; **v malom m-e** in small quantities [smo:l kwontitiz]; **vo veľkom m-e** in large quantities [la:dž]

moc power [pauə]

mocnosť power [pauə]

móda fashion [fæšn]; **to už vyšlo z m-y** it's out of fashion [aut əv]; **to je v m-e** it is in fashion

model model [modl]; **posledný m.** the latest model [leitist]

moderný modern [modən]

módny fashionable [fæšnəbl]; **m. salón** dressmaker's showroom [dresmeikəz šouru:m]

modrý blue [blu:]

mokrý wet

mólo pier [piə]; **na m-e** on the pier

moment moment [məumənt]; **m., prosím!** just a moment, please [džast, pli:z]

momentka fot. snap(shot) [snæp(šot)]

monopol monopoly [məˈnopəli]

montáž assembly [əˈsembli]

montér fitter [fitə]

montérky dungarees [daŋgəˈri:z]

montovať assemble [əˈsembl]

moped moped [məuped]

more sea [si:]; **pokojné, rozbúrené m.** calm, stormy sea [ka:m, sto:mi]; **na brehu m-a** on the seashore [si:šo:]; **2000 m nad m-om** two thousand metres above sea-level [tu:θauznd mi:təz əˈbav si:levl]

morka turkey [tə:ki]

morský sea [si:]

Moskva Moscow [moskəu]

most bridge [bridž]; **visutý m.** suspension bridge [səsˈpenšən]

mostík: lyžiarsky m. ski-jump [ski:džamp]

motel motel [mouˈtel]; **ubytovanie v m-i** accommodation in a motel [əkoməˈdeišn]

motocykel motor-cycle [məutəsaikl]; **ísť na m-kli** ride a motor-cycle [raid]

motor motor [məutə], engine [endžin]; **dvojtaktný, štvortaktný m.** two-stroke, four-stroke engine [tu:strəuk, fo:strəuk]; **prehriaty, studený m.** overheated, cold engine [əuvəˈhi:tid, kəuld]; **opravte mi m.** repair the engine, please [riˈpeə, pli:z]; **vypnúť m.** turn off the engine [tə:n]; **m. sa prehrieva** the engine is overheated [əuvəˈhi:tid]; **m. vynecháva** the engine cuts out, splutters [kats aut, splatəz]; **nechať bežať m.** let the engine tick over [tik əuvə]; **spustiť m.** start the engine [sta:t]

motorest service area [sə:vis eəriə]

motorka motor-bike [məutəbaik]; **ísť na m-e** ride a motor-bike [raid]

motýľ butterfly [batəflai]

motýlik (*kravata*) bow tie [bəu tai]; šport. butterfly (stroke) [batəflai (strəuk)]

mozoček kuch. brains [breinz]

mozog brain [brein]

možno perhaps [pəˈhæps], maybe [meibi:]; **m., že áno** maybe yes [jes]; **m., že nie** maybe not

možnosť chance [ča:ns], possibility [posəˈbiliti]; **podľa m-ti** as far as possible [əz fa:rəzˈ posəbl]; **dať m.** enable [əˈneibl]

možný possible [posəbl]; **to (nie) je m-é** that's (im)possible [dæts]; **ako je to m-é?** how is it possible? [hau]

môcť can [kæn, kən], be able [bi: eibl]; may [mei]; **môžeme vojsť?** may we come in? [wi: kam]; **môžem si to vyskúšať?** may I try it on? [ai trai]; **môžete mi povedať, ukázať, pomôcť?** can you tell me, show me, help me? [ju:, šəu mi:]; **môžem vás odprevadiť?**

may I go with you? [gəu wid]; **žiaľ, nemôžem** I'm afraid I can't [əˈfreid ai ˈkɑ:nt]; **už nemôžem** I can't any more [eni mo:]; **čo môžeme robiť?** what can we do? [wot, wi: du:]

môj, moja, moje privl. my [mai]; **to (nie) je moje** this is (not) mine [main]

mračiť sa: mračí sa it's getting cloudy [klaudi]

mrak cloud [klaud]

mrakodrap skyscraper [skaiskreipə]

mramor marble [mɑ:bl]

mravec ant [ænt]

mráz frost; **je silný m.** there's a severe frost [siˈviə]; **bod mrazu** freezing-point [fri:ziŋ]

mrazený frozen [frəuzn]

mreže bars [bɑ:z]

mrholiť: mrholí it's drizzling

mrkva carrot [kærət]

mŕtvica: mozgová m. stroke [strəuk]; **srdcová m.** heart failure [hɑ:t feiljə]

mŕtvy dead [ded]

mrzieť: veľmi ma to mrzí I'm very sorry about that [aim, əˈbaut dæt]

mrznúť freeze [fri:z]; **vonku mrzne** it's freezing outside [fri:ziŋ autˈsaid]

múčnik dessert [diˈzə:t]

múdry wise [waiz], clever [klevə]

mucha fly [flai]

muchotrávka toadstool [təudstu:l]

múka flour [flauə]

múr wall [wo:l]

murár bricklayer [brikleiə]

musieť must [mast]; **musím už ísť** I must be going [ai, bi: gəuiŋ]; **musím sa vrátiť** I must go back [gəu bæk]; **nemusíte sa ponáhľať** you needn't hurry [ju: ni:dnt hari]; **musel som ísť** I had to go [ai-ˈhæd təˈgəu]; **nemusel som ísť** I didn't have to go [hæv]

mušľa shell [šel]

mušt cider [saidə]

múzeum museum [mju:ˈziəm]; **národopisné, technické m.** ethnographical, technical museum [eθnəˈgræfikl, teknikl]; **m. je otvorené, zatvorené** the museum is open, closed [əupn, kləuzd]

muž man [mæn], mn. č. men; (*manžel*) husband [hazbənd]; **Muži** (*nápis*) Gents [džents], am. Men's room [menz ru:m]

mužský male [meil], masculine [mæskjulin], (gentle)man's [(džentl)mənz]

mužstvo team [ti:m]; **futbalové, hokejové m.** football, icehockey team [futbo:l, aishoki]

my zám. we [wi:]

mydlo soap [səup]

mydlovnička soap-box [səupboks]

mýliť sa be mistaken [misˈteikn]; **mýlite sa** you're mistaken [ju:ə]

mys cape [keip]

myseľ mind [maind]

myslieť think [θiŋk]; **myslím, že áno** I think so [ai, səu]; **myslím, že nie** I don't think so [dəunt]; **myslíte?** do you think so? [du: ju:]; **myslel som, že** I thought that [θɔ:t dæt]; **čo si o tom myslíte?** what do you think about that? [wot, əˈbaut dæt]

myš mouse [maus]

myšlienka idea [aiˈdiə]; **to je dobrá m.** that's a good idea [dæts ə gud]

mýto toll [təul], charge [ča:dž]

mzda wage(s) [weidž(iz)]; **denná, hodinová m.** wage per day, per

hour [pəˈdei, pəˈr auə]; **priemerná m.** average wage [ævərɪdž];
úkolová m. wage according to piece-work [əˈkoːdɪŋ, piːswəːk];
mesačná m. monthly wage(s) [manθli]

N

na on, to [tu, tə], in, at [æt, ət]; **na stole** on the table [teibl]; **na ulici**
in the street [striːt]; **na koncerte** at a concert [konsət]; **na druhej
strane ulice** on the other side of the street [ðiˈaðə said əv, striːt];
na pamiatku as a souvenir [əz ə suːvəˈniə]; **na začiatku, na konci**
at the beginning, at the end [biˈgɪnɪŋ]
naberačka ladle [leidl]
nabíjať aut. charge [čaːdž]
nabok aside [əˈsaid]; **postavte sa n., prosím** stand aside, please
[stænd, pliːz]
naboso barefoot [beəfut]
náboženstvo religion [rɪˈlɪdžən]
nábrežie quay [kiː]; (*rieky*) embankment [ɪmˈbæŋkmənt]
nábytok furniture [fəːničə]
nacionálie personal data [pəːsənəl deitə]
načas in time [taim]; **prísť n.** be in time [biː]
náčelník: n. stanice station master [steišn maːstə]
načo what for [wot foː]
nad above [əˈbav], over [əuvə]; **letieť nad morom** fly over the sea
[flai, siː]
nadarmo in vain [vein]
nádej hope [həup]
nádherný splendid

nadhmotnosť *(batožiny)* excess weight [ikˈses weit]

nádcha cold [kəuld]; **mám n-u** I've a cold [aiv]

nadjazd flyover [flaiəuvə], am. overpass [əuvəpaːs]

nadmorský above sea level [əˈbav siː levl]; **n-á výška 1000 m** thousand metres above sea level [θauzənd miːtəz]

nádoba vessel [vesl]; **n. na odpadky** dustbin [dastbin], am. garbage-can [gaːbidž kæn]

nadol downwards [daunwədz]

nádor tumor [tjuːmə]

nádrž basin [beisn], reservoir [rezəwaː], tank [tæŋk]; **benzínová n.** petrol tank [petrəl]; **plnú n., prosím** a full tank, please [pliːz]; **n. tečie** the tank is leaking [liːkiŋ]

nádvorie courtyard [koːtjaːd]

nadzvukový supersonic [sjuːpəˈsonik]

nafta oil

nafúkať *(loptu)* blow up [bləu ap]

nahlas aloud [əˈlaud]; **hovorte n.** speak up [spiːk ap]; **nehovorte n.** speak quietly [kwaiətli]

náhle suddenly [sadnli]

náhly sudden [sadn], abrupt [əbˈrapt]

nahnevať make angry [meik æŋgri]

nahnevať sa get angry [æŋgri]

náhoda chance [čaːns]; **n-ou** by chance [bai]; **aká n.!** what a coincidence! [wot ə kəuˈinsidəns]

náhon aut. drive [draiv]; **predný, zadný n.** front-wheel, rear-wheel drive [frantwiːl, riːəwiːl]

náhrada compensation [kompənˈseišn]

nahradiť *(čo komu)* compensate [kompenseit]; **nahradím vám**

škodu I'll compensate your loss [ail, jo:]; *(kým, čím)* replace [ri:ˈpleis]

náhradník šport. reserve [riˈzɜːv]

náhradný: n-á súčiastka spare part [speə paːt]

nahrať *(zvuk)* record [riˈkoːd]; **n. na magnetofón** record on a tape-recorder [teipriˈkoːdə]

nahrávka recording [riˈkoːdiŋ]; **gramofónová, magnetofónová n.** gramophone, tape recording [græməfəun, teip]

náhrdelník necklace [neklis]

náhrobok tombstone [tuːmstəun]

nahustiť: n. pneumatiku pump up the tyre [pamp ap, taiə]

nahý naked [neikid]

nachladnúť catch a cold [kæč əˈkəuld]

nachladnutý: som n. I have a cold [ai həv əˈkəuld]

najbližší next, the neareast [niərəst]; **kde je n-ia zastávka autobusu?** where's the nearest bus stop? [weəz, bas]

najesť sa have a meal [hæv ə miːl]; **kde sa môžeme n.?** where can we have a meal? [weə kən wiː]

najmä especially [isˈpešəli]

najmenej at least [ət liːst]

najmenší the least [liːst]

najneskôr at the latest [leitist]

nájom *(izby)* renting, *(auta)* hire [haiə]

nájomné rent; **koľko platíte n.?** how much rent do you pay? [hau mač, duː juː pei]

nájomník tenant [tenənt]

najskôr first [fəːst]; **čo n.** as soon as possible [əz suːn əz posəbl]

nájsť find [faind]; **našiel som** I've found [aiv faund]; **nenašiel som** I

didn't find; **nemôžem to n.** I can't find it [ka:nt]; **kde môžem n. . . . ?** where can I find . . ? [weə kən]
najviac the most [məust]; **čo n.** as much as possible [əz mač əz posəbl]
najvyšší the highest [haiist]; **je n. čas** it's high time [hai taim]
nákaza infection [inˈfekšən]
nakaziť infect [inˈfekt]
nákazlivý infectious [inˈfekšəs]
náklad *(voza)* load [ləud]; *(knihy)* number of copies [nambə əv kopiz]; *(výdavok)* cost [kost]
nákladný: n-é auto lorry [lori], am. truck [trak]
nakoniec in the end
nákup shopping [šopiŋ], purchase [pə:čəs]
nákupný shopping [šopiŋ]
nakupovať buy [bai]
nákyp kuch. soufflé [su:flei], puddding [pudiŋ]
nalačno on an empty stomach [stamək]; **užite ten liek n.** take this medicine before meals [teik ðis medsn biˈfo: mi:lz]
nálada mood [mu:d]; **mám dobrú, zlú n-u** I'm in a good, in a bad mood [aim, gud, bæd]; **nemám n-u** I'm not in the mood
náľadie: na ceste je n. the road is slippery with ice [rəud, slipəri, wið ais]
naľakať sa be frightened [fraitnd]; **naľakal som sa** it gave me a fright [geiv, ə frait]; **nenaľakajte sa** don't be scared [dəunt bi: skeəd]
nalakovať si: n. si nechty varnish one's nailz [va:niš wanz neilz]; **n. si vlasy** put on hair-spray [heəsprei]
naľavo to the left; **zabočte n.** turn to the left [tə:n]; **n. od cesty** left of the road [rəud]; **choďte n.** go to the left [gəu]
nalepiť stick [stik]

nálepka label [leibl]

nález find [faind]; **archeologický n.** archaeological finds [a:kiəˈlodžikl]; **lekársky n.** medical findings [medikl faindiŋz]; **straty a n-y** the lost property office [propəti ofis]

naliať pour out [po: aut]; **môžem vám ešte n.?** may I pour you some more? [mei ai, səm mo:]

nalodiť sa embark [imˈbaːk]

namáhavý strenuous [strenjuəs]

námestie square [skweə]

namiesto instead of [insted əv]; **n. mňa** instead of me [mi:]

námietka objection [əbˈdžekšən]

namočiť dip, soak [səuk]

námorník sailor [seilə]

naobedovať sa have lunch [hæv lanč]; **idem sa n.** I'm going to lunch [aim gəuiŋ]

naopak on the contrary [kontrəri]

naozaj really [riəli]; **naozaj?** really?, are you sure? [šuə]

nápad idea [aiˈdiə]; **to je dobrý, zlý n.** that's a good, a bad idea [dæts ə gud, bæd]; **mám n.** I've got an idea [aiv]

napätie el. tension [tenšn]; **aké je tu elektrické n.?** what's the voltage here? [wots, voltidž hiə]

napínavý thrilling [θriliŋ]

nápis notice [nəutis], inscription [inˈskripšn]

napísať write [rait]; **napíšte mi to, prosím** write it down for me, please [daun fə mi: pli:z]

napiť sa have a drink [hæv]; **chcel by som sa niečoho n.** I'd like to have a drink [aid laik]

náplasť plaster [plaːstə]

náplň *(do pera)* refill [ri:fil]

naplniť fill

napodobenina imitation [imiˈteišn]

nápoj drink, beverage [bevəridž]; **alkoholický n.** alcoholic drink [ælkəˈholik]; **nealkoholický n.** soft drink; **chladený n.** chilled, cold drink [čild, kəuld]; **podávate n-e?** do you serve beverages? [du: ju: səˈv bevəridžiz]

náprava: predná, zadná n. aut. front, rear axle [frant, riə æksl]

napravo (od) right (of) [rait əv]; **zabočte n.** turn to the right [təːn]; **choďte n.** go to the right [gəu]

naprázdno: motor beží n. the engine is ticking over [endžin, tikiŋ əuvə]

napríklad for example [igˈzaːmpl], for instance [instəns]

naproti opposite [opəzit]; **n. domu** opposite the house [haus]; **ísť komu n.** go to meet sb [gəu, miːt]; **prídem vám n.** I'll come and meet you [ail kam ənd]

napumpovať *(vodu)* pump water [pamp woːtə]; *(pneumatiku)* pump up the tyres [ap, taiəz]

náramkový: n-é hodinky wrist-watch [ristwoč]

náramok bracelet [breislət]

naraňajkovať sa have breakfast [hæv brekfəst]; **idem sa n.** I'm going to have my breakfast [aim gəuiŋ, hæv mai]

naraz suddenly [sadnli]

náraz hit, knock [nok], blow [bləu]; **n. vetra** blast of wind [blaːst]

nárazník *(vlaku)* buffer [bafə]; *(auta)* bumper [bampə]

nárez *(z mäsa)* sliced meat [slaist miːt]; *(zo salámy)* sliced salami [səˈlaːmi]

nariadenie order [oːdə]

nariadiť *(rozkázať)* order [oːdə]; *(budík)* set; **n. budík na 7. hodinu**

set the alarm-clock for seven o'clock [ə'la:m klok fo: sevn əklok];
n. si hodinky set one's watch [wanz woč]

narkóza anaesthesia [ænis'θi:ziə]

národ nation [neišn]

narodenie birth [bə:θ]; **dátum n-ia** date of birth [deit]

narodeniny birthday [bə:θdei]; **kedy slávite n.?** when do you celebrate your birthday? [wen du: ju: seləbreit jo:]; **všetko najlepšie k n-ám!** many happy returns of the day [meni hæpi ri'tə:nz, dei]

narodiť sa be born [bi: bo:n]; **kedy a kde ste sa narodili?** when and where were you born? [wen, weə weə ju:]

národnosť nationality [næšə'næliti]; **akú máte n.?** what's your nationality? [wots jo:]

národný national [næšnl]

národopisný ethnographic [eθnə'græfik]

násilie force [fo:s]

následok consequence [konsikwəns]; **bez zlých n-dkov** without ill effects [wið'aut, i'fekts]

nasledovať follow [foləu]

nasledujúci next

naspamäť by heart [bai ha:t]

naspäť back [bæk]; **choďte n.** go back [gəu]

nasťahovať sa move into [mu:v intu]

nástroj instrument [instrumənt], tool [tu:l]; **hudobný n.** musical instrument [mju:zikl]

nástupište platform [plætfo:m]; **na ktoré n. príde vlak z . . .?** at which platform does the train from . . . arrive? [wič, daz də trein, ə'raiv]; **z ktorého n-ťa odchádza vlak do . . .?** from which platform does the train for . . . leave? [li:v]

nastúpiť *(do auta)* get into the car [intu ka:]; **n. do lietadla** board the plane [bo:d, plein]; **n. do vlaku** get on the train [trein]; *(do zamestnania)* take up a job [teik ap, džob]

náš, naša, naše privl. our [auə], ours [auəz]

naštartovať aut. start up [sta:t ap]

našťastie luckily [lakili]

nátačky curlers [kə:ləz]

natiahnuť *(hodiny)* wind up [waind ap]

naučiť sa learn [lə:n]; **kde ste sa naučili po anglicky?** where did you learn English? [weə, iŋgliš]

náušnica ear-ring [iəriŋ]

návod instructions [in'strakšnz], directions for use [di'rekšnz, ju:s]; **podľa n-u** according to the instructions [ə'ko:diŋ]

návrat return [ri'tə:n]; **po n-e** after returning [a:ftə]

návrh proposal [prə'pəuzl]

navrhnúť propose [prə'pəuz], suggest [sə'džest]; **čo navrhujete?** what do you suggest? [wot du: ju:]

návšteva visit [vizit]

návštevník visitor [vizitə]

navštíviť visit [vizit]; **n. múzeum** visit a museum [mju:'ziəm]; **kedy vás môžem n.?** when can I come to see you? [wen kən ai'kam tə'si: ju:]

navyknúť si get used to sth [ju:st tə]

navzájom mutually [mju:čuəli]

názor opinion [ə'pinjən]; **podľa môjho n-u** in my opinion [mai]

názov name [neim]

nealkoholický: n. nápoj soft drink

nebezpečenstvo danger [deindžə]; **na vlastné n.** at your own risk [æt jo:r əun]; **bez n-a** without danger [wiď aut]

nebezpečný dangerous [deindžərəs]
nebohý late [leit]
nečakaný unexpected [aniks'pektid]
nečitateľný illegible [i'ledžəbl]
neďaleko not far [fa:]
nedávno recently [ri:sntli], lately [leitli]
nedeľa Sunday [sandi]; **v n-u** on Sunday
nedorozumenie misunderstanding [misandə'stændiŋ]
nedoslýchavý hard of hearing [ha:d, hi:əriŋ]
nedostatočný insufficient [insə'fišənt]
nedostatok *(núdza)* lack [læk], shortage [šo:tidž]; *(chyba)* defect [di-'fekt], shortcoming [šo:tkamiŋ]
nefajčiar non-smoker [nonsməukə]; **pre n-ov** for non-smokers
nehoda accident [æksidənt]; **dopravná n.** road accident [rəud]; **mal som n-u** I had an accident [ai hæd ən]; **bez n-y** without an accident [wi'daut]
nechať leave [li:v]; **môžem si tu n. kufor?** can I leave my suitcase here? [kən ai, mai sju:tkeis hiə]; **nechal som si batožinu na stanici** I've left my luggage at the station [aiv, mai lagidž æt ðə steišn]
necht nail [neil]
nechutný *(odporný)* disgusting [dis'gastiŋ], *(bez chuti)* insipid
nejaký some [sam]; *(v otázke)* any [eni]; **máš n-é peniaze?** do you have any money? [du: ju: hæv, mani]
nekrčivý: **n-á látka** crease-resistant material [kri:sri'zistənt mə'tiə-riəl]
nemocenské sickness benefit [siknis benəfit]
nemocnica hospital [hospitl]; **leží v n-i** he is lying in hospital [hi:z lai-iŋ]; **odvezte ho do n-e** take him to hospital [teik]
nemožný impossible [im'posəbl]

nemý dumb [dam]
neobmedzený unlimited [anˈlimitid]
neočakávaný unexpected [anikˈspektid]
neopatrný careless [keəles]
nepárny odd
neplatný invalid [inˈvælid]; **cestovný pas je n.** the passport is not valid [pa:spo:t]
neplavec non-swimmer [nonswimə]
nepohodlný uncomfortable [anˈkamf(ə)təbl]
nepokojný unquiet [anˈkwaiət]
neporiadok disorder [disˈo:də], mess
nepoškodený undamaged [anˈdæmidžd]
nepovinný optional [opšnl]
nepredajný not for sale [seil]
nepremokavý waterproof [wo:təpru:f]
nepriateľ enemy [enəmi]
nepríjemný unpleasant [anˈpleznt]
neprítomnosť absence [æbsns]; **za mojej, jeho n-ti** in my, in his absence [mai, hiz]
nerád, nerada unwillingly [anˈwiliŋli]; **n. cestujem autobusom** I don't like going by bus [ai dəunt laik gəuiŋ bai bas]
nerast mineral [minərl]
nerv nerve [nə:v]
nervózny nervous [nə:vəs]
neschopný incapable [inˈkeipəbl]
neskoro late [leit]; **je n.** it's late; **prísť n.** come late [kam]
neskôr later [leitə]
nespavosť sleeplessness [sli:pləsnəs], insomnia [inˈsomniə]
nespokojný dissatisfied [diˈsætisfaid]

nesprávny wrong [roŋ]
nespravodlivosť injustice [in'džastis]
nesúhlas disagreement [disə'gri:mənt]
nešťastie misfortune [misfo:čən], bad luck [bæd lak]; **letecké n.** air disaster [eə di'za:stə]; **dopravné n.** traffic accident [træfik æksidənt]
nešťastný unhappy [an'hæpi]
neter niece [ni:s]
netrpezlivý impatient [im'peišnt]
netto net
neúplný incomplete [inkəm'pli:t]
neúspech failure [feiljə]
nevesta bride [braid]; *(synova žena)* daughter-in-law [do:tə in lo:]
nevhodný unsuitable ['an'sju:təbl]; **pre mládež n-é** film. an X-certificate film [ekssə'tifikət]
nevinný innocent [inəsənt]
nevoľno: je mi n. I feel unwell [ai fi:l an'wel]
New York New York [nju: jo:k]
nezákonný illegal [i'li:gl]
nezáležať: na tom nezáleží it doesn't matter [daznt mætə]
nezamestnaný unemployed [anim'ploid]
nezávislosť independence [indi'pendəns]
nezdvorilý impolite [impə'lait]
nezmysel nonsense [nonsens]
neznámy unknown [an'nəun]
nezrozumiteľný incomprehensible [inkompri'hensəbl]
nič nothing [naθiŋ]; **nemám n.** I haven't got anything [ai hævnt, eniθiŋ]; **to n.!** that's nothing [dæts]; **n. iné** nothing else [els]
nie no [nəu], not

niečo something [samθiŋ]; *(v otázke)* anything [eniθiŋ]
niekde somewhere [samweə]; *(v otázke)* anywhere [eniweə]
niekedy sometimes [samtaimz]
niekoľko several [sevrəl], some [sam]
niekto someone [samwan], somebody [sambodi]; *(v otázke)* anyone [eniwan], anybody [enibodi]; **je tu n.?** is there anyone here? [ðeə, hiə]
nielen not only [əunli]
niesť carry [kæri]
nijaký no [nəu]
nikam nowhere [nəuweə]
nikde nowhere [nəuweə]
nikdy never [nevə]; **n. viac** never more [mo:]
nikto nobody [nəubodi], no one [nəu wan]
niť thread [θred]
nízky low [ləu]
nížina lowlands [ləulændz]
noc night [nait]; **dobrú n.!** good night [gud]; **v n-i** at night, in the night; **cez n.** overnight [əuvə'nait]; **Veľká n.** Easter [i:stə]
nocľah accommodation [əkomə'deišn], bed; **hľadám n. na jednu noc** I'm looking for a room for one night [aim lukiŋ, ru:m, wan nait]; **n. s raňajkami** bed and breakfast [brekfəst]; **koľko stojí n.?** how much is it for one night? [hau mač]
nocľaháreň hostel [hostl]; **n. pre mládež** youth hostel [ju:θ]
nočný: **n. stolík** bedside table [bedsaid teibl]; **n-á košeľa** *(dámska)* nightgown [naitgəun], *(pánska)* nightshirt [naitšə:t]
noha leg, *(chodidlo)* foot [fut]; **bolia ma n-y** my feet, my legs ache [mai fi:t, eik]; **mám zlomenú n-u** my leg is broken [brəukn]

nohavice trousers [trauzəs]; **krátke n.** shorts [šo:ts]; **dámske n.** slacks [slæks], trousers

nohavičky panties [pæntiz], pants [pænts], briefs [bri:fs]; **pančuchové n.** tights [taits]

nos nose [nəuz]

nosič porter [po:tə]; **zavolajte mi nosiča, prosím** call me a porter, please [ko:l mi:, pli:z]

nosidlá stretcher [strečə]

nosiť *(niesť)* carry [kæri]; *(mať oblečené)* wear [weə]

nota note [nəut]

novela short story [šo:t sto:ri]

november November [nəu'vembə]

novinár journalist [džə:nəlist]

novinka novelty [novlti]; *(správa)* news [nju:z]

novinový: n. stánok news-agent's [nju:zeidžnts], news-stand [nju:zstænd]

noviny (news)paper [(nju:s) peipə]; **dnešné n.** today's paper [tə-'deiz]; **televízne n.** television news ['teli'vižn]

nový new [nju:]; **čo je n-é?** what's new? [wots]; **nič n-ého** nothing new [naθiŋ]; **N. rok** New Year's Day [jə:z dei]

nôž knife [naif]

nožík small knife [smo:l naif]; **vreckový n.** pocket knife [pokit], pen-knife [pennaif]

nožnice scissors [sizəz]

nožničky: n. na nechty nail-scissors [neilsizəz]

nuda boredom [bo:dəm]

núdzový: n. východ emergency exit [i'mə:džənsi egzit]; **n-é pristátie** emergency landing [lændiŋ]

núkať offer [ofə]

nula zero [ziərəu]; šport. nil; telef. 0 [əu]; **nad, pod n-ou** above, below zero [ə'bav, bi'ləu]

O

o about [ə'baut]; **o ňom** about him; at [æt]; **o 5. hodine** at five o'clock [faivə'klok]; **o rok starší** one year older [wan jə: əuldə]
oba, obaja, obidvaja both [bəuθ]
obal cover [kavə], *(knihy)* jacket [džækit], sleeve [sli:v]
obálka evenlope [envələup]
občan citizen [sitizn]
občas now and then [nau ənd ðən]
občerstvenie refreshment [ri'frešmənt]; *(bufet)* snack-bar [snækba:], buffet [bufei], café [kæfei]
občiansky civil [sivl]; **o. preukaz** identity card [ai'dentiti ka:d]
občianstvo: štátne o. citizenship [sitiznšip]
obdobie period [piəriəd]; **ročné o.** season of the year [si:zn, jə:]
obec community [kəm'ju:niti]
obecenstvo audience [o:diəns]
obed lunch [lanč]; **pred o-om** before lunch [bi'fo:]; **po o-e** after lunch [a:ftə]; **čo si dáte na o.?** what will you have for lunch? [wot, hæv]; **poďme na o.** let's go for al. to lunch [gəu]
obedovať have lunch [hæv lanč]; **chcel by som o.** I'd like to have lunch [aid laik]; **kde, kedy budeme o.?** where, when shall we have our lunch? [weə wen šəl wi:, auə]
obeh circulation [sə:kju'leišn]
obeť sacrifice [sækrifais]; *(osoba)* victim [viktim]; **o. nehody** victim of an accident [æksidənt], casualty [kæžjuəlti]

obchádzka roundabout (way) [raundəbaut wei], diversion [dai'və:šn], bypass [baipa:s]

obchod *(činnosť)* business [biznis]; *(predaj)* shop [šop], am. store [sto:]; **o. s obuvou** shoeshop [šu:šop]; **o. s konfekciou** clothes shop [kloudz]; **o. s potravinami** grocer('s) [grəusə(z)]; **kedy otvárajú, zatvárajú o-y?** when do shops open, close? [wen, du:, əupn, klouz]

obchodník businessman [biznismən]; *(majiteľ obchodu)* shopkeeper [šopki:pə], am. storekeeper [sto:ki:pə]

obilie corn [ko:n], cereals [siəriəlz]

obísť go round [gəu raund], dopr. by-pass [baipa:s]

objazd aut. diversion [dai'və:šn]; **kruhový o.** circular by-pass [sə:kjulə baipa:s]

objednať sa make an appointment [meik, ə'pointmənt]; **chcem sa o. k . . .** I want to make an appointment with . . . [ai wont, wiđ]

objednať si order [o:də]; **môžem si o. jedlo?** can I order a meal? [kən ai, mi:l]; **chcem si o. taxík** I want to order a taxi [tæksi]

objednávka order [o:də]

objektív fot. lens [lenz]

obklad compress [kompres]; **studený, teplý o.** cold, hot compress [kəuld]

oblak cloud [klaud]

oblasť region [ri:džən]

oblek suit [sju:t]; **pánsky o.** man's suit [mænz]

oblička kidney [kidni]; **zápal o-čiek** nephritis [ne'fraitis]

obliecť sa dress

obliečka case [keis], slip; **o. na podušku** pillow-case [piləu]

obloha sky [skai]

oblok window [windəu]; **otvorte, zatvorte o., prosím** open, shut the window, please [əupn, šat, pli:z]

obloženie aut. lining [lainiŋ]; **brzdové o.** brake lining [breik]

obľúbený popular [popjulə], favourite [feivərit]

oblúk arch [a:č]

obmedzený limited [limitid]; **o-á rýchlosť** speedlimit [spi:dlimit]

obmedziť limit; **obmedzte rýchlosť** reduce speed [ri'djus spi:d]

obočie eyebrows [aibrəuz]; **nafarbiť o.** tint the eyebrows

oboznámiť sa *(s čím)* get acquainted (with sth) [ə'kweintid wið]

obrad ceremony [seriməni]

obrana defence [di'fens]

obranca defender [di'fendə]; šport. back [bæk]

obrat *(zmena)* turn [tə:n]; *(obchodný)* turnover [tə:nəuvə]

obrátiť sa turn [tə:n], reverse [ri'və:s]; **obráťte sa, prosím** turn round, please [raund pli:z]; *(na koho)* apply to [ə'plai tu]; **na koho sa mám o.?** who should I apply to? [hu: šud ai, tə]

obraz picture [pikčə]; **televízny o.** television picture [teli'vižn]; **krvný o.** blood count [blad kaunt]

obrazáreň picture gallery [pikčə gæləri]

obrazovka screen [skri:n]

obrúčka wedding ring [wediŋ riŋ]

obrus table-cloth [teiblkloθ]

obrúsok: papierový o. paper napkin [peipə næpkin]

obsadené occupied [okjupaid]; **toto miesto je o.** this seat is taken [ðis si:t, teikn]; **všetky izby sú o.** all the rooms are booked [o:l ru:mz, bukt]; telef. engaged [in'geidžd]; **linka je o-á** the line is engaged [lain], am. the line is busy [bizi]

obsadenie div. cast [ka:st]

obsah contents [kontents]; **o. valcov** aut. volume of the cylinders [vol-ju:m, silindəz]

obsluha service [sə:vis]; **s o-ou** inclusive of service [in'klu:siv]; **bez o-y** without service [wiďaut]; **o. na etáž** *(do hotelovej izby)* room service [ru:m]

obslúžiť serve [sə:v], attend [ə'tend]

obstarať get; **musím si o. cestovný lístok** I must get my railway ticket [ai mast, mai reilwei tikit]

obťažovať trouble [trabl]; **prepáčte, že vás obťažujem** excuse my troubling you [iks'kju:z mai trabliŋ ju:]

obuť sa put on one's al. sb's shoes [šu:z]

obuv shoes [šu:z], footwear [futweə]; **dámska, pánska, detská o.** ladies', men's, children's footwear [leidiz, menz, čildrənz]; **obchod s o-ou** shoe shop [šu: šop]; **turistická o.** walking shoes [wo:kiŋ]

obuvník shoemaker [šu:meikə]

obväz bandage [bændidž], dressing; **sadrový o.** plaster [pla:stə]

obviazať ranu dress a wound [wu:nd]

obvod *(územný)* district [distrikt]

obyčajne usually [ju:žuəli]

obyčajný usual [ju:žuəl], common [komən]

obyvateľ inhabitant [in'hæbitənt]; **koľko o-ov má . . . ?** what is the population of . . . ? [wot, popju'leišn]

obzor horizon [hə'raizn]

oceán ocean [oušn]; **Atlantický o.** the Atlantic Ocean [ət'læntik]; **Tichý o.** the Pacific Ocean [pə'sifik]

oceľ steel [sti:l]

ocot vinegar [vinigə]

octan hlinitý aluminium acetate [æl'ju:miniəm æsiteit]

očakávať expect [iks'pekt]

očistiť clean [kli:n]; **očistite si topánky, prosím** wipe your shoes, please [waip, jo: šu:z pli:z]

očitý: o. svedok eye-witness [ai witnis]

očko (*na pančuche*) ladder [lædə], am. run [ran]; **spustilo sa mi o. na pančuche** my stocking is laddered [stokiŋ, lædəd]

očkovanie inoculation [inokju'leišn], vaccination [væksi'neišn]

očkovať inoculate [i'nokjuleit], vaccinate [væksineit]; **ste očkovaný proti . . .?** have you been vaccinated against . . .? [hæv ju: bi:n væksineitid ə'genst]

očný eye [ai]; **o. lekár** oculist [okjulist]

od from, since [sins]; **od rána** since the morning [mo:niŋ]; **od 3. do 5. hodiny** from three till five [θri:, faiv]; **od začiatku** from the beginning [bi'giniŋ]

odbočiť turn to [tə:n tu]; **odbočte doľava, doprava** take the turning to the left, to the right [teik, tə:niŋ, rait]

odbočka (*cesty*) turning [tə:niŋ]

odbočovanie turning [tə:niŋ]; **o. vľavo** turning to the left; **o. vpravo** turning to the right [rait]

odbor department [di'pa:tmənt]

odborník expert [ekspə:t], specialist [spešəlist]

odbory trade-unions [treid ju:niənz]

odbrzdiť aut. release the brakes [ri'li:s, breiks]

odcestovať leave [li:v]; **odcestoval do Londýna** he left for London [landn]

oddelenie (*v obchode, úrade*) department [di'pa:tmənt]; (*vo vlaku*) compartment [kəm'pa:tmənt]

oddelený separate [seprit]

oddych relaxation [rilək'seišn], rest, leisure [ležə]

odev dress, clothing [kləuđiŋ]

odfarbiť: o. vlasy bleach sb's hair [bli:č, heə]

odhlásiť cancel [kænsl]

odchádzať leave [li:v]; **kedy odchádzate?** when are you leaving? [wen a: ju: li:viŋ]; **odchádzame zajtra ráno** we leave tomorrow morning [wi:, tə‍ˈmorəu mo:niŋ]

odchod departure [diˈpa:čə]; **o-y vlakov** departures [diˈpa:čəz]

odísť go away [gəu əˈwei], leave [li:v]; **kam odišiel?** where did he go? [weə]; **odišiel pred hodinou** he left an hour ago [hi:, ənˈauə əˈgəu]

odkaz message [mesidž]; **mám o. pre pána . . .** I have a message for Mr . . . [ai hæv ə, fə mistə]

odkázať give a message [mesidž]; **môžem mu niečo o.?** may I give him a message? [mei ai]; **chcem mu o., že** I'd like to let him know that [aid laik, nəu đæt]

odkedy from when, since when [wen, sins]; **o. je otvorené?** when do they open? [du: đei əupn]

odkiaľ from where [weə]

odlakovač nail-varnish remover [neilva:niš riˈmu:və]

odlet flight departure [flait diˈpa:čə]

odlišný diverse [daiˈvə:s]

odliv ebb, low tide [ləu taid]

odložiť put off

odmäk thaw [θo:]

odmena reward [riˈwo:d]; **za o-u** as a reward [əzə]

odniesť carry away [kæri əˈwei]; **odneste mi batožinu do hotela, prosím** take my luggage to the hotel, please [teik mai lagidž, həuˈtel pli:z]

odomknúť unlock [anˈlok]; **nemôžem o.** I can't unlock [ai ka:nt]

odmrazovač aut. defroster [di:frostə]

odosielateľ sender [sendə]

odovzdať hand over [hænd əuvə]

odpadky litter [litə], rubbish [rabiš]

odpočinok rest

odpočinúť si have a rest [hæv ə]; **chcem si o.** I'd like to have a rest [aid laik tə hæv]; **odpočiňte si trochu** have a little rest [litl]

odpočívadlo (*na ceste*) lay-by [leibai], am. pull-off

odpoludnie afternoon [a:ftənu:n]; **dnes o-ia** this afternoon [ðis]; **celé o.** the whole afternoon [həul]

odpor (*nechuť*) disgust [dis'gast]; el. resistance [re'zistəns]

odporúčať recommend [rekə'mend]; **čo mi môžete o.?** what can you recommend? [wot kən ju:]

odpoveď answer [a:nsə]

odpovedať (*komu*) answer sb [a:nsə]

odprevadiť (*koho*) see sb [si:]; **môžem vás o. domov?** may I see you home? [mei ai, ju: həum]

odpustiť (*komu*) forgive sb [fə'giv]; **odpusťte mi** please forgive me [pli:z, mi:]

odrazový: o-é svetlo aut. reflector [ri'flektə]; **o-é sklo** (*pri ceste*) cat's eye [kæts ai]

odsťahovať sa move [mu:v]; **odsťahoval sa do . . .** he moved to . . . [hi: mu:vd tu]

odstrániť remove [ri'mu:v]

odstup distance [distəns]

odškodné damages [dæmidžiz]

odteraz from now [nau]

odtiahnuť pull away [ə'wei]; **o. auto** tow away a car [təu, ə ka:]

odtiaľ from here [hiə]

OKLAMAŤ

odtieň shade [šeid]; **svetlejší, tmavší o.** a lighter, a darker shade [laitə, da:kə]

odvaha courage [karidž]

odviezť take away [teik əˈwei]; **môžem vás o.?** may I give you a lift? [mei ai]; **odvezte ma do . . ., prosím** take me to . . . , please [mi:, pli:z]

odvtedy since [sins]

odznak badge [bædž]; **zbieram o-y** I collect badges [ai kəˈlekt bædžiz]

oheň fire [faiə]; **táborový o.** camp fire [kæmp], bonfire [bonfaiə]; **zapáliť, zahasiť o.** make, put out a fire [meik, aut]

ohňostroj fireworks [faiəwə:ks]

ohňovzdorný fireproof [faiəpru:f], fire resistant [reˈzistənt]

oholiť sa shave [šeiv]; **chcem sa dať o.** a shave, please [pli:z]

ohorok stump [stamp], butt [bat]

ohrada fence [fens]

ohrádka aut. roofrack [ru:fræk]

ohybný flexible [fleksibl]

ochladiť (sa) cool [ku:l]; **ochladilo sa** it has got cooler [həz, ku:lə]

ochorieť fall ill [fo:l]

ochrana protection [prəˈtekšn]

ochranný protective [prəˈtektiv]

ochutnať taste [teist]; **smiem to o.?** may I taste it? [mei ai]; **chcete to o.?** would you like to taste it? [wud ju: laik]

okamih moment [məumənt]

okno window [windəu]; **otvorte, zatvorte o., prosím** open, close the window, please [əupn, kləuz, pli:z]; **otvorené, zatvorené o.** open, closed window [kləuzd]

oklamať deceive [diˈsi:v]

okľuka roundabout way [raundəbaut wei]

oko eye [ai]; **bolia ma oči** my eyes ache [mai aiz eik]; **kurie o.** corn [koːn]; kuch. **volské o.** fried egg [fraid eg]

okolie surroundings [səˈraundiŋz]

okolo (*miestne*) around [əˈraund]; (*približne*) about [əˈbaut]; **o. 5. hodiny** about five o'clock [faivəklok]

okraj edge [edž]; **na o-i mesta** on the outskirts of the town [ði autskəːts, taun]

okrem (*s výnimkou*) except [ikˈsept]; **o. nedele** except Sunday [sandi]; (*navyše*) **o. toho** besides [biˈsaidz]

okres district [distrikt]

okruh circle [səːkl]; aut. circular road [səːkjulə rəud], ring road [riŋ]; **vnútorný, vonkajší o.** inner, outer circle [inə, autə]

okružný circular [səːkjulə]

október October [okˈtəubə]

okuliare glasses [glaːsiz], spectacles [spektəklz]; **slnečné, dioptrické o.** sun, dioptric glasses [san, daiəptrik]; **motocyklové o.** goggles [goglz]; **potápačské o.** diver's goggles [daivəz]

okúpať sa take a bath [teik ə baːθ]

olej oil; **stolný o.** cooking oil [kukiŋ]; **o. na opaľovanie** sun-lotion [sanləušn]; aut. **výmena o-a** change of the oil [čeindž]; **doplňte o., prosím** top up with oil, please [ap, pliːz]; **skontrolujte o., prosím** check the oil, please [ček]

oliva olive [oliv]

olovo lead [led]

olovrant tea [tiː], snack [snæk]

oltár altar [oːltə]; **hlavný o.** main altar [mein]

olympiáda Olympic Games [əˈlimpik geimz]

olympijský: o-é hry Olympic Games [əˈlimpik geimz]

omáčka sauce [so:s], gravy [greivi]
omdlieť faint [feint]
omeleta kuch. omelet(te) [omlət]; **o. s hráškom, so šunkou** peas-omelet(te) [pi:z], ham-omelet(te) [hæm]
omyl mistake [mis'teik]; **prepáčte, to je o.** telef. I'm sorry, that's a wrong number [aim, ðæts ə roŋ nambə]
on zám. he [hi:]; **on sám** himself [him'self]
ona zám. she [ši:]; **ona sama** herself [hə:'self]
ondulácia: trvalá o. perm [pə:m]; **vodová o.** shampoo and set [šæm'pu:]; **fúkaná o.** blow dry [bləu drai]
onedlho soon [su:n]
oneskoriť sa be late [bi: leit]; **prepáčte, že som sa oneskoril** excuse me for being late [iks'kju:z, bi:iŋ]
oni, ony zám. they [ðei]
ono zám. it
opačný opposite [opəzit]; **o-m smerom** in the opposite direction [dai'rekšn]
opak contrary [kontrəri]
opakovať repeat [ri'pi:t]; **opakujte to, prosím, ešte raz** would you mind repeating that once more? [wud ju: maind ri'pi:tiŋ, wans mo:]; div. **encore!** [oŋko:]
opálený suntanned [santænd]
opaľovačky sun-suit [sansu:t], shorts and top [šo:ts ənd]
opasok girdle [gə:dl]
opatrne carefully [keəfəli]; **jazdite o.!** drive carefully [draiv]
opatrnosť caution [ko:šn], care [keə]
opatrný careful [keəfl]; **buďte o.** be careful [bi:]
opekať roast [rəust], grill, *(na ražni)* spit-roast
opera opera [oprə]

operácia operation [opəˈreišn]; **musím ísť na o-u** I have to go for an operation [ai hæv tə gəu]
opereta light opera [lait oprə]
opitý drunk [draŋk], tipsy
opona curtain [kəːtn]
opora support [səˈpoːt]
oprava *(chyby)* correction [kəˈrekšn]; repair [riˈpeə]; **koľko bude stáť o.?** how much will the repair cost? [hau mač, kost]; **dať čo do o-y** have sth repaired [hæv, riˈpeəd]
opraviť *(chybu)* correct [kəˈrekt]; repair [riˈpeə], mend; **chcem si dať o. ...** I want to have repaired ... [ai wont, hæv riˈpeəd]
opravovňa repair shop [riˈpeə šop]
oproti opposite [opəzit]
optik optician [opˈtišn]
opuchlina swelling [sweliŋ]
opuchnutý swollen [swəulən]
opustiť leave [liːv]
oranžový orange [orindž]
ordinácia surgery [səːdžəri], consultation room [konsəlˈteišn ruːm]
ordinovať: kedy ordinuje lekár? when are the doctor's consulting hours? [wen aː, doktəz kənˈsaltiŋ auəz]
orech nut [nat]; **búrsky o.** peanut [piːnat]; **kokosový o.** coconut [kəukənat]; **lieskový o.** hazelnut [heizəlnat]; **vlašský o.** walnut [woːlnat]
organ organ [oːgən]
orgán organ [oːgən]; **úradný o.** official functionary [əˈfišəl faŋkšənəri]; **štátne o-y** government departments [gavəmənt diˈpaːtmənts]
organizácia organization [oːgənaiˈzeišn]; **O. Spojených národov** The United Nations Organization [juːˈnaitid neišnz]

organizovať organize [o:gənaiz]

orchester orchestra [o:kistrə]; **džezový o.** jazz band [džæz bænd]; **komorný, symfonický o.** chamber, symphony orchestra [čeimbə, simfəni]

orientálny oriental [ori'entl]

orientovať sa find one's bearings [faind wanz beəriŋz]; **nemôžem sa o.** I can't find my bearings [ai ka:nt, mai]

originál original [ə'ridžnl]

os axis [æksis]

osa wasp [wosp]

oslava celebration [selə'breišn]

osoba person [pə:sn]; div. **o-y a obsadenie** cast [ka:st]

osobitný special [spešl]

osobne personally [pə:sənli]

osobný personal [pə:sənl]

ospanlivý sleepy [sli:pi]; **som o.** I feel sleepy [ai fi:l]

ospravedlniť excuse [ik'skju:z]; **ospravedlňte ma na chvíľku** excuse me for a moment, please [mi: fərə'məumənt pli:z]

ospravedlniť sa apologize [ə'polədžaiz]; **musím sa vám za to o.** I must apologize for that [ai mast, fə'dæt]

osprchovať sa take a shower [teik ə šauə]; **kde sa môžem o.?** where can I take a shower? [weə kən ai]

ostať remain [ri'mein]

ostrihať *(vlasy)* cut hair [kat heə]; **ostrihajte ma nakrátko** cut my hair short, please [mai, šo:t, pli:z]; **ostrihajte ma na bokoch, vzadu** trim the hair at the sides, at the back, please [ət saidz, bæk]

ostrov island [ailənd]; **na o-e** on the island

ostrovček dopr. island [ailənd]

ostrý sharp [ša:p]

osuška bath towel [ba:θ tauəl]
osušovač vlasov hair dryer [heə draiə]
osvedčenie certificate [sə'tifikət]
osvetlenie lighting [laitiŋ]; **pouličné o.** street lighting [stri:t]
osvieženie refreshment [ri'freʃmənt]
osýpky measles [mi:zls]
ošetrenie treatment [tri:tmənt]
ošetrovať *(koho)* nurse sb [nə:s]
ošetrovateľka nurse [nə:s]
oškvarky cracklings [krækliŋz]
otázka question [kwesčən]
otec father [fa:ðə]; **starý o.** grandfather [grænfa:ðə]; **nevlastný o.** stepfather [stepfa:ðə]
otepľovať sa get warmer [wo:mə]; **otepľuje sa** it's getting warmer [getiŋ]
otlak corn [ko:n], callus [kæləs]
otočiť sa turn [tə:n]
otras shock [šok]; **o. mozgu** concussion of the brain [kæn'kašn, brein]
otrava poisoning [poizniŋ]; **o. hubami** poisoning from toadstools [təudstu:lz]; **o. krvi** blood poisoning [blad]; *(nuda)* bore [bo:]
otužilý hardy [ha:di]
otvárač opener [əupənə]; **o. fliaš** bottle opener ['botl'əupənə]; **o. konzerv** tin opener
otvor opening [əupəniŋ]
otvoriť open [əupn]; **kedy je otvorené?** when does the shop open? [wen daz, šop]; **môžem o. dvere, okno?** may I open the door, the window? [mei ai, do:, windəu]
ovca sheep [ši:p]

oveľa much [mač]; **o. lepšie, horšie** much better, worse [betə, wə:s]; **o. neskôr** much later [leitə]

ovládať: **o. jazyky** have a command of languages [hæv ə kəˈmɑ:nd, læŋgwidžiz]; **o. stroj, voz** have control of a machine, of a car [kəntˈrəul, məˈši:n, kɑ:]

ovocie fruit [fru:t]; **čerstvé, mrazené o.** fresh, frozen fruit [freš, frəuzn]

ovos oats [əuts]

ovzdušie atmosphere [ætməsfiə], air [eə]; **znečisťovanie o-ia** air pollution [pəˈlu:šn]

ozdoba decoration [dekəˈreišn]

označenie mark [mɑ:k]; **o. vozidla** car mark [kɑ:]

oznam advertisement [ədˈvə:tismənt]

oznámenie announcement [əˈnaunsmənt]; **svadobné o.** wedding announcement [wediŋ]; **úmrtné o.** announcement of death [deθ]

ozvena echo [ekəu]

oženiť sa marry [mæri]

P

pacient patient [peišnt]; **ambulantný p.** out-patient [autpeišnt]

páčiť sa like [laik]; **to sa mi páči, nepáči** I like it, I don't like it [ai dəunt]; **nech sa páči** *(pri ponúkaní)* help yourself [jo:self]; *(pri klopaní)* come in [kam]; *(pri podávaní)* here you are [hiə ju: ɑ:]

padnúť fall [fo:l]

páchnuť smell

páka lever [li:və]; aut. **rýchlostná p.** gear-lever [giə], am. gear-shift [giəšift]

palác palace [pælis]

palacinka kuch. pancake [pænkeik]

palec *(prst)* thumb [θam]; *(na nohe)* toe [təu]; *(miera)* inch [inč]

palica stick [stik]; **lyžiarske p-e** ski sticks; **golfová p.** golf-club [klab]

páliť burn [bə:n]

palivo fuel [fjuəl]; **nádrž na p.** petrol tank [petrəl tæŋk]

palma palm tree [pa:m tri:]

paluba deck [dek]; **na p-e, na p-u** on board [on bo:d]; aboard [ə|bo:d]

pamäť memory [meməri]

pamätať sa remember [ri|membə]; **pamätám sa na to** I remember that [ai, ðæt]; **nepamätáte sa?** don't you remember? [dəunt ju:]

pamätihodnosť sights [saits]

pamätník monument [monjumənt], memorial [mə|mo:riəl]

pamiatka souvenir [su:və|niə]; **na p-u** as a souvenir [əz ə]; **historická p.** historical monument [his|torikl monjumənt], relic [relik]; **umelecká p.** art-treasure [a:t trežə]

pán *(muž)* gentleman [džentlmən]; **Páni** *(nápis)* gents [džents], gentlemen [džentlmen]; *(oslovenie bez mena)* sir [sə:]; *(oslovenie s menom)* Mr Black [mistə blæk]; **domáci p.** landlord [lændlo:d]

pančuchy stockings [stokiŋz]

pačuchový: p-é nohavičky tights [taits]

pani *(žena)* lady [leidi]; *(oslovenie s menom)* Mrs Black [misiz blæk]; *(oslovenie bez mena)* madam [mædəm]; **domáca p.** landlady [lændleidi]

panoráma panorama [pænə|ra:mə]

panvica pan [pæn]

pápež pope [pəup]

papier paper [peipə]; **baliaci, listový, toaletný p.** wrapping, note, toilet paper [ræpiŋ, nəut, toilət]

papiernictvo stationer('s) [steišnə(z)]

paplón quilt [kwilt]

paprika *(zelenina)* (green, red) peppers [gri:n, pepəz]; *(korenie)* **sladká, štipľavá p.** mild, hot paprika [maild, pæprikə]; **plnená p.** stuffed peppers [staft]; **na p-e** kuch. in paprika sauce [so:s]

papuča slipper [slipə]

pár *(niekoľko)* a few [ə fju:]; **na p. krokov odtiaľto** a few steps from here [frəm hiə]; *(dva kusy)* pair [peə]; **p. rukavíc, topánok** a pair of gloves, shoes [glavz, šu:z]; **manželský p.** a married couple [mærid kapl]

para steam [sti:m]

pardon! *(ospravedlnenie)* I'm sorry [aim sori], excuse me [ikˈskju:z mi:]

parfum scent [sent], perfume [pəˈfju:m]

parfuméria chemist's [kemists], cosmetics [kozˈmetiks]

Paríž Paris [pæris]

park park [pa:k]; **národný p.** National Park [næšnəl]

parkovací: p-ie hodiny parking meter [pa:kiŋ mi:tə]

parkovanie parking [pa:kiŋ]; **p. zakázané** no parking [nəu]

parkovať park [pa:k]; **kde tu možno p.?** where can I park? [weə kæn ai]; **môže sa tu p.?** is one allowed to park here? [wan əˈlaud, hiə]

parkovisko car park [ka: pa:k]; **strážené p.** car park with attendant [wið əˈtendənt]; **p. pri autostráde** lay-by [leibai], am. pull-off

parlament parliament [pa:ləmənt]

parník steamship [sti:mšip]; **výletný p.** steamboat [sti:mbəut]

párny: p-e čísla even numbers [i:vn nambəz]

parochňa wig

párok frankfurter [fræŋkfə:tə]; **p. v rožku** hot dog
partiový: p. tovar seconds [seknds]
partner partner [pa:tnə]
pas passport [pa:spo:t]; **váš p. je (ne)platný** your passport is (not) valid [jo:, vælid]
pás *(opasok)* belt; **bezpečnostný p.** safety-belt [seiftibelt], seatbelt [si:tbelt]; **pančuchový p.** suspender belt [səsˈpendə]; **záchranný p.** life belt [laif]; *(driek)* waist [weist]
pasáž passage way [pæsidž wei], arcade [a:ˈkeid]
pasažier passenger [pæsindžə]; **čierny p.** dead-head [dedhed]
páska tape [teip]; **lepiaca p.** sticky tape [stiki]; **izolačná p.** insulation tape [insjuˈleišn]; **magnetofónová p.** tape
pásmo zone [zəun]; **pohraničné p.** frontier zone [frantiə]
pasta paste [peist]; **zubná p.** tooth-paste [tu:θpeist]; **p. na topánky** shoe polish [šu: poliš]
pašerák smuggler [smaglə]
pašovať smuggle [smagl]
paštéta pâté [pætei], *(v konzerve)* paste [peist]
patentný patent [peitnt]
patriť komu belong to sb [biˈloŋ]; **komu to patrí?** who does it belong to? [hu: daz, tu]
pavúk spider [spaidə]
pazucha armpit [a:mpit]
pažítka chives [čaivz]
päsť fist
pästiar boxer [boksə]
pästiarstvo boxing [boksiŋ]
päta heel [hi:l]
päťboj pentathlon [pentˈæθlən]

pec stove [stəuv], oven [avn]
pečeň liver [livə]; **husacia, teľacia, bravčová p.** goose, calf's, pig's liver [guːs, kaːfs]
pečený roast [rəust]
pečiatka stamp [stæmp]
pečienka roast meat [rəust miːt]; **hovädzia, bravčová, teľacia p.** roast beef [biːf], roast pork [poːk], roast veal [viːl]
pečivo pastry [peistri], buns and rolls [banz ən rəulz]
pedál pedal [pedl]; **brzdový p.** brake pedal [breik]; **p. plynu** accelerator [əkˈseləreitə]; **p. spojky** clutch [klač]
pedikúra pedicure [pedikjuə]
pekáč baking tray [beikiŋ trei], roasting pan [rəustiŋ pæn]
pekáreň bakery [beikəri]
pekný nice [nais], pretty [priti]
pelerína cape [keip]
pena foam [fəum], **p. do kúpeľa** bubble bath [babl baːθ]
peňaženka purse [pəːs]; **stratil som p-u** I've lost my purse [aiv, mai]
penca *(jednotlivo)* penny [peni], mn. č. pennies [peniz]; *(v sume)* pence [pens, pəns]; **5 pencí** five pence [faiv], 5 p [faiv piː]
peniaze money [mani]; **drobné p.** change [čeindž]; **nemám p.** I have no money [ai hæv nəu]; **zameňte mi p., prosím** could you change this money for me, please [kud juː, ðis mani fəˈmiː pliːz]
penzia *(v hoteli)* board [boːd]; **denná p.** one day's board [wan deiz]; **plná p.** full board; *(dôchodok)* pension [penšn]; **ísť do p-ie** retire [riˈtaiə]; **byť v p-ii** be retired [biː riˈtaiəd]
penzión boarding-house [boːdiŋhauz]
penzista old-age pensioner [əuldeidž penšnə], senior citizen [siːniə sitizn]
pera lip

percento percentage [pəˈsentidž]; **na 100 %** by a hundred per cent [bai ə handrəd pəˈsent]

periféria periphery [pəˈrifəri], outskirts [autskəːts]

perina feather-bed [feðə bed], duvet [djuvei]

perla pearl [pəːl]

perník gingerbread [džindžəbred]

pero pen; **plniace p.** fountain pen [fauntin]; **guľkové p.** ball-point pen [boːlpoint]; *(pružina)* spring

perón platform [plætfoːm]

perovanie aut. suspension [səˈspenšn]

personál personnel [pəːsənəl], staff [staːf]

pes dog; **pozor, zlý p.!** beware of the dog [biˈweə]

pestrý varied [veərid]

pešo on foot [fut]; **pôjdem p.** I shall walk [ai šæl woːk]

petrolej paraffin [pærəfin], am. kerosene [kerəsiːn]

petržlen *(vňať)* parsley [paːsli], *(koreň)* parsnip [paːsnip]

pevnina land [lænd]

pevný firm [fəːm]

pianíno piano [piˈænəu]

piatok Friday [fraidi]; **v p.** on Friday; **Veľký p.** Good Friday [gud]

piecť bake [beik]

pieseň song; **ľudová p.** folk song [fəuk]

piesočnatý sandy [sændi]

piesok sand [sænd]

píla saw [soː]

pilník file [fail]; **p. na nechty** nail-file [neilfail]

pilot pilot [pailət]

pilulka pill

ping-pong table-tennis [teibltenis]
pinta pint [paint] *(= 0,551 l)*
pinzeta tweezers [twi:zəz]
písať write [rait]; **ako sa to píše?** how do you spell it? [hau du: ju:]; **p. na stroji** type [taip]
písmeno letter [letə]; **malé, veľké p.** small, capital letter [smo:l, kæpitl]
písmo writing [raitiŋ]; **tlačené p.** block letters [blok letəz]
písomný written [ritn]
piškóta sponge finger [spandžfiŋgə]
píšťala whistle [wisl]
piť drink; **čo si vypijete?** what would you like to drink? [wot wud ju: laik]; **vypime si na naše zdravie!** let's drink a toast to us [təust tu as]
pitný: p-á voda drinking water [wo:tə]
piváreň beer-house [biəhaus]
pivnica cellar [selə]; *(vináreň)* wine cellar [wain], wine bar [ba:]
pivo beer [biə]; **veľké, malé p.** a pint of beer [ə paint], half a pint of beer [ha:f ə paint]; **čierne p.** stout [staut]; **svetlé p.** ale [eil], lager [la:gə]; **plzenské p.** Pilsner [pilznə]
pivovar brewery [bruəri]
plagát poster [pəustə]; div. play-bill [pleibil]
plachetnica sailing boat [seiliŋ bəut], yacht [jot]
plachta sheet [ši:t]; *(lodná)* sail [seil]
plachtiť *(loďou)* yacht [jot]; *(lietadlom)* glide [glaid]
plakať cry [krai], weep [wi:p]
plameň flame [fleim]
plán plan [plæn]; **orientačný p. mesta** plan of the town [taun]

plášť *(kabát)* coat [kəut]; **p. do dažďa** raincoat [reinkəut], mac [mæk]; **kúpací p.** bathrobe [ba:θrəub]; *(pneumatiky)* tyre [taiə]

plat salary [sæləri], wages [weidžiz]; **aký máte p.?** what is your salary? [wot, jo:]; **priemerný p.** average salary [ævəridž]

platiť pay [pei]; **kde sa platí?** where does one pay? [weə daz wan]; **pán hlavný, platím!** waiter, the bill, please [weitə, pli:z]; *(byť platný)* be valid [bi: vælid]; **lístok (ne)platí** the ticket is (not) valid [tikit]

platňa record [reko:d]; **dlhohrajúca p.** LP record [elpi:], long playing record [loŋ pleiiŋ]

plátno linen [linin]; **indické p.** cheesecloth [či:zkloθ]; film. **projekčné p.** screen [skri:n]; **široké p.** wide screen [waid]

platnosť validity [vəˈliditi]; **predĺžiť p.** extend [ikˈstend]

platný valid [vælid]; **váš pas (nie) je platný** your passport is (not) valid [jo: pa:spo:t]

plávanie swim(ming) [swimiŋ]

plaváreň *(krytá)* indoor swimming pool [indo: swimiŋ pu:l], *(nekrytá)* outdoor swimming pool [autdo:]

plávať swim; **viem (neviem) p.** I can (I can't) swim [ai kæn, ai ka:nt]; **p. prsia, motýlika, kraul, znak** swim breast stroke, butterfly, crawl, back stroke [brest strəuk, batəflai, kro:l, bækstrəuk]

plavba voyage [voidž]

plavčík guard [ga:d], am. life-guard [laifga:d]

plavec swimmer [swimə]; **pre plavcov** for swimmers [swiməz]

plavky *(dámske)* swimming suit [su:t]; *(pánske)* swimming trunks [traŋks]; **dvojdielne p.** two-piece swim-suit [tu:pi:s], bikini

pláž beach [bi:č]; **kamenistá, piesočná p.** shingle, sandy beach [šiŋgl, sændi]; **súkromná, verejná p.** private, public beach [praivit, pablik]; **nudistická p.** nudists' beach [nju:dists]

plece shoulder [šəuldə]
plecniak rucksack [raksæk]
plech tin
plechovka tin, am. can [kæn]
ples ball [bo:l]; **maškarný p.** fancy-dress ball [fænsidres]
pleseň mould [məuld]
plesnivec edelweiss [eidlvais]
plesnivý mouldy [məuldi]
pleso mountain-lake [mauntinleik]
plešivý bald [bo:ld]
pleť complexion [kəmˈplekšn], skin
pletený knit [nit]; **p. tovar** knitwear [nitweə]
plienka nappy [næpi], am. diaper [daiəpə]
pliesť knit [nit]
plisovaný: p-á sukňa pleated skirt [pli:tid skə:t]
plnený kuch. stuffed [staft]
plnka stuffing [stafiŋ], filling
plnoletý of age [eidž]
plnotučný: p-é mlieko full-cream milk [fulkri:m]
plný full
plod fruit [fru:t]
plocha area [eəriə]; **obytná p.** living space [speis]
plochý flat [flæt]
plomba filling; **vypadla mi p.** a filling has come out [həz kam aut]
plošina platform [plætfo:m]
ploštica br. bug [bag], am. bed-bug [bedbag]
plot fence [fens]; **živý p.** hedge [hedž]
plť float [fləut]
pľúca lungs [laŋz]

pľuzgier blister [blistə]

plyn gas [gæs]; **pridajte p.!** step on gas; **uberte p.!** slow down [sləu daun]; **na plný p.** at full speed [spi:d]

plynne: hovoriť p. po anglicky speak English fluently [spi:k ingliš flu:əntli]

plytčina shallow [šæləu]

plytký shallow [šæləu]

pneumatika tyre [taiə]; **letná, zimná, predná, zadná, rezervná, radiálna p.** summer, winter, front, back, spare, radial tyre [samə, wintə, frant, bæk, speə, reidiəl]; **vymeňte pneumatiku, prosím** change the tyre, please [čeindž, pli:z]

po *(časove)* after [a:ftə]; **po obede, po večeri** after lunch, after dinner [lanč, dinə]; *(miestne)* along [əˈlon]; **po ceste** along the street [stri:t]; **po meste** about town [əˈbaut taun]

pobrežie coast [kəust]

pobyt stay [stei]

poctiť *(koho čím)* honour (sb with sth) [onə, wid]

počas during [djuərin]

počasie weather [wedə]; **pekné, zlé p.** nice, bad weather [nais, bæd]; **p. je premenlivé** the weather is changeable [čeindžəbl]; **aké je p.?** what's the weather like? [wots, laik]

počet number [nambə]

počítač computer [kəmˈpju:tə]

počítať count [kaunt]

počkanie: na p. while you wait [wail ju: weit]

počkať wait [weit]; **počkajte chvíľku, prosím** wait a minute [minit]; **počkajte ma, prosím** wait for me, please [fə mi: pli:z]

počuť hear [hiə]; **nepočul som vás** I didn't hear you [ai, ju:]; **nepoču-**

PODOBAŤ SA

jem dobre, hovorte hlasnejšie I can't hear you well, speak up, please [ka:nt, spi:k ap pli:z]

počúvať *(hudbu)* listen (to music) [lisn, mju:zik], *(rádio)* listen in on the wireless [waiələs]

pod under [andə], below [biˈləu]; **pod posteľou** under the bed; **pod nulou** below zero [ziərəu]

podať hand [hænd], pass [pa:s]; **podaj mi tú knihu** pass me that book, please [mi:, buk pli:z]; **podať komu ruku** shake hands with sb [šeik hændz]; **p. list, batožinu** send a letter, luggage [letə, lagidž]; **p. si žiadosť** apply for [əˈplai fo:]

podchod subway [sabwei], am. underpass [andəpa:s]

podiel share [šeə]

podkolienky kneesocks [ni:soks]

podkrovie attic [ætik]

podľa according to [əˈko:diŋ tə]; **p. cestovného poriadku** according to the timetable [taimteibl]

podliehať: to podlieha clu that's liable to duty [dæts laiəbl, dju:ti]

podlubie arcade [a:keid]

podmienka condition [kəˈndišn]; **pod p-ou, že** under the condition that [andə, dæt]

podnájom lodgings [lodžiŋz]; **hľadám p.** I'm looking for lodgings [aim lukiŋ fo:]; **bývam v p-jme** I live in lodgings [liv]

podnájomník lodger [lodžə]

podnebie climate [klaimit]; **mierne, tropické, drsné p.** mild, tropical, raw climate [maild, tropikl, ro:]

podnik *(pracovisko)* enterprise [entəpraiz], *(továreň)* plant [pla:nt]; **národný p.** national enterprise [næšənl]; **nočný p.** night club [nait klab]; **zábavný p.** place of entertainment [pleis, entəteinmənt]

podobať sa *(komu)* be like sb [bi: laik]

podobizeň portrait [po:trit]
podobný resembling [ri'zembliŋ]
podoprieť support [sə'po:t]
podošva sole [səul]
podpalubie under-deck [andədek]
podpätok heel [hi:l]; **ihličkový, nízky, vysoký, plný p.** stiletto, low, high, platform heel [sti'letəu, ləu, hai, plætfo:m]; **bez p-tkov** without heels [wiď'aut hi:lz]
podpis signature [signəčə]
podpísať (sa) sign [sain]
podpora support [sə'po:t]; **p. v nezamestnanosti** hovor. dole [dəul], unemployment benefit [anim'ploimənt]
podprsenka bra [bra:], brassière [bræsiə]
podrobný detailed [di:teild]
podšívka lining [lainiŋ]
poduška cushion [kušən], pillow [piləu]
podvod cheat [či:t], imposture [im'posčə], *(imitácia)* sham [šæm]
podvodník impostor [im'postə], hovor. cheat [či:t]
podvozok aut. chassis [šæsi]
podzemný: p-á železnica underground (railway) [andəgraund reilwei], am. subway [sabwei]
pohár glass [gla:s]; šport. cup [kap]
pohľad look [luk], view [vju:]
pohľadnica (picture) post-card [pikčə pəustka:d]; **poslať p-u** send a postcard
pohlavie sex; **mužské p.** male sex [meil]; **ženské p.** female sex [fi:meil]
pohodlie comfort [kamfət], convenience [kən'vi:niəns]
pohodlný comfortable [kamfətəbl]

pohonný: p-á zmes fuel [fjuəl]
pohorie mountain range [mauntin reindž]
pohostenie reception [riˈsepšn]
pohotovosť *(lekárska, policajná)* emergency duty [iˈməːdžənsi djuːti]
pohovka sofa [səufə], settee [seˈtiː]
pohraničie borderland [boːdələænd]
pohreb funeral [fjuːnərəl], burial [beriəl]
pohyb movement [muːvmənt]
pohyblivý mobile [məubail]; **p-é schody** escalator [eskəleitə]
pochod march [maːč]
pochúťka dainty [deinti]
pochybnosť doubt(s) [daut(s)]
pochybovať doubt [daut]
poistenie insurance [inˈšuərns]; **havarijné, nemocenské, sociálne, úrazové p.** accident, health, national, casualty insurance [æksidənt, helθ, næšnl, kæžjuəlti]; **združené p.** fully comprehensive insurance [kompriˈlhensiv]
poistený insured [inˈšuəd]
poistka insurance policy [inˈšuərns poləsi]; el. fuse [fjuːz]; **p. je prepálená** the fuse is burnt out [bəːnt aut]
poisťovňa insurance-company [inˈšuərns kampəni]
pokaziť (sa) spoil
poklad treasure [trežə]
pokladnica *(v obchode)* cash-desk [kæšdesk]; **kde je p.?** where is the cash-desk? [weə iz]; *(na stanici)* ticket office [tikit ofis]; *(v divadle)* box-office [boksofis]; **kedy je otvorená p.?** when is the ticket office al. the box-office open? [tikit ofis əupn]
pokladničný: p. blok bill
pokladník cashier [kæšiə]

poklona *(úklon)* bow [bau], *(pochvala)* compliment [komplimənt]
pokoj peace [pi:s]; **daj mi p.** leave me alone [li:v mi: əˈləun]
pokojný quiet [kwaiət]
pokožka complexion [kəmˈplekšn]
pokračovať continue [kənˈtinju:], carry on [kæri]; **pokračujte!** go on, please [gəu, pli:z]
pokrm food [fud], nourishment [narišmənt]
pokrok progress [prəugres]; *(zlepšenie)* improvement [imˈpru:vmənt]
pokryť cover [kavə]
pokrývka cover [kavə]
pokuta fine [fain]; **musel som platiť p-u za . . .** I had to pay a fine for . . . [ai hæd tə ˈpei]
pokutovať *(koho)* fine sb [fain]
pol half [ha:f]; **o pol druhej** at half past one [ət, pa:st wan]; **o pol hodiny** in half an hour [ən auə]; **pol kila** a pound [paund]; **pol litra** a pint [paint]
pól pole [pəul]; **južný, severný p.** south, north pole [sauθ, no:θ]
poľadovica glazed frost [gleizd]
polčas half-time [ha:ftaim]; **prvý, druhý p.** first, second half [fə:st, seknd ha:f]
pole field [fi:ld]
poleva kuch. icing [aisiŋ], frosting; **čokoládová p.** chocolate icing [čoklit]
polhodina half an hour [ha:f ən auə]
policajt policeman [pəˈli:smən]
polícia police [pəˈli:s]; **dopravná p.** police patrol [pætrəl]; **zavolajte p-u, prosím** call the police, please [ko:l, pli:z]
polievka soup [su:p]; **hovädzia, rajčinová, zeleninová p.** beef, toma-

to, vegetable soup [bi:f, təˈmɑ:təu, vedžtəbl]; **mäsová p. so zeleninou** broth [broθ]; **slepačia p.** chicken broth [čikin]
poliklinika policlinic [poliˈklinik], out-patients' department [autpeišnts diˈpɑ:tmənt]
politický political [pəˈlitikl]
politika policy [poləsi]; *(odvetvie vedy)* politics [politiks]
polnoc midnight [midnait]; **o p-i** at midnight
poľnohospodársky agricultural [ægriˈkalčərəl]
poľnohospodárstvo farm(stead) [fɑ:m(sted)]
pólo: vodné p. water-polo [wo:təpəuləu]
poloha position [pəˈzišn]
polostrov peninsula [peninsjulə]
polotovary kuch. ready-to cook food [reditə kuk fu:d], convenience food [kənˈvi:niəns]
polovičný half [hɑ:f]
poľovačka hunt [hant]; **ísť na p-u** go hunting [gəu]
polovica half [hɑ:f]; **do p-e januára** to mid January [džænjuəri]; **v p-i 19. storočia** in the mid-nineteenth century [-nainti:nθ senčəri]
poľovník hunter [hantə]
položiť put
polpenzia partial board [pɑ:šl bo:d]; **izba s p-ou** a room with partial board [ru:m]
polrok half-year [hɑ:fjə:]; škol. term [tə:m]
poltopánky shoes [šu:z]
poludnie noon [nu:n], midday [midˈdei]
poludník meridian [məˈridiən]
pomalšie more slowly [mo: sləuli]
pomaly slowly [sləuli]; **hovorte p., prosím** speak slowly, please [spi:k, pli:z]

pomalý slow [sləu]

pomaranč orange [orindž]

pomerne relatively [relətivli]

pomery conditions [kənˈdišnz]; **hospodárske p-y** economic conditions [iːkəˈnomik]

pomník monument [monjumənt], memorial [məˈmoːriəl]

pomoc help; **prvá p.** first aid [fəːst eid]; **nepotrebujete p.?** do you need any help? [du: juː niːd eni]; **potrebujem lekársku p.** I need medical help [ai niːd medikl]

pomôcť *(komu)* help sb; **môžem vám p.?** may I help you? [mei ai, juː]; **mohli by ste mi p.?** could you help me, please? [kud juː, miː pliːz]; **pomôžte mi, prosím** help me, please

ponáhľať sa hurry [hari]; **veľmi sa ponáhľam** I'm in a great hurry [aim, greit]; **ponáhľajte sa!** hurry up [ap]; **neponáhľajte sa!** don't hurry [dəunt]

pondelok Monday [mandi]; **v p.** on Monday; **Veľkonočný p.** Easter Monday [iːstə]

ponožky socks [soks]

ponúknuť offer [ofə]; **môžem vám p. kávu, čaj?** may I offer you coffee, tea? [mei ai, juː kofi, tiː]

poobede in the afternoon [aːftənuːn]; **dnes p.** this afternoon [dis]

popálenina burn [bəːn]

popáliť sa get burnt [bəːnt]

poplach alarm [əˈlaːm]

poplatok charge [čaːdž]; **colný p.** customs duty [kastəmz djuːti]; **p. na autostráde** toll [təul]; **letiskový p.** airport charge [eəpoːt]; **kúpeľný p.** spa charge [spaː]

popol ash [æš]

popolník ash-tray [æštrei]

popoludnie afternoon [a:ftənu:n]

popoludní afternoon [a:ftənu:n]; **dnes p.** this afternoon [ðis]

popŕchať drizzle [drizl]; **popŕcha** it's drizzling

poprosiť *(koho o čo)* ask [a:sk]; **môžem vás p. o láskavosť?** may I ask you for a favour? [mei ai a:sk ju: fərə'feivə]

poradie order [o:də]; **v akom p-dí?** in which order? [wič]

poradiť advise [əd'vaiz]; **môžete mi p.?** can you advise me? [kən ju:, mi:]

poradiť sa *(s kým)* consult sb about [kən'salt, ə'baut]

poranenie injuries [indžəriz]

poraniť sa injure oneself [indžə wanself]

porážka lek. stroke [strəuk]

porcelán porcelain [po:s(ə)lin], china [čainə]

porcia a portion of [po:šn]; **detská p.** small portion [smo:l]

porezať sa cut oneself [kat wanself]; **porezal som sa** I've cut myself [aiv, maiself]

poriadok order [o:də]; **cestovný p.** timetable [taimteibl]; **domový p.** rules of the house [ru:lz, haus]; **letový p.** air schedule [eə šedju:l]; **podľa cestovného poriadku** according to the timetable [ə'ko:diŋ]; **všetko je v poriadku** everything is all right [evriθiŋ, o:l rait]; **dajte to do poriadku, prosím** put it in order, please [pli:z]

porota jury [džuəri]

porovnať compare [kəm'peə]

portrét portrait [po:trit]

porucha aut. breakdown [breikdaun]; **mám p-u na motore** the engine has broken down [endžin həz brəukn daun]

porušiť violate [vaiəleit]; **p. dopravné predpisy** break traffic rules [breik træfik ru:lz]

posadiť sa sit down [daun]; **posaďte sa, prosím** do sit down, please [du:, pli:z], would you sit down [wud ju:]

posádka *(lode, lietadla)* crew [kru:]

poschodie floor [flo:]; **prvé, druhé p.** the first, the second floor [fə:st, seknd], am. the second, the third floor [θə:d]; **na treťom p-dí** on the third floor; **na ktorom p-dí bývate?** on which floor do you live? [wič, du: ju:]

poslať send; **chcem p. balík, list** I want to send a parcel, a letter [ai wont, pa:sl, letə]; **pošlite po lekára, prosím** call for a doctor, please [ko:l, doktə pli:z]; **pošlite to na adresu** send it to the address of [əˈdres]

posledný last [la:st]; **v p-ej chvíli** at the last moment [məumənt]

poslucháč listener [lisnə]

posoliť salt [so:lt]

postava figure [figə]; **nízka, vysoká p.** short, tall figure [šo:t, to:l]; *(románu, hry)* character [kæriktə]

postaviť build [bild]; **p. dom** build a house [haus]; **p. stan** pitch a tent [pič]; **p. na čaj** put the kettle on [ketl]

postaviť sa *(vstať)* rise [raiz]; **p. sa do radu** stand in a queue [stænd, kju:]

poste restante poste restante [pəust resta:nt], to be called for [ko:ld fo:]; **mám tu list p. r. na meno . . .?** is there a letter here poste restante for Mr . . .? [deə əˈletə hiə, mistə]

posteľ bed

poškodiť damage [dæmidž]

pošmyknúť sa slip

pošta post [pəust], mail [meil]; **leteckou p-ou** by airmail [bai eəmeil]; **poslať p-ou** send by post [bai]; *(úrad)* post-office [pəust ofis],

G. P. O. (General Post Office) [dži:pi:əu, (dženrəl pəust ofis)]; **kde je p.?** where is the post-office, please? [weə, pli:z]

poštár post-man [pəustmən]

poštípať *(o hmyze)* bite [bait]

poštovné postage [pəustidž]; **aké je p. do . . .?** what is the postage to . . .? [wot]; **p. paušalizované** bulk posting [balk pəustiŋ]

pot perspiration [pə:spə'reišn], sweat [swet]

potápač diver [daivə]

potápať sa dive [daiv]; plunge [plandž]; *(loď)* sink

potiť sa perspire [pə'spaiə], sweat [swet]

potok brook [bru:k], stream [stri:m]

potom then [ðen], afterwards [a:ftəwədz]

potopiť sa *(ponoriť sa)* dive [daiv]; *(loď)* sink

potraviny foodstuffs [fu:dstafs]; **obchod s p-ami** grocer's [grəusəz]; **mrazené p.** frozen foods [frəuzn fudz]

potreba *(nutnosť)* need [ni:d]; **podľa p-y** if necessary [nesisəri]; **cestovné p-y** travel accessories [ək'sesəriz]; *(pomôcky)* goods [gudz]; **p. pre domácnosť** household goods [hauzhəuld]; **toaletné p-y** toiletries [toilətriz]

potrebný necessary [nesisəri]

potrebovať need [ni:d], want [wont]; **potrebujete niečo?** do you need anything? [du: ju:, eniθiŋ]; **potrebujem to ihneď, do zajtra** I need it at once, by tomorrow [ai, ət wans, bai tə'morəu]; **nepotrebujem nič** I don't need anything [dəunt]

potrestať punish [paniš]

potvrdenie: valutové p. foreign exchange declaration [forən iksčeindž deklə'reišn]; **colné p.** clearance documents [kliərəns dokjumənts]

potvrdenka receipt [ri'si:t]

potvrdiť confirm [kənˈfə:m]; **p. príjem** confirm the receipt of [riˈsi:t]
poukaz voucher [vaučə]; **peňažný p.** money voucher [mani]
poukážka order [o:də]; **poštová p.** money order [mani]; **vyplňte p-u na . . .** fill in the money order for . . . .
pourgovať urge [ə:dž], press
použiť use [ju:z]
použitie use [ju:s]; **s p-tím kuchyne, kúpeľne** with the use of kitchen, bathroom [wiđ, kičin, ba:θrum]; **návod na p.** directions for use [daiˈrekšnz]
povaha character [kæriktə], nature [neičə]
povďačný grateful [greitfl], thankful [θæŋkfl]; **veľmi som vám p. za . . .** I am very grateful to you for . . . [aim, təˈju:]
povedať say [sei], tell; **povedzte mi . . .** tell me [mi:]; **ako sa to povie po anglicky?** how do you say it in English? [hau du: ju:, ingliš]; **povedzte to ešte raz, prosím** say it once more, please [wans mo:, pli:z]
poveternostný meteorological [mi:tjərəˈlodžikl]
povinnosť duty [dju:ti]
povinný obligatory [əˈbligətri], compulsory [kəmˈpalsəri]
povodeň flood [flad]
povolanie profession [prəˈfešn], occupation [okjuˈpeišn]; **aké máte p.?** what's your profession? [wots jo:]
povolenie permission [pəˈmišn], *(písomné)* permit [pəːmit], *(úradné)* licence [laisns]; **vývozné p.** export licence [ekspo:t]; **p. na pobyt** residence permit [rezidns]
povolený: p-á rýchlosť speed limit [spi:d]
povoliť *(komu čo)* permit sb sth [pəˈmit]
povraz string [striŋ], rope [rəup]

povrch surface [sə:fis]; **p. vozovky** road surface [rəud]; **na p-u** on the surface

pozadie background [bækgraund]

pozajtra the day after tomorrow [dei a:ftə tə¦morəu]

pozdĺž along [ə¦loŋ]

pozdrav greeting [gri:tiŋ]; **so srdečným p-om** kind regards [kaind ri¦ga:dz], Yours sincerely [jo:z sin¦siəli], *(medzi blízkymi)* Love [lav]

pozdraviť greet [gri:t]; **pozdravujem pána, pani . . .** give my kind regards to Mr, Mrs . . . [giv mai kaind ri¦ga:dz tə mistə, misiz]

pozerať sa have a look at [luk æt]

pozlátený gilt, gilded [gildid]

poznámka remark [ri¦ma:k]; *(napísaná)* note [nəut]

poznať know [nəu]

poznávací: štátna p-ia značka aut. number-plate [nambəpleit], am. license plate [laisəns]

pozor attention [ə¦tenšn], care [keə]; **p.!** look out! [luk aut]; **dávajte p. na . . .** pay attention to . . . [pei]; **nedával som p.** I wasn't paying attention [ai woznt peiiŋ]; **daj si p.** be careful [keəfl]; **dajte p., aby ste nespadli** mind you don't fall [maind ju: dəunt fo:l]

pozornosť attention [ə¦tenšn]; *(darček)* token [təukn]; **prijmite túto malú p.** accept this little token [ək¦sept, litl]

pozoruhodnosť *(turistická)* sights [saits]

pozrieť sa *(na)* have a look at [hæv ə luk ət]; **pozrite sa na to** have a look at it

pozvanie invitation [invi¦teišn]; **ďakujem za p.** thanks for your invitation [θæŋks fə jo:]

pozvánka invitation [invi¦teišn]; **dostať p-u na** receive an invitation for [ri¦si:v]

POZVAŤ 158

pozvať invite [in'vait]; **môžem vás p. na kávu?** may I invite you for a cup of coffee? [mei ai, ju: fərə'kap əv 'kofi]

požiadať *(koho o čo)* ask [a:sk]; **môžem vás p. o láskavosť?** may I ask you for a favour? [mei ai, ju: fərə 'feivə]

požiar fire [faiə]

požičať lend

požičať si borrow [borəu]

požičovňa *(kníh)* lending library [lendiŋ laibrəri]; *(bicyklov)* bicycles on hire [baisiklz, haiə]; *(áut)* rent-a-car [rentəka:], car hire service [ka: haiə sə:vis]

pôvod origin [oridžin]

pôžička loan [ləun]; *(na dom)* mortgage [mo:gidž]

pôžitok enjoyment [in'džoimənt]

práca work [wə:k]; **ručná p.** handmade [hændmeid]; **domáca p.** housework [hauswə:k]; **mám veľa p-e** I have a lot of work [ai hæv]

práceneschopný: byť p. be on sick-list [bi:, siklist]

pracovať work [wə:k]; **kde pracujete?** where do you work? [weə du: ju:]

pracovisko place of work [pleis əv wə:k]

práčka washing machine [wošiŋ mə'ši:n]; **automatická p.** automatic washing machine [o:tə'mætik]

Praha Prague [pra:g]

prach dust [dast]

praktický practical [præktikl]

prameň source [so:s]; **liečivý p.** spring [spriŋ]

prasknúť burst [bə:st]; **praskla mi pneumatika** I have a burst tyre [ai hæv ə, taiə]

prášok *(liek)* pill; **p. na spanie** sleeping pill [sli:piŋ]; **p. proti boles-**

tiam hlavy headache pill [hedeik]; **p. na pranie** washing powder [wošiŋ paudə]

prať wash [woš]

pravda truth [tru:θ]; **máte p-u** you are right [ju: a: rait]; **nemáte p-u** you are wrong [roŋ]; **to (nie) je p.** that is (not) true [dæt, tru:]

pravdaže of course [əv ko:s]

pravdepodobne probably [probəbli]

práve just [džast]; **p. preto** for the very reason [ri:zn]; **p. teraz** just now [nau]

pravidelný regular [regjulə]

pravidlo rule [ru:l]; **podľa p-diel** according to the rules [ə'ko:diŋ]; **proti p-ám** against the rules [ə'genst]; **p-á cestnej premávky** the Higway Code [haiwei kəud]; **p-á hry** the rules of the game [geim]

právnik lawyer [lo:jə]

právo right [rait]; **akým p-m?** by what right? [bai wot]; **mám na to p.** I have a right to it [ai hæv ə rait]

pravý *(opak: ľavý)* right [rait]; *(skutočný)* real [ri:əl]

prax practice [præktis]

prázdniny holidays [holədeiz], am. vacation [və'keišn]

prázdny empty

praženica kuch. scrambled eggs [skræmbld egz]

pražiť roast [rəust], fry [frai]

pre *(cieľ)* for [fo:, fə]; **ten list je pre vás** this letter is for you [ðis letə]; *(príčina)* because of [bikoz əf]; **pre chorobu** because of illness [ilnəs]

precliť declare [di'kleə]; **máte niečo p.?** do you have anything to declare? [du:ju: hæv əniθiŋ]

preč away [ə'wei]; **choď p.!** go away [gəu]

prečiarknuť cross out [kros aut]

prečo why [wai]

pred *(časove)* before [bi'fo:], ago [ə'gəu]; **pred hodinou** an hour ago [ən' auə]; **pred večerou** before dinner [dinə]; *(miestne)* in front of [frant]; **pred hotelom** in front of the hotel [həu'tel]

predaj sale [seil]; **p. cestovných lístkov** ticket office [tikit ofis]; **nedeľný p.** Sunday sale [sandi]; **je to na p.?** is it for sale?

predajňa shop [šop], am. store [sto:]

predavač shop-assistant [šopə'sistənt], am. salesclerk [seilzkla:k]

predávať sell

predchádzať aut. overtake [əuvə'teik]; **nepredchádzajte!** do not overtake [du:]; **zákaz p.** no overtaking [nəu əuvə'teikiŋ]

predjedlo starter [sta:tə], hors d'oeuvre [o:'də:və]

predĺžiť *(časove)* prolong [prə'loŋ]; **p. pobyt** extend a stay [ik'stend, stei]

predmestie suburb [sabə:b]

predmet object [obdžikt]; **cenné p-y** valuables [væljuəblz]; **pamiatkový p.** souvenir [su:vəniə]

prednáška lecture [lekčə]

prednosť priority [prai'oriti]; **dajte p. v jazde** give way [wei]; **máte p. v jazde** you have the right of way [ju: hæv də rait]

predný front [frant]

predošlý previous [pri:viəs]

predpis *(lekársky)* medical prescription [medikl pri'skripšn]; **len na lekársky p.** on prescription only [əunli]; *(úradný)* regulation [regju'leišn]; **dopravné p-y** traffic regulations [træfik]

predplatné subscription [səb'skripšn]

predpoludnie morning [mo:niŋ]

predpoludním in the morning [mo:niŋ]

predpoveď: p. počasia weather forecast [weðə fo:ka:st]

predpredaj advance booking [əd'va:ns bukiŋ]; **p. lístkov** advance booking; **p. miesteniek** advance seat-reservation booking [si:t rezə'veišn]

predsa yet [jet], still

predseda chairman [čeəmən]; **ministerský p.** Prime Minister [praim ministə]

predsieň hall [ho:l]

predstavenie performance [pə'fo:məns]; **divadelné p.** theatre performance [θiətə]

predstaviť (sa) introduce (oneself) [intrə'dju:s wanself]; **dovoľte, aby som sa predstavil** may I introduce myself [mei ai, maiself]

predstaviteľ representative [repri'zentətiv]

predtým before [bi'fo:]

predvčerom the day before yesterday [dei bi'fo: jestədi]

predvolanie summons [samənz]

preháňadlo laxative [læksətiv]

prehánka shower [šauə]

prehľad survey [sə:vei]; **p. správ** the news in brief [nju:z, bri:f]

prehliadka show [šou]; **colná p.** customs check [kastəmz ček]; **módna p.** fashion show [fæšn]; **lekárska p.** medical examination [medikl igzæmi'neišn]; **p. mesta** sightseeing [saitsi:iŋ]

prechádzať sa walk [wo:k]

prechádzka walk [wo:k]; **pôjdete na p-u?** will you go for a walk? [ju: gəu]

prechladnúť catch a cold [kæč ə kəuld]; **prechladol som** I caught a cold [ai ko:t]

prechod dopr. zebra crossing [zi:brə krosiŋ]

prejazd crossing [krosiŋ], through road [θru: rəud]; **železničný p.**

chránený level crossing with gates [levl, wiđ geits]; **železničný p. nechránený** level crossing

prejsť *(ulicu)* cross [kros]; *(autom koho)* run over [ran əuvə]; *(o čase)* pass [pa:s]

prekážka bar [ba:], set-back [setbæk]

preklad translation [tra:nsˈleišn]

prekladať p. **preložiť**

prekročiť cross [kros]; **p. hranice** cross the frontier [frantiə]; **p. rýchlosť** exceed the speed [ikˈsi:d, spi:d]

prekvapenie surprise [səˈpraiz]

preliv *(na vlasy)* colour rinse [kalə rins]

preložiť *(z jazyka)* translate [trænsˈleit]; *(premiestiť)* transfer [trænsˈfə:]

premávka traffic [træfik]; **jednosmerná p.** one-way traffic [wanwei]; **pravidlá cestnej p-y** highway code [haiwei kəud]; **cestná, letecká, autobusová p.** road, air-line, bus traffic [rəud, eəlain, bas]; **zvýšená p.** rush hours [raš auəz]

premiéra div. first night [fə:st nait]

premietať project [prəˈdžekt]

premoknúť drench [drenč]

prenajať let; **chcem si p. izbu** I want to let a room [ai wont, ru:m]

prenocovať *(niekde)* stay overnight [stei əuvənait]; *(koho)* put up for the night [ap, nait]

prenos transmission [trænsˈmišn]; **priamy p.** live broadcast [laiv broːdka:st]

prenosný portable [poːtəbl]

prepáčiť excuse [iksˈkju:z]

prepáčte sorry [sori], excuse me [iksˈkju:z mi:]

prepitné tip; **dať p. komu** tip sb

prepojiť telef. put through [θru:]
prerušiť break [breik]; **p. cestu** break one's journey [wanz džə:ni]
prerušovač aut. interrupter [intə'raptə], el. circuit al. contact breaker [sə:kit, kontækt breikə]
presný exact [ig'zækt]; **presne o 8. hodine** at eight sharp [ət eit ša:p]
prestať stop; **prestaňte!** stop it
prestávka div. interval [intə(:)vl], *(školská, pracovná)* break [breik]; **bez p-y** without stopping [wiď'aut stopiŋ]
prestúpiť *(na vlak)* change trains [čeindž treinz]; **kde musíme p.?** where have we to change? [weə hæv wi:]
preteky šport. competition [kompe'tišn], race [reis], contest [kontest]
pretlak kuch. purée [pjurei], sauce [so:s]
preto therefore [ðeəfo:], that's why [ðæts wai]
pretože because [bi'koz]
preukaz certificate [sə'tifikit]; **občiansky p.** identity card [ai'dentiti ka:d]; **očkovací p.** certificate of vaccination [væksi'neišn]; **technický p.** aut. log book [buk]; **vodičský p.** driving licence [draiviŋ laisns]
prevádzka running [raniŋ], operation [opə'reišn]; **celodenná p.** *(v obchode)* all day [o:l dei]; **nočná p.** *(v reštaurácii)* all night (restaurant al. bar) [o:l nait restəroŋ, ba:]
prevodovka aut. gear box [giə boks]
prevrátiť (sa) overthrow [əuvəθrəu]
prevziať take on [teik], assume [ə'sju:m]
prezident president [prezidənt]
prezrieť *(výstavu)* view [vju:], see [si:]; *(vyšetriť)* examine [ig'zæmin]
pri at [ət], near [niə]; **nemám pri sebe peniaze** I have no money on me [ai hæv nəu mani, mi:]; **pri obede** at lunch [lanč]; **pri ruke** at hand [hænd]

priamy direct [dai'rekt], straight [streit]; *(vlak)* through [θru:]
prianie wish [wiš]
priať wish [wiš]; *(blahoželať)* congratulate [kən'grætjuleit]; **prajem vám všetko najlepšie** best wishes to you [wišiz tu ju:]
priať si desire [di'zaiə], wish [wiš]; **čo si prajete?** what can I do for you? [wot kən ai du:]; **prial by som si** I'd like [aid laik]
priateľ(ka) friend [frend]
priateľský friendly [frendli]
priateľstvo friendship [frendšip]
príbeh story [sto:ri]
priblížiť sa approach [ə'prəuč]
príboj surf [sə:f]
príbor cutlery [katləri]
príbuzný relative [relətiv]
pricestovať come [kam], arrive [ə'raiv]
príčesok hair-piece [heəpi:s]
príčina cause [ko:z]
pridať add [æd]; **pridajte plyn** step on the gas [gæs]
priečelie fasade [fə'sa:d]
priečinok: poštový p. post-office box [pəustofis boks]
priedušky bronchial tubes [bronkiəl tju:bz]
priehrada dam [dæm]
priehradka *(okienko)* counter [kauntə]; *(na zamknutie)* locker [lokə]
priechod passage [pæsidž]; **hraničný p.** border crossing [bo:də krosiŋ]; **p. pre chodcov** pedestrian crossing [pi'destriən]; **železničný p.** level-crossing [levl]
priemerný average [ævəridž]

priemysel industry [indəstri]; **ľahký, ťažký p.** light, heavy industry [lait, hevi]
priepasť abyss [əˈbis]
prieplav canal [kəˈnæl]
priesmyk pass [pa:s]
priestor space [speis]; **batožinový p.** aut. boot [bu:t], am. trunk [traŋk]
priestranný spacious [speišəs]
priestupok offence [ofens]; **colný, dopravný p.** customs, traffic offence [kastəmz, træfik]
prietrž lek. hernia [həːnjə]; *(mračien)* cloud-burst [klaudbəːst]
prievan draught [dra:ft]
prievoz ferry [feri]
priezvisko surname [səːneim]
prihlásiť sa apply for [əˈplai foː]; *(o slovo)* take the floor [teik, floː]; *(k pobytu)* register [redžistə]
prihláška application [æpliˈkeišn]; **vyplňte p-u** fill in the application form [foːm]; *(na pobyt)* registration form [redžisˈtreišn]
príchod arrival [əˈraivl]; **p. vlaku** arrival of the train [trein]
prijať accept [əkˈsept]
príjazd *(príchod)* arrival [əˈraivl]; *(prístup)* acces [əkˈses]
príjem *(čoho)* receipt [riˈsiːt]; *(plat)* income [inkəm]
prijemca recipient [riˈsipiənt]
príjemný pleasant [pleznt]
prijímač set; **rozhlasový, televízny p.** radio, television set [reidiəu, teliˈvižn]
príklad example [igˈzaːmpl]
príkrm vegetables [vedžtəblz]
prikrývka blanket [blæŋkit], cover [kavə]
prilba helmet [helmit]

prílet arrival [əˈraivl]

priletieť arrive [əˈraiv]; **kedy priletí lietadlo z . . .?** when does the plane from . . . arrive? [wen daz, plein]

príležitosť occasion [əˈkeižn]; **pri tejto p-ti** on this occasion [ðis]

príliš too [tu:]

príliv flow [fləu]; **p. a odliv** tide [taid], ebb and flow [eb ənd]

príloha *(listu)* enclosure [inˈkləužə]; kuch. vegetables [vedžtəblz]

prímorský seaside [si:said]

priniesť bring; **prineste mi, prosím . . .** bring me, please [mi: pli:z]; **prineste si so sebou** bring with you [wið ju:]

prípad case [keis]; **v každom p-e** in any case [eni]; **v nijakom p-e** in no case [nəu]

prípitok toast [təust]; **predniesť p.** propose a toast [prəˈpəuz]

príplatok extra charge [ekstrə ča:dž]

prípoj connection [kəˈnekšn]; **má tento vlak p. do . . .?** has this train a connection for . . .? [hæz ðis trein]

pripojiť (sa) join [džoin]

príprava preparation [prepəˈreišn]

pripraviť prepare [priˈpeə]

pripraviť sa *(na)* get ready for [redi fo:]; **pripravte sa na odchod** get ready for departure [diˈpa:čə]

pripútať sa: pripútajte sa! fasten safety belt(s) [fa:sn seifti belt(s)]

prirážka overplus [əuvəplas], extra charge [ekstrə ča:dž]

príroda nature [neičə]

prírodný natural [næčərl]

príručka handbook [hændbuk], manual [mænjuəl]

príslušenstvo equipment [ikˈwipmənt]; **izba s p-m** a room with bathroom and toilet [wið ba:θrum, toilət]

príslušnosť: štátna p. nationality [næšˈnæliti]

prísny severe [si'viə]
prísť come [kam], arrive [ə'raiv]; **prídi načas!** come in time [taim]; **prídem hneď, inokedy, neskôr** I'll come at once, another time, later [ail, æt wans, ə'nadə taim, leitə]; **prišlo mi zle** I felt sick [sik]
pristáť *(lietadlo)* land [lænd]
pristátie landing [lændiŋ]; **núdzové p.** emergency landing [i'mə:džənsi]
prístav port [po:t]
prístavisko wharf [wo:f], landing stage [lændiŋ steidž]
prístavok *(náhradné sedadlo)* extra seat [ekstrə si:t]
prístelka extra bed [ekstrə]; **2-posteľová izba s p-ou** a double room with extra bed [dablru:m wiđ]
prístrešie shelter [šeltə]
prístroj apparatus [æpə'reitəs], device [di'vais]
prístup access [æk'ses]
prístupný accessible [æk'sesəbl]; **p. verejnosti** open to the public [əupn, pablik]
prítomný present [preznt]
príves *(obytný)* caravan [kærəvæn], am. trailer [treilə]
privítanie welcome [welkəm]
privítať welcome [welkəm]
prívod supply [sə'plai]; **p. vody, plynu** water, gas supply [wo:tə, gæs]
privolať *(koho, čo)* call for [ko:l fo:]; *(taxík)* hail (a taxi) [heil, tæksi]
prízemie ground floor [graund flo:], am. first floor [fə:st]; **na p-í** on the ground floor; div. stalls [sto:lz]
príznak symptom [simptəm]
prízvuk accent [æksnt], stress
profesor professor [prə'fesə]

program programme [prəugræm]; **aký p. je dnes večer v televízii?** what's on television tonight? [wots, teliˈvižn təˈnait]

prosba request [riˈkwest]

prosiť ask [a:sk]; **smiem p.?** may I have the pleasure? [mei ai hæv, pleža]; **prosím vás** please [pli:z]; **prosím?** *(nerozumel som)* pardon? [pa:dn]; **prosím** *(nech sa páči)* here you are [hiə ju: a:]; **prosím** *(nie je za čo)* don't mention it [dəunt menšn]; **prepáčte, prosím** excuse me, please [iksˈkju:z mi:]

prospekt prospectus [prəsˈpektəs]

prostredie environment [inˈvaiərnmənt]

prostredný middle [midl]; *(priemerný)* average [ævəridž]

prostriedok *(stred)* middle [midl]; means [mi:nz]; **dopravný p.** means of transport [tra:nspo:t]; **prací p.** washing powder [wošiŋpaudə]; **čistiaci p.** detergent [diˈtə:džnt]; **p. proti hmyzu** insecticide [inˈsektisaid]; **uspávací p.** sleeping pill [sli:piŋ]

protéza: zubná p. dentures [denčəz]

proti against [əˈgenst]

protislužba return service [riˈtə:n sə:vis]

protismer opposite direction [opəzit daiˈrekšn]

protivietor headwind [hedwind]

prsia breast [brest], *(muža)* chest [čest], *(ženy)* bust [bast]

prst finger [fiŋgə]

prsteň ring [riŋ]; **snubný p.** wedding ring [wediŋ]

pršať rain [rein]; **prší** it's raining [reiniŋ]; **bude p.** it's going to rain [gəuiŋ]

pršiplášť mac [mæk]

prúd *(vodný)* stream [stri:m], current [karənt]; **plávať po p-e** swim downstream [daunstri:m]; **plávať proti p-u** swim upstream [ap-

stri:m]; el. electric(al) current [i'lektrik(əl)]; **jednosmerný p.** direct current [di'rekt]
prudký strong, violent [vaiələnt]
pruh strip; aut. lane [lein]; **jazdný p.** traffic lane [træfik]; **vnútorný, vonkajší p.** the inside, the outside lane [in'said, aut'said]
pruhovaný striped [straipt]
prút rod; **rybársky p.** fishing rod [fišiŋ]
pružina spring
pružný elastic [i'læstik]
prvotriedny first-class [fə:stkla:s]
prvýkrát first [fə:st]
pstruh trout [traut]
púder powder [paudə]
puding pudding [pudiŋ]
pulóver pullover [puləuvə], jumper [džampə]
pult counter [kauntə]
pulz pulse [pals]
pumpa pump [pamp]; **benzínová p.** petrol station [petrəl steišn], filling station [filiŋ], am. gas(olene) station [gæs(əuli:n)]; **kde je najbližšia benzínová p.?** where's the nearest petrol station? [weəz də niərist]
punč punch [panč]
pustiť drop; *(von, dnu)* let in, out [aut]
puška gun [gan]
púšť desert [dezət]
pútec *(vo vlasoch)* parting [pa:tiŋ]
puzdro case [keis], box
pyré kuch. purée [pju'rei]; **zemiakové p.** mashed potatoes [mæšt pə'teitəuz]

pýtať sa ask [a:sk], inquire [inˈkwaiə]
pyžama pyjamas [pəˈdža:məz]

R

rad row [rəu], line [lain]; **v treťom r-e** in the third row [θə:d]; **stáť v r-e** queue up [kju: ap]; *(poradie)* series [si:riəz], turn [tə:n]; **som na r-e** it's my turn [mai]
rád, rada: som r. I'm glad [aim glæd]; **mám r.** I like [laik]; **nemám to r.** I dislike it [dislaik]
rada advice [ədˈvais]
radiátor radiator [reidiˈeitə]
rádio radio [reidiəu]; **tranzistorové r.** transistor radio [trænˈzistə]; **stíšte, vypnite, zapnite r., prosím** turn down, switch off, switch on the radio, please [tə:n daun, swič, pli:z]
radnica town hall [taun ho:l], am. city hall [siti]
radosť joy [džoi], pleasure [pležə]; **s r-ou** with pleasure [wið]
radšej rather [ra:ðə], better [betə]; **r. by som chcel . . .** I would rather [ai wud]; **r. nie** rather not; **mám r. mlieko než čaj** I prefer milk to tea [priˈfə:, ti:]
ragú kuch. ragout [rægu:]
rajčina tomato [təˈma:təu]
rak crayfish [kreifiš], lobster [lobstə]
raketa *(tenisová)* racket [rækit]; *(strela)* rocket [rokit]
rakovina cancer [kænsə]
rám frame [freim]
rameno arm [a:m]

ramienko *(plecnica)* shoulder strap [šəuldə stræp]; *(vešiak)* hanger [hæŋə]

rana *(poranenie)* wound [wu:nd]; **rezná r.** cut wound [kat]; *(úder)* stroke [strəuk], blow [bləu]

raňajkovať have breakfast [hæv brekfəst]; **čo budete r.?** what will you have for breakfast? [wot, ju:]

raňajky breakfast [brekfəst]; **kedy sa podávajú r.?** when is breakfast served? [wen, sə:vd]

ranený wounded [wu:ndid]

ranný morning [mo:niŋ]

ráno morning [mo:niŋ]; **dobré r.!** good morning [gud]; **dnes r.** this morning [ðis]; **od r-a** from the morning

raný *(skorý)* early [ə:li]

rasca caraway [kærəwei]

rascovica kummel [kuməl]

rásť grow [grəu]

rastlina plant [pla:nt]

rátať count [kaunt], reckon [rekən]

raz once [wans]; **ešte r.** once more [mo:]

rázcestie crossroads [krosrəudz]

raž rye [rai]

ražeň spit; **na ražni** on the spit

rebierko kuch. *(teľacie)* cutlet [katlit], *(bravčové)* (pork) chop [(po:k) čop]

rebrík ladder [lædə]

rebro rib

recepcia *(v hoteli)* reception desk [ri'sepšn]; *(spoločenská)* reception; **na r-ii** at the reception; **usporiadať r-iu** give a reception [giv]

recepčný *(v hoteli)* reception clerk [ri'sepšn kla:k]

recept lek. prescription [pri'skripšn]; **len na r.** on prescription only [əunli]; kuch. recipe [resəpi]

reč *(jazyk)* language [læŋgwidž], tongue [taŋ]; **materinská r.** mother tongue [madə]; *(prejav)* speech [spi:č]; *(rozhovor)* talk [to:k]; **to nestojí za r.** it's not worth mentioning [wɔ:θ menšəniŋ]

reďkovka radish [rædiš]

reflektor aut. headlights [hedlaits]; div. spotlight [spotlait]

regulovať regulate [reguleit]

reklama advertisement [əd'və:tismənt]

reklamácia claim [kleim]

reklamovať lodge a complaint [lodž, kəm'pleint], complain [kəm'plein]

rekomando registered [redžistəd]

rekord record [reko:d]

rekreácia recreation [rekri'eišn]; **som tu na r-ii** I'm on holiday here [aim, holidei hiə]

remeň strap [stræp], belt; **klinový r.** aut. fan belt [fæn]

remeslo trade [treid], (handi)craft [(hændi)kra:ft]

remienok *(na hodinky)* watch strap [woč stræp]

renesancia renaissance [ri'neisns]

reprezentovať represent [repri'zent]

republika republic [ri'pablik]

reštaurácia[1] restaurant [restroŋ, rest(ə)rənt]; **r. so samoobsluhou** cafeteria [kæfi'tiəriə]

reštaurácia[2] restoration [restə'reišn]; **r. umeleckých pamiatok** restoration of art treasures [a:t trežəs]

reťaz chain [čein]; **snehové r-e** aut. snow chains [snəu čeinz]

reuma(tizmus) rheumatism [ru:mətizm]

revolver revolver [ri'volvə], gun [gan]

revue div. revue [ri'vju:]; *(časopis)* review [ri'vju:]
rez kuch. slice [slais]; **jablkové r-y** apple slices [æpl slaisiz]; *(rana)* cut [kat]
rezance kuch. vermicelli [vəˈmiˈseli], noodles [nu:dlz]
rezať cut [kat], chop [čop]
rezeň cutlet [katlət]; **hovädzí r.** beefsteak [bi:fsteik]; **viedenský r.** Vienna steak [viena steik], schnitzel [šnitsl]
rezerva reserve [ri'zə:v], provision [pro'vižn]
rezervácia reservation [rezəˈveišn]; **prírodná r.** nature reserve [neičə ri'zə:v]
rezervný spare [speə]
rezervovať reserve [ri'zə:v], book [buk]; **rezervujte mi, prosím . . .** can you book . . . for me, please [kən juː, pli:z]; **rezervoval som si izbu** I booked a room [ai bukt əˈruːm]
réžia div. production [prəˈdakšn]; film. direction [daiˈrekšn]; *(náklady)* costs [kosts]
riadenie aut. steering [stiəriŋ]; **automatické r.** automatic gearchange [o:təˈmætik giəčeindž]; *(podniku)* management [mænidžmənt]; *(upratovanie)* cleaning (ap) [kli:niŋ (ap)]
riaditeľ director [daiˈrektə]
riasy *(mihalnice)* eyelashes [ailæšiz]; *(morské)* seaweed [si:wi:d]
ríbezle currants [karənts]
riedky thin [θin]
rieka river [rivə]
riešenie solution [səˈluːšn]
Rím Rome [rəum]
rímsky Roman [rəumən]
riziko risk
rizoto kuch. risotto [ri'zotəu]

robiť do [du:]; (*vyrábať*) make [meik]; **čo robíš?** what are you doing? [wot a: ju: duiŋ]; **čo mám r.?** what am I to do? [wot æm ai]; **nič si z toho nerobte** never mind [nevə maind]

robota p. **práca**

robotník worker [wə:kə]; **(ne)kvalifikovaný r.** (un)skilled worker [(an)skild]

ročný annual [ænjuəl], yearly [jə:li]

rodený born [bo:n], native [neitiv]; **N., rodená X. Y. N.,** née X. Y. [nei], N., maiden name X. Y. [meidn neim]; **r. Angličan** English born [iŋgliš]

rodičia parents [peərnts]; **nevlastní r.** step-parents; **starí r.** grandparents [grændpeərnts]

rodina family [fæmili], (*príbuzní*) relatives [relətivz]

rodisko birth-place [bə:θpleis]

rodný native [neitiv]

roh corner [ko:nə]; **za r-om** round the corner [raund]; **na r-u ulice** at the corner of the street [stri:t]

rok year [jə:]; **budúci, minulý, priestupný r.** next, last, leap year [la:st, li:p]; **o r.** in a year; **tohto r-u** this year [dis]; **každý r.** every year [evri]; **koľko máte r-ov?** how old are you? [hau əuld a: ju:]; **mám 30 rokov** I'm thirty years old [aim θə:ti jə:z]; **šťastlivý nový r.** happy New Year [hæpi nju:]

rokokový rococo [rəˈkoko]

roleta blind [blaind], (*na obchode*) shutter [šatə]

roľník farmer [fa:mə]

román novel [novl]

románsky Romanesque [rəuməˈnesk]; **r. štýl** br. Norman style [no:mən stail]

romantický romantic [rəˈmæntik]

rosa dew [dju:]
rošt (*na ohnisku*) griller [grilə], grate [greit]; (*na pečenie mäsa*) grill
roštenka kuch. stewed steak [stju:d steik]
rovina plain [plein]
rovnaký equal [i:kwl], of the same [seim]
rovník equator [i'kweitə]
rovno straight [streit]; **choďte r.!** go straight on [gəu]
rovnobežný parallel [pærəlel]
rovnováha balance [bæləns]
rovný (*priamy*) straight [streit]; (*hladký*) even [i:vn]
rozbaliť unpack [an'pæk], unwrap [an'ræp]
rozbiť break [breik]; **rozbil som . . .** I've broken . . . [aiv brəukn]; **rozbilo sa to** it broke [brəuk]
rozbitý broken [brəukn]
rozčúlený excited [ik'saitid], angry [æŋgri]
rozčúliť upset [ap'set]
rozčúliť sa get excited [ik'saitid]
rozdeliť divide [di'vaid]
rozdeľovač aut. distributor [di'stribju:tə]
rozdiel difference [difrəns]; **na r. od** unlike [an'laik]
rozhľadňa viewing tower [vju:iŋ tauə]
rozhlas radio [reidiəu], broadcast(ing) [bro:dka:st(iŋ)]
rozhodca referee [refə'ri:], umpire [ampaiə]
rozhodnúť sa decide [di'said]
rozhodnutie decision [di'sižn]
rozhovor conversation [konvə'seišn], talk [to:k]
rozkaz order [o:də]
rozličný various [veəriəs]

ROZLÚČIŤ SA 176

rozlúčiť sa say goodbye to [sei gud'bai tə]; **prišiel som sa s vami r.** I've come to say goodbye to you [aiv kam,ju:]
rozlúčka parting [pa:tiŋ], farewell [feəwel]
rozmeniť *(peniaze)* change (money) [čeindž (mani)]; **rozmeňte mi túto bankovku, prosím** change me this note, please [mi: ðis nəut pli:z]
rozmýšľať *(o čom)* think (about al. on st) [θiŋk (ə'baut)]
rozmery dimensions [dai'menšnz]
rozpaky: byť v r-och be at a loss [bi:]
rozpočet budget [badžit]
rozprašovač spray [sprei]
rozprávať speak [spi:k]; **nerozprávam po anglicky** I don't speak English [ai dəunt, ingliš]
rozprávať sa talk [to:k]
rozsah extent [ik'stent]
rozsvietiť switch on [swič]; **rozsvieťte svetlá!** aut. put on the lights [laits]
roztok solution [sə'lu:šn]
roztopiť (sa) melt
roztrhaný torn [to:n]
roztrhnúť (sa) tear [teə]
rozum reason [ri:zn]
rozumieť understand [andə'stænd]; **rozumiem** *(chápem)* I see [ai si:]; **rozumiem dobre, trochu anglicky** I understand English well, a little [ingliš, ə litl]; **prepáčte, nerozumiem** excuse me, I don't understand [iks'kju:z mi: ai dəunt]
rozumný reasonable [ri:znəbl]
rozvedený divorced [di'vo:st]
rozvod divorce [di'vo:s]

rozvojový: r-é krajiny developing countries [di'veləpiŋ kantriz]
rozvrh *(časový)* timetable [taimteibl], am. schedule [skedju:l]
rožok roll [rəul]; **r. s párkom** hot dog
rôsol kuch. aspic [æspik]
rôzny different [difrənt], various [veəriəs]
röntgen X-ray [eksrei]
rubeľ rouble [ru:bl]
ručička *(hodinová)* hand [hænd]
ručiť guarantee [gærən'ti:]
rúčka *(rukoväť)* handle [hændl]
ručník kerchief [kə:čif], *(šatka)* scarf [ska:f], *(uterák)* towel [tauəl]
ručný hand [hænd], hand-made [hændmeid]
ruch dopr. traffic [træfik], *(nával)* rush [raš]
ruka hand [hænd]; **do vlastných rúk** *(na obálke)* personal [pə:snəl]; **podať komu r-u** shake hands with sb [šeik, wiđ]
rukáv sleeve [sli:v]; **bez r-ov** sleeveless [sli:vləs]; **s dlhými, krátkymi r-mi** with long, short sleeves [wiđ, šo:t]
rukavice gloves [glavz]; **kožené, pletené r.** leather, knitted gloves [leđə, nitid]
rum rum [ram]; **čaj s r-om** tea with rum [ti:]
rumanček camomile [kæməmail]
rúra pipe [paip]; **výfuková r.** aut. exhaust pipe [igzo:st]
rušeň locomotive [ləukə'məutiv], engine [endžin]
rušiť disturb [dis'tə:b]; **prepáčte, že rušim** excuse me for disturbing you [iks'kju:z mi:, ju:]
rušný busy [bizi]
rúž lipstick [lipstik]
ruža rose [rəuz]
ružový pink

ryba fish [fiš]; **morská, sladkovodná r.** sea, fresh-water fish [si:, freš-wo:tə]; **vyprážaná r.** fried fish [fraid]; **chytať r-y** go fishing [gəu fišiŋ]

rybár fisherman [fišəmən]

rybí: r. tuk codliver oil [kodlivə]

rybník pond

rybolov fishing [fišiŋ]

rýchlejšie faster [fa:stə]; **jazdite r.** go faster [gəu]

rýchlik express [iks¦pres]; **medzinárodný r.** international express [intə¦næšnəl]; **priamy r.** through express [θru:]; **kedy príde r. z . . .?** when does the express from . . . arrive? [wen daz,ə¦raiv]

rýchlo quickly [kwikli], fast [fa:st]; **nehovorte tak r., prosím** don't speak so quickly, please [dəunt spi:k səu, pli:z]

rýchločistiareň dry-cleaning with same-day-service [draikli:niŋ wiđ seimdei sə:vis]

rýchlomer aut. speedometer [spi:¦domi:tə]

rýchloopravovňa obuvi express shoe repairs [ikspres šu: ri¦peəz]

rýchlopráčovňa express laundry service [iks¦pres lo:ndri sə:vis]

rýchlosť speed [spi:d]; **najväčšia povolená r.** maximum speed [mæksiməm]; **obmedzená r.** speed limit; **prekročiť dovolenú r.** exceed the speed limit [ik¦si:d]; **r. letu** flight speed [flait]; aut. gear [giə]; **preradiť r.** change gear [čeindž]; **zaradiť r.** put in gear; **radenie r-tí** changing gears [čeindžiŋ giəz]

rýchly fast [fa:st], quick [kwik]

Rýn the Rhine [rain]

rytina engraving [in¦greiviŋ]

ryža rice [rais]

S

s, so with [wiŏ]; **s tebou, so mnou** with you, with me [ju:, mi:]; **s radosťou** with pleasure [pleʒə]; **s dovolením** excuse me, please [ikslkju:z, pli:z]

sa zám. *(zvratné)* oneself [wanlself]

sadnúť si sit down [daun]; **sadnite si, prosím** sit down, please [pli:z]

sadra plaster [pla:stə]

sadzba *(suma)* rate [reit], *(colná)* customs tariff [kastəmz tærif]

sako jacket [dʒækit]

sála hall [ho:l]

saláma salami [səlla:mi]

sám, sama, samo, sami, samy *(osamote)* alone [əlləun]; **ste tu sám?** are you here alone? [a: ju: hiə]; *(osobne)* -self, -selves [selvz]; **urobíme to sami** we'll do it (by) ourselves [wi:l du:, (bai) aulselvz]

samoobsluha self-service [selfsəːvis]; *(predajňa)* super-market [sju:pəmaːkit]; *(reštaurácia)* cafeteria [kæfiltiəriə]

samospúšť fot. timed release [taimd rili:z]

samostatný independent [indilpendənt]

samozrejme of course [əv koːs]

sanatórium sanatorium [sænəlto:riəm]

sandále sandals [sændlz]

sane toboggan [təlbogən], sleigh [slei], sledge [sledʒ], am. sled

sanitka ambulance [æmbjuləns]; **zavolajte s-u, prosím** call an ambulance, please [ko:l, pli:z]

sardela anchovy [ænčəvi]

sardinky sardines [sa:ldi:nz]

sauna sauna [so:nə]

scéna scene [si:n], div. stage [steidž]
sčítať add [æd]
sebaobrana self-defence [selfdi'fens]
sedadlo seat [si:t]; **sklápacie s.** tip-up seat [tipap]; **predné, zadné s.** front, back seat [frant, bæk]
sedatívum lek. sedative [sedətiv]
sedieť sit
sekaná kuch. minced meat [minst mi:t], hash [hæš], am. ground meat [graund]
sekt champagne [šæm'pein], hovor. fizz [fiz]
sekunda second [seknd]
sem here [hiə]; **sem a tam** to and fro [tu ənd frəu]
semafor semaphore [seməfo:], *(uličný)* traffic light(s) [træfik lait(s)]
semišový suede [sweid]
sendvič sandwich [sænwič]
seno hay [hei]
senzácia sensation [sen'seišn]
september September [sep'tembə]
seriál serial [siəriəl]
serpentína serpentine road [sə:pəntain rəud], winding road [waindiŋ]
servírka waitress [weitris]
servis aut. service [sə:vis]; *(súprava)* set
servítka napkin [næpkin]
sesternica cousin [kazn]
sestra sister [si:stə]; **zdravotná s.** nurse [nə:s]
sever north [no:θ]; **na s. od** north of; **na s-e** in the north
severný north [no:θ], northern [no:ðən]
severovýchod north-east [no:θi:st]

severozápad north-west [nɔ:θwest]
sezóna season [si:zn]
sezónny seasonal [si:znl]
schod(y) step(s); **pohyblivé schody** mooving staircase [mu:viŋ steəkeis], escalator [eskəleitə]
schodište staircase [steəkeis], am. stairway [steəwei]
schodný *(o ceste)* passable [pa:səbl]
schopný able [eibl]
schovať sa hide [haid]
schôdzka appointment [əˈpointmənt], date [deit]; **mám s-u s...** I have a date with ..., I have an appointment with al. at ... [wið]
schránka box; **poštová s.** letter-box [letə], pillar-box [pilə]
sídlisko housing estate [hauziŋ isˈteit]
sídlo residence [rezidns], seat [si:t]
sieň hall [hɔ:l], show room [šəu ru:m]
sieť net; **s. na batožinu** rack [ræk]
sila force [fɔ:s], strength [streŋθ]
silný strong [stroŋ]
Silvester New Year's Eve [nju: jə:z i:v]
sirota orphan [ɔ:fən]
sirup syrup [sirəp], treacle [tri:kl]
sitko sieve [si:v], sifter [siftə]
situácia situation [sitjuˈeišn]
sivý grey [grei], am. gray [grei]
skákať jump [džamp]
skala rock [rok]
sklad store [stɔ:]; **máte na s-e ...?** do you have ... in stock? [du: ju: hæv, stok]

skladací folding [fəuldiŋ]

skladať sa z consist of [kənˈsist əv]

skladateľ: hudobný s. composer [kəmˈpəuzə]

skladba composition [kɔmpəˈzišn]

sklo glass [gla:s]; **brúsené s.** cut glass [kat]

skočiť jump [džamp]

skok jump [džamp]; **s. do diaľky** long jump; **s. do výšky** high jump [hai]; **s. na lyžiach** ski-jump [ski:džamp]

skončiť (sa) end, finish [finiš]

skoro *(včas)* soon [su:n]; *(takmer)* almost [o:lməust]

skorší former [fo:mə], earlier [ə:liə]

skorý early [ə:li]

skôr sooner [su:nə]; **s. než** sooner than [ðæn]; **čím s.** as soon as

skrat el. short-circuit [šo:tsə:kit]

skrátiť shorten [šo:tn]

skratka *(slova)* abbreviation [əbri:viˈeišn]; *(cesty)* short cut [šo:t kat]

skriňa wardrobe [wo:drəub], cupboard [kabəd]: **prevodová** *(rýchlostná)* **s.** aut. gearbox [giəboks]

skrinka locker [lokə]

skrutka screw [skru:]

skrutkovač screw-driver [skru:draivə]

skupina group [gru:p]

skúsený experienced [iksˈpiəriənst]

skúsiť try [trai]

skúška div. rehearsal [riˈhə:səl]; *(šiat)* fitting; *(školská)* examination [igzæmiˈneišn]; *(pokus)* test; **s. alkoholu** aut. breath test [breθ]

skutočný real [riəl]

slabý weak [wi:k]

sladidlo sweetener [swi:tənə]

sladkosti confectionery [kənˈfekšnəri], sweets [swi:ts]
sladký sweet [swi:t]
slalom šport. slalom [slaːləm]; **obrovský s.** giant slalom [džaiənt]
slamený straw [strɔ:]
slamka straw [strɔ:]
slanina bacon [beikn]; **údená s.** smoked bacon [sməukt]
slaný salty [sɔ:lti]
sláva glory [glɔ:ri]; **s.!** hurrah! [huˈra:]
sláviť celebrate [seləbreit]
slávnosť celebration [seləˈbreišn]
slávny famous [feiməs]
slečna miss, young lady [jaŋ leidi]
sleď herring [heriŋ]; **údený s.** kipper [kipə]
slepý blind [blaind]
sliepka hen
slimák snail [sneil]
slivka plum [plam]
slivovica plum brandy [plam brændi]
slnečník sunshade [sanšeid]
slniť sa sunbathe [sanbeiđ]
slnko sun [san]; **s. svieti** the sun is shining [šainiŋ]; **s. vychádza, zapadá** the sun rises, sets [raiziz]; **horské s.** sunray lamp [sanrei læmp]
slobodný *(voľný)* free [fri:]; *(neženatý, nevydatá)* single [siŋgl]
sloh style [stail]
slovník dictionary [dikšnəri]
slovo word [wə:d]; **čestné s.!** on my word of honour [mai, onə]
sľúbiť promise [promis]

slúchadlo *(telefónne)* receiver [ri'si:və], *(na hudbu)* headphone [hedfəun]

slušný decent [di:snt], nice [nais]

služba service [sə:vis]; **cestná, havarijná s.** AA service [ei ei], breakdown service [breikdaun]; **horská s.** mountain rescue service [mauntin reskju:]; **lekárska pohotovostná s.** medical emergency [medikl i'mə:džənsi]; **informačná s.** information service [infə'meišn]; **kto má s-u?** who is on duty? [hu: iz on dju:ti]

slzy tears [tiəz]

smažený fried [fraid]

smažiť fry [frai]

smäd thirst [θə:st]

smädný thirsty [θə:sti]; **som s.** I'm thirsty [aim]

smer direction [dai'rekšn]; **v s-e cesty vlaku** facing the engine [feisiŋ ði'endžin]; **proti s-u cesty vlaku** with one's back to the engine [wið wanz bæk]; **ktorým s-om je . . .?** in which direction is . . .? [wič]

smerovka aut. indicator [indikeitə], *(na ceste)* signpost [sainpəust]

smeti rubbish [rabiš], litter [litə], waste [weist]

smiať sa laugh [la:f]

smiech laughter [la:ftə]

smiešny ridiculous [ri'dikjuləs]

smieť may [mei]; *(pri tanci)* **smiem prosiť?** may I ask you for this dance? [mei ai a:sk ju:, ðis da:ns]; **nesmiete** you must not [mast]

smoking dinner-jacket [dinədžækit], am. tuxedo [tak'si:dəu]

smotana cream [kri:m]

smrad stench [stenč], stink

smrdieť stink

smrť death [deθ]

smutný sad [sæd]

sneh snow [snəu]; **padá s.** snow's falling [fo:liŋ], it's snowing [snəuiŋ]
snehovky arctics [a:ktiks]
snímka fot. snapshot [snæpšot]
snúbenec fiancé [fiˈo:nsei]
snúbenica fiancée [fiˈo:nsei]
sobáš wedding [wediŋ]
sobota Saturday [sætədi]; **v s-u** on Saturday
socialistický socialist [səušəlist]
socializmus socialism [səušəlizm]
sociálny social [səušl]
sóda soda [səudə]
sódovka soda water [səudə wo:tə]
socha statue [stætju:]
sochár sculptor [skalptə]
soľ salt [so:lt]
soľnička salt-cellar [so:lt selə]; **podajte mi s-u, prosím** pass me the salt-cellar, please [pa:s mi:, pli:z]
spadnúť fall down [fo:l daun]
spáliť burn [bə:n]
spálňa bedroom [bedrum]
spánok sleep [sli:p]
spať sleep [sli:p]; **nemôžem s.** I can't sleep [ai ka:nt]
späť back(ward) [bækwo:d]; **tam a s.** *(lístok)* return [riˈtə:n]
spätný back [bæk]
spešnina dopr. express goods [iksˈpres gudz]
spev singing [siŋiŋ]
speváčka, spevák singer [siŋə]
spiatočka aut. reverse gear [riˈvə:s giə]
spiatočný return [riˈtə:n]

spievať sing [siŋ]
spisovateľ writer [raitə]
splnomocnenie authorization [o:θərai'zeišn]
spodky underpants [andəpænts]
spodnička petticoat [petikəut], underskirt [andəskə:t]
spodný lower [ləuə]
spodok bottom [botəm]; **na s-dku** at the bottom
spoj dopr. connection [kə'nekšn]
spojenie dopr. connection [kə'nekšn]; telef. line [lain]; el. **krátke s.** short circuit [šo:t sə:kit]
spojiť join [džoin]; telef. put through [θru:]; **spojte ma s ..., prosím** put me through to ..., please [pli:z]
spojka aut. clutch [klač]
spokojný satisfied [sætisfaid]; **ste s. s ...?** are you satisfied with ...? [a: ju:]; **(nie) som s. s ...** I'm (not) satisfied with ...
spoľahlivý reliable [ri'laiəbl]
spoľahnúť sa na rely on [ri'lai]; **spoľahnite sa na nás** you can rely on us [ju: kæn, as]
spoločenský social [səušl]; *(družný)* sociable [səušəbl]
spoločne jointly [džointli]
spoločnosť society [sə'saiəti], company [kampəni]
spoločník companion [kəm'pænjən]
spoločný common [komən]
spolu together [tə'geðə]
spolubatožina registered luggage [redžistəd lagidž]; **poslať ako s-u** send as registered luggage
spolubývajúci fellow-lodger [feləu lodžə]
spolucestujúci fellow-traveller [feləu trævlə]
spomaliť slow down [sləu daun]

spomenúť si remember [riˈmembə]; **nemôžem si s.** I can't remember [ai kaːnt]

spomienka memory [meməri]

sponka hair clip [heə klip]

sporák cooker [kukə]; **elektrický, plynový s.** electric, gas cooker [iˈlektrik, gæs]

spotreba consumption [kənˈsampšn]

spotrebič: elektrický s. electrical appliance [iˈlektrikl əˈplaiəns]

spôsob way [wei]

sprava *(smer)* from the right(-hand side) [rait(hænd said)]

správa *(informácia)* report [riˈpoːt], news [njuːz]; **najnovšie s-y** the latest news [leitist]; *(vedenie)* management [mænidžmənt]

správať sa conduct [kənˈdakt]

správca manager [mænidžə]

správny right [rait]

spravodajstvo news service [njuːz səːvis]

spravodlivosť justice [džastis]

spredu from the front [frant]

sprevádzať accompany [əˈkampəni]

sprcha shower [šauə]; **izba so s-ou** room with a shower [ruːm wiđ]; **kde sú s-y?** where are the showers? [weə aː, šauəz]

sprchovať sa have a shower [hæv ə šauə]

sprievod *(zástup)* procession [prəˈsešn]; hud. accompaniment [əˈkampənimənt]

sprievodca *(turistický, aj príručka)* guide [gaid]; *(vo vlaku)* guard [gaːd], *(v autobuse, električke)* conductor [kənˈdaktə]

sprievodka bill of delivery [diˈlivəri]

sprostredkovateľňa agency [eidžnsi]

spustiť: s. motor start the engine [staːt đi ˈendžin]

spúšť fot. shutter-release [šatəriˈli:s]
spýtať sa ask [a:sk]
srdce heart [ha:t]
srdečný hearty [ha:ti]; **so s-m pozdravom** with best regards [wið, riˈga:dz]
srnacina venison [venisn]
stačiť be enough [bi: iˈnaf]; **to stačí, ďakujem** that's enough, thank you [ðæts, θæŋk ju:]
sťahovať sa move [mu:v]
stále constantly [konstəntli]
stály constant [konstənt]
stan tent; **kde si môžeme postaviť s.?** where can we pitch a tent? [weə kæn wi: pič]
stanica station [steišn]; **železničná s.** railway station [reilwei]; **konečná s.** dopr. terminus [tə:minəs], am. terminal [tə:minəl]; **čerpacia s.** aut. petrol station [petrəl], am. filling station; **s. prvej pomoci** first-aid post [fə:steid pəust]; **záchranná s.** emergency service [iˈmə:džənsi]
stánok stall [sto:l], am. stand [stænd]; **knižný s.** bookstall [buksto:l]; **novinový s.** newspaper stall [nju:speipə], newsstand [nju:sstænd]
stanovať camp [kæmp]; **môže sa tu s.?** can we camp here? [kæn wi:, hiə]
stanovište stand [stænd]; **s. taxíkov** taxirank [tæksiræŋk]
starať sa (o niečo) look after [luk a:ftə]; (robiť si starosti) worry [wari]; **nestarajte sa o to!** don't worry about it [dəunt, əˈbaut]
starodávny ancient [einšnt]
starosti worries [wariz]
starostlivosť care [keə]; **bezplatná lekárska s.** free medical care [fri: medikl]; **sociálna s.** social welfare [səušl welfeə]

starožitníctvo antique shop [æn'ti:k šop]
starožitnosť antique [æn'ti:k]
starší older [əuldə]; **je o 3 roky s. než ja** he is three years older than me [hi:, θri: jə:z, ðən mi:]
starý old [əuld]
stáť¹ *(na nohách)* stand [stænd]; stop; **ako dlho tu stojí vlak?** how long does the train stop here? [hau, daz, trein, hiə]; **stojte!** stop; **stojíte v tomto rade?** are you standing in this queue? [a: ju: stændiŋ, ðis kju:]
stáť² *(o cene)* cost [kost]; **koľko to stojí?** how much is it? [hau mač]; **to nestojí za to** it is not worth while [wə:θ wail]
stať sa happen [hæpn]; **čo sa stalo?** what happened? [wot hæpnd]; **čo sa vám stalo?** did you have any trouble? [ju: hæv əni trabl]; **nič sa nestalo** that's all right [ðæts o:l rait]
stav condition [kən'dišn], state [steit]; **rodinný s.** family status [fæmili steitəs]; **zdravotný s.** state of health [helθ]; šport. score [sko:]; **aký je s.?** what's the score? [wots]
stavba building [bildiŋ]
stávka bet
sťažnosti complaints [kəm'pleints]
sťažovať sa *(na)* complain about [kəm'plein ə'baut]
stehno kuch. leg, joint [džoint], *(zveriny)* haunch [ho:nč]; **baranie s.** joint of lamb [læm]
stena wall [wo:l]
stierač aut. windscreen wiper [windskri:n waipə]
stlačiť press; **stlačte gombík, pedál** press the button, pedal [batn, pedl]
stlmiť: **s. svetlá** aut. dip the lights [laits]
stĺp post [pəust], column [koləm]

stolica lek. stool [stu:l]

stolička chair [čeə]

stolík little table [litl teibl]; **nočný s.** bedside-table [bedsaid]

stopa trace [treis], *(nohy)* footprint [futprint]; *(miera)* foot [fut] *(= 30,5 cm)*

storočie century [senčəri]; **z ktorého s-a?** from which century? [wič]

stôl table [teibl]; **pri stole** at the table; **je tento s. voľný?** is this table free? [ðis, fri:]

strach fear [fiə]

strana *(knihy)* page [peidž]; **na 10. s-e** on page ten; *(miestne)* side [said]; **na druhej, opačnej s-e** on the other, opposite side [ði aðə, opəzit]; *(stanovisko)* **na druhej s-e** on the other hand [hænd]; **prejdite na druhú s-u** cross over to the other side [kros əuvə]; **štyri svetové s-y** the four cardinal points [fo: ka:dinl]; *(politická)* party [pa:ti]

strata loss; **s-y a nálezy** lost property office [propəti ofis]

stratiť lose [lu:z]; **stratil som peňaženku** I've lost my purse [aiv, mai pə:s]

strava food [fu:d]; **byt a s.** board and lodgings [bo:d ənd lodžiŋz]; **domáca s.** home cooking [həum kukiŋ]

stráviť *(čas)* spend; **ako ste strávili dovolenku?** how did you spend your holiday? [hau, ju:, jo: holədi]

stravné allowance [əˈlauəns]

stravovanie board [bo:d]

stravovať sa have one's meals [hæv wanz mi:lz]; **kde sa stravujete?** where do you have your meals? [weə du: ju:, jo:]

stráž(ca) guard [ga:d]

strážnik watchman [wočmən]; policeman [pəˈli:smən]

stred middle [midl]; **v s-e** in the middle; **s. mesta** centre [sentə]; **v s-e mesta** in the town centre [taun]

streda Wednesday [wenzdi]; **v s-u** on Wednesday; **Popolcová s.** Ash Wednesday [æš]

stredisko centre [sentə]; **informačné, zdravotné s.** information, health centre [infə'meišn, helθ]

stredný central [sentrəl]; *(veľkosť)* medium [mi:djəm]

stredovek the Middle Ages [midl eidžiz]

Stredozemné more the Mediterranean [meditə'reiniən]

strecha roof [ru:f]

stretnúť sa s meet sb [mi:t]; **kde sa stretneme?** where shall we meet? [weə šæl wi:]

stretnutie meeting [mi:tiŋ]; *(schôdzka)* appointment [ə'pointmənt]

strieborný silver [silvə]

striebro silver [silvə]

striedať sa alternate [o:ltəneit], take turns [teik tə:nz]

strieľať shoot [šu:t]

strihať cut [kat]

strmý steep [sti:p]

stroj machine [mə'ši:n]

strojček machine [mə'ši:n]; **holiaci s.** safety razor [seifti reizə]; **elektrický s.** electric razor [i'lektrik]

strom tree [tri:]

stromček: vianočný s. Christmas tree [krismǝs tri:]

stručný brief [bri:f]

strýko uncle [aŋkl]

studený cold [kəuld]

studňa well

STÚPAŤ 192

stúpať rise [raiz]; **cesta stúpa** the road goes uphill [rəud gəuz aphil]; **ceny stúpajú** the prices are rising [praisiz a: raiziŋ]

stupeň degree [di'gri:]; **koľko je stupňov?** what's the temperature? [wots də temprəčə]; **je 5 stupňov nad, pod nulou** it's five degrees above, below zero [faiv ə'bav, bi'lou ziərou]

súbor ensemble [on'so:mbl]; **folklórny s.** folklore ensemble [fəuklo:]

súčasný *(terajší)* contemporary [kən'tempərəri]; *(synchrónny)* simultaneous [siməl'teinəs]

súčet total [təutl]

súčiastka part [pa:t]; **náhradná s.** spare part [speə]; **máte náhradné s-y na . . .?** have you got spare parts for . . .? [hæv ju:]

sud barrel [bærəl], cask [ka:sk]

súd *(inštitúcia)* (law) court [(lo:) ko:t], *(proces)* trial [traiəl]

sudca judge [džadž]

súhlas consent [kən'sent], agreement [ə'gri:mənt]

súhlasiť *(s)* agree with [ə'gri: wið]

suchár biscuit [biskit], am. cracker [krækə]

suchý dry [drai]

sukňa skirt [skə:t]; **skladaná s.** pleated s. [pli:tid]

súkromie privacy [praivəsi]; **bývam v s-í** I'm staying in private lodgings [aim steiiŋ, praivit lodžiŋz]

súkromný private [praivit]

suma sum [sam]; **celková s.** sum total [təutl]

súprava set

surfing windsurfing [windsə:fiŋ]

súrny express [ik'spres]

súrodenci brother and sister [braðə ənd sistə]

surový raw [ro:]

sused(a) neighbour [neibə]

sústrasť sympathy [simpəθi]; **prijmite moju s.** accept my condolences, please [əkˈsept mai kənˈdəulənsiz pliːz]

sušený dried [draid]

susič dryer [draiə]; **s. na vlasy** hair dryer [heə]

sušiť dry [drai]

suterén basement [beismənt]

svadba wedding [wediŋ]

sval muscle [masl]

svätý holy [həuli], *(s menom)* saint, St [sənt]

svedok witness [witnis]

svet world [wəːld]; **na celom s-e** all over the world [oːl əuvə]; **ani za s.!** not on your life! [joː laif]

svetadiel continent [kontinənt]

sveter sweater [swetə], jersey [džəːzi], jumper [džampə]

svetlo light [lait]; aut. **s-á** lights [laits]; **brzdové s-á** stoplights; **predné s-á** headlights [hedlaits]; **zadné s-á** rear lamps [riə læmps], stoplights; **parkovacie s-á** parking lights [paːkiŋ]; **smerové s.** indicator [indikeitə]; **diaľkové s-á** flashing headlamps [flæšiŋ hedlæmps]; **zapnite s.** put on the light; **zhasnite s.** turn off the light [təːn]; **stlmte s-á** dip the lights

svetlý light [lait]

svetoznámy world-known [wəːldnəun]

svetský profane [prəˈfein], secular [sekjulə]

sviatočný festive [festiv]

sviatok holiday [holədi]; **príjemné s-tky!** have a good holiday [hæv ə gud]

sviečka candle [kændl]; aut. sparking plug [spaːkiŋ plag]; **vyčistite, vymeňte s-y, prosím** clean, change the sparking plugs, please

[kli:n, čeindž, pli:z]; **s-y sú zanesené** the sparking plugs are dirty [a: də:ti]

sviečkovica kuch. sirloin of beef [sə:loin əv bi:f]

svietiť *(lampa)* light [lait], *(slnko)* shine [šain]; **lampa (ne)svieti** the lamp is (not) on [læmp]; **slnko (ne)svieti** the sun is (not) shining [san, šainiŋ]

svieži fresh [freš]

svitať dawn [do:n]; **svitá** the day is breaking [dei, breikiŋ]

svokor father-in-law [fa:ðə inlo:]

svokra mother-in-law [maðə inlo:]

svrbieť itch [ič]

sychravý dank [dæŋk]

sympatický nice [nais], attractive [əˈtræktiv]

syn son [san]

synovec nephew [nefju:]

sypať pour [po:]

syr cheese [či:z]; **ovčí s.** sheep's cheese [ši:ps]; **tavený s.** processed cheese [prəusest]; **smotanový s.** cream cheese [kri:m]

sýtič aut. choke [čəuk]

Š

šachy chess [čes]; **hráte š.?** do you play chess? [du: ju: plei]

šál shawl [šo:l], muffler [maflə]

šalát *(hlávkový)* lettuce [letis]; *(pripravený)* salad [sæləd]; **uhorkový, zemiakový š.** cucumber, potato salad [kju:kambə], [pəˈteitəu]

šálka cup [kap]

šampanské champagne [šæmˈpein], hovor. fizz [fiz]

šampón shampoo [šæmˈpu:]
šatka scarf [ska:f], kerchief [kə:či:f]
šatňa cloakroom [kləukrum], am. checkroom [čekrum]
šaty clothes [kləudz]; *(dámske)* dress; *(pánske)* suit [sju:t]; **konfekčné š.** ready-made clothes [redimeid], wear [wɔ:]; **večerné š.** evening dress [i:vniŋ]
šedivý grey
šek cheque [ček], am. check [ček]; **cestovný š.** travellers cheque [trævləz]; **platím š-om** I pay by cheque [ai pei bai]
šero dusk [dask]
šetriť save [seiv], economize [i:ˈkonəmaiz]
šija nape [neip]
šikmý slanting [sla:ntiŋ]
šikovný skilful, clever [klevə]
šípka *(smerovka)* arrow [ærəu]; *(rastlina)* hip
šírka breadth [bredθ], width [widθ]; **jednoduchá, dvojitá š.** single, double width [siŋgl, dabl]; **zemepisná š.** latitude [lætitju:d]
široký broad [b.o:d], wide [waid]
šiška *(plod)* cone [kəun]; kuch. doughnut [daunat]
šiť sew [səu]
škaredý ugly [agli]
škatuľa box, case [keis]
škoda damage [dæmidž]; **to je š.!** what a pity [wot ə piti]
škodiť do harm [du: ha:m]
škodlivý harmful [ha:mful]
škola school [sku:l]; **základná, stredná š.** primary, secondary school [praiməri, sekəndəri]; **vysoká š.** university [juniˈvə:siti], college [kolidž]; **chodiť do š-y** attend school [əˈtend]
škorica cinamon [sinəmən]

škvarky cracklings [krækliŋz]
škvrna stain [stein]
šľahačka whipped cream [wipt kri:m]; **tekutá š.** double cream [dabl]
šľacha sinew [sinju:], tendon [tendn]
šmyk skid; **naše auto dostalo š.** our car went into a skid [auə ka:, intu]
šmykľavý slippery [slipəri]
šmyknúť sa slip; **šmykol som sa** I slipped [ai slipt]
šnúra line [lain], rope [rəup]
šnúrka: š-y do topánok shoe-laces [šu:leisiz], am. shoe-strings
šofér driver [draivə]
šortky shorts [šo:ts]
šošovka fot. lens [lenz]; **kontaktné š-y** contact lenses [kontækt lenziz]
šošovica lentil
špagát cord [ko:d]
špagety kuch. spaghetti [spəgeti]
špáradlo tooth-pick [tu:θpik]
špargľa asparagus [əs'pærəgəs]
špenát spinach [spinidž]
špendlík pin; **zatváracia š.** safety-pin [seifti]
šperk jewel [džuəl]
špička: dopravná š. peak hours [pi:k auəz]
špikovaný kuch. larded [la:did]
špina dirt [də:t]
špinavý dirty [də:ti]
špongia sponge [spandž]
šponovky skiing trousers [ski:iŋ trauzəs]
šport sport [spo:t]
športovec sportsman [spo:tsmən]

športový sports [spo:ts]

štadión stadium [steidiəm]; sports ground [spo:ts graund]; **futbalový š.** football ground [futbo:l graund]; **zimný š.** winter stadium [wintə]

štart start [sta:t], *(lietadla)* take-off [teikof]

štartér aut. starter [sta:tə]

štartovať start [sta:t]; **lietadlo štartuje** the plane takes off [plein teiks of]

šťastie *(pocit)* happiness [hæpinis]; *(opak: smola)* luck [lak]; **veľa š-a!** good luck [gud]; **mám š.** I'm lucky [aim laki]

šťastný happy [hæpi]

štát state [steit]

štátny state [steit]

šťava juice [džu:s], squash [skwoš]; **ovocná š.** fruit juice [fru:t]

štedrý: Š. večer Christmas Eve [krizməs i:v]

štetec brush [braš]; **š. na holenie** shaving brush [šeiviŋ]

štíhly slim

štipľavý *(o jedle)* hot, biting [baitiŋ]

štít *(horský)* peak [pi:k]

študent student [stju:dənt]

študovať study [stadi]

šťuka pike [paik]

štvorec square [skweə]

štvrť *(časť celku)* quarter [kwo:tə]; *(mestská)* district [distrikt]

štvrťhodina a quarter of an hour [əˈkwo:tə əv ənˈauə]

štvrtok Thursday [θə:zdi]; **vo š.** on Thursday

štýl style [stail]

šunka ham [hæm]; **žemľa so š-ou** roll and ham [rəul]; **š. s vajcom** ham and eggs [hæməndegz]

šupa skin, shell [šel]
švagor brother-in-law [braðəinlo:]
švagriná sister-in-law [sistəinlo:]

T

ta *(smer)* there [ðeə]; **sem a ta** to and fro [tu: ənd frəu]
tá zám. *(ukazovacie)* she [ši]; the, this [ðis], that [ðæt]; *(vzťažné)* that [ðæt]
tabak tobacco [təˈbækəu]
tabletka tablet [tæblit]
tábor camp [kæmp]
táborák campfire [kæmpfaiə], bonfire [bonfaiə]
táborisko camping site [kæmpiŋ sait]; **kde je najbližšie t.?** where is the nearest camping site? [weə iz ðə niərist]
táboriť camp [kæmp]; **môžeme tu t.?** can we camp here? [kən wi:, hiə]
tabuľka tablet [tæblit]; **orientačná t.** notice board [nəutis bo:d]
tácňa tray [trei]
tade, tadiaľ that way [ðæt wei]
ťahať pull
tachometer aut. speedometer [spiˈdomi:tə]
tajný secret [si:krit]
tajomníčka, tajomník secretary [sekrətri]
tajomstvo secret [si:krit]
tak so [səu]
takmer almost [o:lməust]
takt hud. bar [ba:], beat [bi:t]

taktný tactful [tæktfl]
taký such [sač]
takzvaný so-called [səukoːld]
tam there [ðeə]
tampón tampon [tæmpən]
tancovať dance [daːns]
tanec dance [daːns]; **môžem vás poprosiť o t.?** may I ask you for this dance? [mei ai aːsk juː]
tanier plate [pleit]; **hlboký t.** soup-plate [suːp]; **plytký t.** meatplate [miːt]
tanierik saucer [soːsə]
tankovať take petrol [teik petrəl]
ťarchavá pregnant [pregnənt], gravid [grævid]
tarifa rate [reit]
taška bag [bæg]; **dámska t.** handbag [hændbæg]; **cestovná t.** holdall [həuldoːl]; **nákupná t.** shopping bag [šopiŋ]; **školská t.** satchel [səčəl], schoolbag [skuːlbæg]
Tatry the Tatras [tætrəz]; **Nízke, Vysoké T.** the High, the Low Tatras [hai, ləu]
taxa tax [tæks], rate [reit]
taxík taxi [tæksi], cab [kæb]; **zavolajte mi t., prosím** call a taxi, please [koːl, pliːz]
taxikár taxi driver [tæksi draivə], cabman [kæbmən]
ťažký *(hmotnosťou)* heavy [hevi]; *(obťažný)* difficult [difiklt]
teda so [səu], then [ðen]
technický technical [teknikl]
tekutina liquid [likwid]
tekutý liquid [likwid]
tekvica pumpkin [pam(p)kin]

teľacina veal [vi:l]

telefón (tele)phone [(teli)fəun]; **kde je tu t.?** where's the telephone? [weəz]; **pri t-e X** this is X [ðis]; **kto je pri t-e?** who's calling? [hu:z ko:liŋ]; **aké máte číslo t-u?** what's your telephone number? [wots jo:, nambə]

telefonovať phone [fəun]; **potrebujem t.** I'd like to phone [aid laik]; **môžem odtiaľto t.?** can I phone from here? [kən ai, frəm hiə]

telegrafovať telegraph [teligra:f]

telegram cable [keibl], telegram [teligræm]; **blahoprajný, súrny t.** greetings, urgent telegram [gri:tiŋz, ə:džnt]; **t. so zaplatenou odpoveďou** reply-paid telegram [ri¹plaipeid]; **chcem poslať t. do . . .** I want to send a telegram to . . . [ai wont]

televízia television [teli¹vižn], TV [ti:vi:]; **zapnite, vypnite t-iu, prosím** switch on, turn off the TV, please [swič, tə:n, pli:z]; **čo dávajú dnes v t-ii?** what's on TV today? [wots, tə¹dei]

televízor TV set [ti:vi:]; **farebný t.** colour TV set [kalə]

telo body

telocvičňa gym(nasium) [džim(¹neiziəm)]

telocvik gymnastics [džim¹næstiks]

Temža the Thames [temz]

ten zám. this [ðis]; **ten istý** the same [seim]

tenis (lawn)tennis [(lo:n)tenis]; **stolný t.** table tennis [teibl]; **hráte t.?** do you play tennis? [du: ju: plei]

tenisky plimsoles [plimsəulz], am. sneakers [sni:kəz]

tenký thin [θin]

tento this [ðis]; **t. raz** this time [taim]

tep pulse [pals]

tepláky tracksuit [træksju:t]

teplo warm [wo:m]; **je t.** it's warm; **je mi t.** I'm warm [aim]

teplomer thermometer [θəˈmomitə]

teplota temperature [temprəčə]; **mám t-u** I have a temperature [ai hæv]; **odmerajte si t-u** take your temperature [teik jo:]

teplý warm [wo:m]

terasa terrace [terəs]

teraz now [nau]

terén ground [graund]

termálny thermal [θə:məl]

termín *(časový)* deadline [dedlain]; *(odborný výraz)* term [tə:m]

termofor hot water bottle [wo:tə botl]

termoska thermos [θə:məs], vacuum flask [vækjuəm fla:sk]

tesnenie tech. packing [pækiŋ], aut. sealing [si:liŋ], gasket [gæskit]

tesný tight [tait]

tešiť: teší ma I'm pleased [aim pli:zd], I'm glad [glæd]

tešiť sa *(na)* look forward to st [luk fo:wəd tə]

teta aunt [a:nt]

texasky jeans [dži:nz]

textil textiles [tekstailz]

tiecť flow [fləu], run [ran]; **netečie teplá voda** the hot water isn't running [wo:tə iznt raniŋ], there's no hot water [ðeəz nəu]

tielko sweat-shirt [swetšə:t]

tieň shade [šeid]; **20° v tieni** twenty degrees in the shade [diˈgri:z]

tiež also [o:lsəu], too [tu:]

ticho silence [sailəns]; **buďte t., prosím** be quiet, please [bi: kwaiət pli:z]

tichý silent [sailənt], still; *(hlas)* low [ləu]

tinktúra tincture [tiŋkčə]; **jódová t.** tincture of iodine [aiədi:n]

tlač print; *(noviny)* press

tlačenka kuch. brawn [bro:n], am. head-cheese [hedči:z]

TLAČIDLO 202

tlačidlo button [batn]; **stisnite t.!** press the button

tlačiť press; **topánky ma tlačia** my shoes pinch [mai šu:z pinč]; **netlačte sa!** don't push [dəunt puš]; *(knihy)* print

tlačivo form [fo:m]; **vyplňte toto t.** fill in this form

tlak pressure [prešə]; **krvný t.** blood pressure [blad]; **nízky, vysoký t.** low, high blood pressure [ləu, hai]

tlmič aut. *(zvuku)* silencer [sailənsə]; *(nárazov)* shock absorber [šok əb'so:bə]

tlmočiť: **t. z angličtiny do slovenčiny** interpret from English into Slovak [in'tə:prit, iŋgliš intu sləuvæk]

tlmočník interpreter [in'tə:pritə]; **potrebujem t-a** I need an interpreter [ai ni:d]

tma dark [da:k]; **je t.** it's dark; **vo tme** in the dark

tmavomodrý navy blue [neivi blu:]

tmavovlasý dark-haired [da:kheəd]

tmavý dark [da:k]

to zám. it, that [ðæt]; **čo je to?** what's that? [wots]; **to je dobré, zaujímavé, zlé** that's nice, interesting, bad [nais, intrestiŋ, bæd]; **to nič** never mind [nevə maind]

toaleta *(odev)* robe [rəub]; *(záchod)* toilet [toilət], lavatory [lævətəri]; **kde je tu t.?** where's the toilet, please? [weəz, pli:z]

toaletný toilet [toilət]

toľko so much [səu mač]

topánky shoes [šu:z]; **dámske, pánske, detské t.** ladies', men's, children's footwear [leidiz, menz, čildrənz futweə]; **t. ma tlačia** my shoes are pinching [mai, pinčiŋ]; **vysoké t.** boots [bu:ts]; **lyžiarske t.** ski(ing) boots [ski:(iŋ)]

topiť sa *(sneh)* thaw [θo:]; *(tonúť)* be drowning [bi: drauniŋ]

totiž namely [neimli]

torta cake [keik]

toto this [ðis]

totožnosť identity [aiˈdentiti]

tovar goods [gudz]; **zlacnený** al. **partiový t.** sale goods [seil]

továreň factory [fæktəri], plant [pla:nt]

trafika tobacconist's [təˈbækənists]

trafiť *(zasiahnuť)* hit; *(nájsť cestu)* find one's way [faind wanz wei];
  trafíte ta? will you find your way there? [ju:, jo:, ðeə]

tragédia tragedy [trædžədi]

traky braces [breisiz], am. suspenders [səsˈpendəz]

tranzistor transistor [trænˈzistə]

tranzit transit [trænsit]

trasa route [ru:t]

trať line [lain], track [træk]; **železničná t.** railway track [reilwei]

tráva grass [gra:s]

tráviť *(čas)* spend

trávnik lawn [lo:n]

treba it is necessary [nesisəri]

tréner coach [kəuč]

tréning training [treiniŋ]

trenírky gym shorts [džim šo:ts]

treska cod [kod]

trest punishment [panišmənt]

trh market [ma:kit]

trhať tear [tiə]

triasť sa shiver [šivə]

tričko T-shirt [ti:šə:t]

trieda *(všeobecne)* class [kla:s]; **prvá, druhá t.** first, second class

[fə:st, seknd]; *(školská)* form [fo:m]; am. grade [greid]; *(ulica)* avenue [ævinju:]

triezvy sober [səubə]
trocha a little [ə litl]
trojuholník triangle [traiæŋgl]
trolejbus trolleybus [trolibas]
tropický tropical [tropikl]
trpezlivý patient [peišnt]
trpieť suffer [safə]
trpký bitter [bitə]
trúb(k)a hud. trumpet [trampət]
trvalý permanent [pə:mənənt]; **t-á** *(ondulácia)* perm [pə:m]
trvanlivý durable [djuərəbl], long-life [loŋ laif]
trvať last [la:st]; **ako dlho trvá cesta do . . .?** how long does the journey to . . . take? [hau, daz, džə:ni, teik]
tržnica market-place [ma:kitpleis]
tu here [hiə]; **tu sme** here we are [wi: a:]
tuba tube [tju:b]
tuberkulóza tuberculosis [tju:bə:kju'ləusis]
tucet a dozen [ə dazn]
tučný fat [fæt]
tuk fat [fæt]; **rybí t.** codliver oil [kodlivə]; **umelý t.** margarine [ma:džəri:n]
túlať sa wander [wondə]
tunel tunnel [tanəl]
tuniak tuna fish [tju:nə fiš]
tupý blunt [blant]
túra hike [haik]; **horolezecká t.** mountaineering [maunti'niəriŋ]; **ideme na t-u** we are going hiking [wi: a: gəuiŋ haikiŋ]

Turíce Whitsuntide [witsəntaid]
turista tourist [tuərist]
turistika tourism [tuərizm]
turnaj tournament [tuənəmənt]; **šachový t.** a chess tournament [čes]
turné tour [tuə]; **divadelné, koncertné t.** theatre, concert tour [θiətə, konsət]
túžba desire [di'zaiə], wish [wiš]
tvar shape [šeip]
tvár face [feis]
tvaroh curd [kə:d]
tvoj privl. your [jo:], *(samostatne)* yours [jo:z]
tvrdý hard [ha:d]
ty zám. you [ju:]
tyčinka bar [ba:]
týfus: brušný t. typhoid [taifoid]; **škvrnitý t.** typhus [taifəs]
týkať sa *(čoho)* concern sth [kən'sə:n]; **čo sa týka toho** as far as . . . is concerned [əz]; **to sa ma netýka** that doesn't concern me [ðæt daznt, mi:]
typ type [taip]; **najnovší t.** the latest type [leitist]
týždeň week [wi:k]; **o t.** a week; **budúci, minulý t.** next, last week [la:st]; **každý t.** every week [evri]; **koncom, začiatkom týždňa** at the end, at the beginning of the week [bi'giniŋ]
týždenník *(noviny)* weekly [wi:kli]; *(filmový)* newsreel [nju:zri:l]
týždenný weekly [wi:kli]

U

u predl. at, [æt], by [bai]; **u mňa** at my home [həum]

úbor dress, suit [sju:t]; **športový ú.** gym suit [džim]; **večerný ú.** evening dress [i:vniŋ]

ubytovanie accommodation [əkoməˈdeišn]; **u. v hoteli, v súkromí** accommodation in a hotel, in lodgings [həuˈtel, lodžiŋz]

ubytovať sa put up [ap]; **kde sa môžem u.?** where can I put up? [weə kən ai]

ubytovňa: turistická u. hostel [hostl]

úcta respect [risˈpekt]; **s úctou** *(v liste)* Yours truly [jo:z tru:li]

účasť *(na)* participation in [pa:tisiˈpeišn]

účastník participant [pa:ˈtisipənt]

učebnica textbook [tekstbuk]

účes hair-do [heədu:]

účet bill; **pripravte mi ú.** have my bill ready, please [hæv mai, redi pli:z]

učiť teach [ti:č]

učiť sa learn [lə:n]; **ako dlho sa učíte po anglicky?** how long have you been learning English? [hau, hæv ju: bi:n lə:niŋ ingliš]

učiteľ(ka) teacher [ti:čə]

údaje data [deitə]; **osobné ú.** personal data [pəˈsənl]; **technické ú. auta** the car's technical data [ka:z teknikl]

udalosť event [iˈvent]

údenáč kipper [kipə]

údeniny smoked meat [sməukt mi:t]

údený smoked [sməukt]

udica fishing rod [fišiŋ]; **loviť na u-u** angle [æŋgl]

údolie valley [væli]

údržba maintenance [meintənəns]

uhádnuť guess [ges], *(hádanku)* solve [solv]

uhlie coal [kəul]; **živočíšne u.** animal charcoal [æniml ča:kəul]

úhor *(ryba)* eel [i:l]

uhorka cucumber [kju:kəmbə]; **nakladané u-y** pickled gherkins [pikld gə:kinz]

ucho ear [iə]; *(ihly)* eye [ai]

ujo uncle [aŋkl]

ukázať show [šəu]; **ukážte mi, prosím . . .** show me, please . . . [mi: pli:z]

ukradnúť steal [sti:l]; **ktosi mi ukradol . . .** someone has stolen my . . . [samwan həz stəuln mai]

ulica street [stri:t]; **na u-i** in the street; **kde je . . . u.?** where's . . . street? [weəz]; **hlavná, vedľajšia u.** main, side street [mein, said]; **slepá u.** dead end [ded], cul-de-sac [kaldəsæk]; **prvá u. vpravo, vľavo** the first street on your right, left [fə:st, jo: rait]

úloha task [ta:sk], div. role [rəul]

umelec artist [a:tist]

umelecký artistic [a:ˈtistik]

umelý artificial [a:tiˈfišl]

umenie art [a:t]; **výtvarné u.** the fine arts [fain a:ts]

umrieť die [dai]

umŕtviť lek. anaesthetize [əˈni:sθətaiz]

úmysel intention [inˈtenšn]

úmyselne on purpose [pə:pəs]

umyť wash [woš]; **kde si môžem u. auto?** where can I wash my car? [wə kən ai, mai ka:]; **môžem si u. ruky?** can I wash my hands? [hændz]

umyť sa wash os [woš waʊself]; **kde sa môžem u.?** where can I have a wash? [weə kən ai hæv]
umývadlo wash-basin [wošbeisn]
umyváreň washroom [wošrum]
unavený tired [taiəd]; **som veľmi u.** I'm very tired [aim]
univerzita university [juniˈvəːsiti]
únos kidnapping [kidnæpiŋ]
úpal sunstroke [sanstrəuk]
úpätie foot [fut]
upiecť bake [beik]; *(mäso)* rost [rəust]
úplný complete [kəmˈpliːt]
uplynúť *(o čase)* pass [paːs]; *(vypršať)* expire [iksˈpaiə]
upozornenie warning [woːniŋ]
upozorniť warn [woːn]
upratovačka cleaner [kliːnə]
upraviť arrange [əˈreindž]
úprimný sincere [sinˈsiə]
úrad office [ofis]; **poštový ú.** post office [pəust]
úradník clerk [klaːk]
úradný official [əˈfišl]
úraz accident [æksidənt]; **utrpel som ú.** I had an accident [ai hæd]
uraziť *(koho)* offend sb [əˈfend]
uraziť sa be offended [biː əˈfendid]
úrazovka ambulance [æmbjuləns]
urážka insult [inˈsalt]
určite certainly [səːtnli]
urgovať press, urge [əːdž]
urobiť do [duː]; **urobte mi to, prosím** do it for me, please [fə miː .pliːz]

úroveň standard [stændəd]; **životná ú.** standard of living

úschovňa: ú. batožín left-luggage office [leftlagidž ofis], am. baggage room [bægidž ru(:)m]; **dajte si kufor do ú-ne batožín** put your suitcase in the left-luggage office [jo: sju:tkeis]

usilovný diligent [dilidžənt]

usmiať sa smile [smail]

úspech success [sək'ses]

usporiadať arrange [ə'reindž]

úsporný economical [i:kə'nomikl]

ústa mouth [mauθ]

ustaľovač fot. fixative [fiksətiv]

ústav institute [institju:t]; **liečebný ú.** sanatorium [sænə'to:riəm]

ústava constitution [kənsti'tju:šn]

ústie *(rieky)* mouth [mauθ], *(do mora)* estuary [estjuəri]

ústredňa: telefónna ú. telephone exchange [telifəun iks'čeindž]

ustrica oyster [oistə]

ústrižok coupon [ku:poŋ], am. check [ček]

ususiť dry [drai]

ušiť sew [səu]

utekať run [ran]

uterák towel [tauəl]; **frotírový u.** Turkish towel [tə:kiš]

utierka tea-cloth [ti:kloθ]

utopiť sa drown [drəun]

utorok Tuesday [tju:zdi]; **v u.** on Tuesday

útrata cost [kost], expense [iks'pens]; **na moje ú-y** at my expense [æt mai]

utrieť wipe [waip]; *(prach)* dust [dast]; *(ruky, riad)* dry [drai]

útulok shelter [šeltə]

útulný cosy [kəuzi]

uvádzačka usherette [aʃəˈret]
úver credit [kredit]; **predaj na ú.** selling on credit [seliŋ]
uveriť believe [biˈliːv]
uviazať tie [tai]
uvidieť see [siː]
uvoľniť *(miesto)* vacate [vəˈkeit]; **uvoľnite miesto** vacate the place, please [pleis, pliːz]; **uvoľnite izbu do 14. hodiny** vacate the room by two o'clock, please [ruːm bai tuː əklok pliːz]; *(napätie)* loosen [luːzn]
uzáver closure [kləuʒə]
uzavretý shut [ʃat], close [kləuz]
uzdraviť sa recover [riˈkavə]; **uzdravte sa skoro** recover soon [suːn]
územie territory [teritəri]
úzky narrow [nærəu]; *(tesný)* tight [tait]
uzol knot [not]
už already [oːlredi]
užitočný useful [juːsfl]
úžitok profit, gain [gein]
užívať *(použiť)* use [juːz]; **užívajte tento liek 2-krát denne** take this medicine twice a day [teik ðis medsn twais əˈdei]; *(využiť)* enjoy [inˈdʒoi]

V

v, vo in
vagón waggon [wægən]
váhy scales [skeilz]
vajce egg [eg]; **v. na mäkko** soft-boiled egg [softboild]; **v. na tvrdo**

hard-boiled egg [ha:dboild]; **stratené v.** poached egg [pəučt]; **ruské v.** egg in mayonnaise [meiəˈneiz]
vaňa (bath) tub [(ba:θ) tab]
vanilka vanilla [vəˈnilə]
vankúš pillow [piləu]
varecha wooden spoon [wudn spu:n]
varený boiled [boild], cooked [kukt]
varič cooker [kukə]
variť cook [kuk]
váš, vaša, vaše privl. your [jo:], *(samostatne)* yours [jo:z]
vata cotton-wool [kotnˈwul]
vatra bonfire [bonfaiə]
váza vase [va:z]
vazelína vaseline [væsəli:n]
vážiť weigh [wei]; **koľko to váži?** how much does it weigh? [hau mač daz]
vážny serious [siəriəs]
väčší larger [la:džə], bigger [bigə]; **o číslo v.** next size [saiz]
väčšina majority [məˈdžoriti]
včas early [ə:li]
včela bee [bi:]
včera yesterday [jestədi]
vďačný grateful [greitful]; **veľmi som vám v.** I'm very grateful to you [aim, təˈju:]
vďaka thank [θæŋk]; **srdečná v.** many thanks [meni θæŋks]
vdova widow [widəu]
vdovec widower [widəuə]
vec thing [θiŋ]; *(záležitosť)* affair [əˈfeə]
večer evening [i:vniŋ]; **dobrý v.!** good evening [gud]; **Štedrý v.**

VEČERA

Christmas Eve [krizməs i:v]; **včera v.** last night [la:st nait]; **dnes v.** tonight [təˈnait]

večera *(slávnostná)* dinner [dinə]; *(bežná)* supper [sapə]; **môžem vás pozvať na v-u?** may I invite you to dinner? [mei ai inˈvait ju:]; **kedy sa podáva v.?** when is dinner served? [wen, sə:vd]; **pred v-ou** before dinner [biˈfo:]; **po v-i** after dinner [a:ftə]

večerať have dinner, have supper [hæv dinə, sapə]; **kde tu možno v.?** where can we have dinner? [weə kən wi: hæv]; **chcel by som v.** I'd like to have (some) dinner [aid laik, səm]

večerník evening paper [i:vniŋ peipə]

večierok party [pa:ti]; **tanečný v.** dance party [da:ns]; **hudobný v.** musical evening [mju:zikl i:vniŋ]

veda science [saiəns]

vedec scientist [saiəntist]

vedecký scientific [saiənˈtifik]

vedenie *(podniku)* management [mænidžmənt]; el. conduction [kənˈdakšn]; *(vody, plynu)* main(s) [mein(z)]

vedieť know [nəu]; **viem to** I know it [ai]; **neviem** I don't know [dəunt]; **viete, kde je . . . ?** do you know where . . . is? [du: ju:, weə]

vedľa next to [nekst tu], beside [biˈsaid]

vedľajší next; *(bočný)* side [said]; **to je v-ie** that's not important [dæts, imˈpo:tənt]

vedomie consciousness [konšəsnəs]; **stratiť v.** loose consciousness [lu:z]; **bez jeho v-ia** without his knowledge [widˈaut, nolidž]

vedro bucket [bakit]

vedúci leader [li:də], manager [mænidžə]; **v. zájazdu** manager of the tour [tuə]; **môžem hovoriť s v-m?** I'd like to speak to the manager [aid laik, spi:k]

vegetarián vegetarian [vedži'teəriən]

vek age [eidž]; **v tom v-u** at that age [ət dæt]

veľa *(počítateľné)* many [meni], *(nepočítateľné)* much [mač]; **v. času** much time [taim]; **v. ľudí** many people [pi:pl]; **v. šťastia!** good luck [gud lak]

veľkomesto big town [taun], city [siti]

veľkopredajňa supermarket [sju:pəma:kət]

veľkosť *(číslo)* size [saiz]; **akú v. máte?** what's your size? [wots jo:]; **v. topánok, šiat** shoe, dress size [šu:]

veľký big, large [la:dž]; **to mi je v-é** it's too big for me [tu:, fə'mi:]

veľmi very, much [mač]; **v. dobre** very well

veľtrh fair [feə]; **medzinárodný v.** international fair [intə'næšnl]

veľvyslanec ambassador [æm'bæsədə]

veľvyslanectvo embassy [embəsi]; **kde je česko-slovenské v.?** where is the Czecho-slovak embassy? [weə iz, čekəu'sləuvæk]

ventil valve [vælv]; **poistný v.** safety valve [seifti]; **výfukový v.** exhaust valve [ig'zo:st]

ventilácia ventilation [venti'leišn]

ventilátor ventilator [venti'leitə], fan [fæn]; **stolný v.** table fan [teibl]

verejnosť public [pablik]

verejný public [pablik]

veriť believe [bi'li:v]

vermút vermouth [və:məθ]

verný faithful [feiθfl], true [tru:]

veselohra comedy [komədi]

veselý merry [meri]; *(povaha)* cheerful [čiəfl]

veslár rower [rəuə]

veslo oar [oə]

veslovať row [rəu]

vesmír universe [ju:nivə:s]

vesta waistcoat [weiskəut]; **záchranná v.** life-jacket [laifdžækit]

vešiak *(ramienko)* coat hanger [kəut hæŋə]; *(háčik)* coat hook [hu:k]; *(v predsieni)* hallstand [ho:lstænd]

vetranie airing [eəriŋ]

vetrovka wind-jacket [wind'džækit], anorak [ænəræk]

vetrať air [eə]

vetva branch [bra:nč]

veža tower [tauə]; **vyhliadková v.** viewing tower [vju:iŋ]

vhodiť throw in [θrəu]

vhodný suitable [sju:təbl]

vchod entrance [entrəns]; **bočný, hlavný v.** side, main entrance [said, mein]; **samostatný v.** private entrance [praivit]; **osobitný v.** separate entrance [seprət]; žel. way in [wei]

viac more [mo:]; **v. než** more than [ðən]

Vianoce Christmas, Xmas [krizmǝs]; **veselé V.!** Merry Christmas [meri]

viazanie binding [baindiŋ]; **bezpečnostné v.** safety binding [seifti]

viazať bind [baind], tie [tai]

vidiek country [kantri]

vidieť see [si:]; **vidíte dobre?** can you see well? [kən ju:]; **nevidím nič** I can't see anything [ai ka:nt, eniθiŋ]

vidlička fork [fo:k]

viečko *(očné)* eye-lid [ailid]; *(kryt)* lid, cover [kavə]

viecha wine-vault [wainvo:lt]

viera belief [bi'li:f], faith [feiθ]

viesť *(riadiť)* run [ran], manage [mænidž]; *(smerovať)* lead [li:d]; **kam vedie táto cesta?** where does this road lead to? [weə daz, rəud]; *(auto)* drive [draiv]

vietor wind

viezť carry [kæri]

víchrica storm [stɔ:m], gale [geil]

víkend weekend [wi:kˡend]; **kam idete na v.?** where are you going for the weekend? [weəˡ a: ju: gəuiŋ]

vila villa [vilə]

vináreň wine bar [wain ba:]

vinný guilty [gilti]

víno wine [wain]; **biele, červené, dezertné v.** white, red, dessert wine [wait, diˡzə:t]; **aké v. máte?** what kinds of wine do you have? [wot kaindz, du: ju: hæv]

vír whirl [wə:l]

visieť hang [hæŋ]

visutý: v. most suspension bridge [səsˡpenšn bridž]

višňa morello [məˡreləu]

vitamín vitamin [vitəmin]

vítať welcome [welkəm]; **vitajte u nás!** welcome to our home [tu auə həum]

víťaz victor [viktə], winner [winə]

vizitka visiting-card [vizitiŋ ka:d], am. calling-card [kɔ:liŋ]

vízum visa [ˡvi:zə]; **vstupné, vycestovacie, tranzitné v.** entry, exit, transit visa [trænsit]; **žiadať o v.** apply for a visa [əˡplai]; **(ne)platné v.** (non-)valid visa [vælid]; **vydať v.** issue a visa [išu:]

vkus taste [teist]

vláda government [gavnmənt]

vlajka flag [flæg]; **štátna v.** national flag [næšnəl]

vlak train [trein]; **osobný v.** passenger train [pæsindžə]; **nákladný v.** goods train [gudz]; **mimoriadny v.** special train [spešl]; **priamy v.** through train [θru:]; **zrýchlený v.** fast train [fa:st]; **čakám na v.**

do . . . I'm waiting for the train to . . . [aim weitiŋ]; **zmeškal som v.** I've missed the train [aiv mist]; **kedy ide v. do . . . ?** when does the train leave to . . . ? [wen daz, li:v]; **ide tento v. cez . . . ?** does this train go via . . . ? [daz, gəu vaiə]; **nastúpiť na v.** get into the train [intu]; **vystúpiť z v-u** get off the train; **v. mešká 30 minút** the train is thirty minutes late [θə:ti minits leit]

vlani last year [la:st jə:]

vlasť native country [neitiv kʌntri]

vlastnosť property [propəti], quality [kwoliti]

vlastný own [əun]

vlasy hair [heə]; **svetlé, tmavé v.** fair, dark hair [feə, da:k]; **ostrihať v.** cut sb's hair [kʌt]; **umyť v.** wash sb's hair [woš]; **natočiť v.** set sb's hair

vľavo left; **choďte v.** keep left [ki:p]

vlažný lukewarm [lu:kwo:m]

vlek tow [təu]; **vezmite mi auto do v-u, prosím** take my car in tow, please [teik mai ka:, pli:z]; **lyžiarsky v.** ski-lift [ski:]

vlhký damp [dæmp]

vliecť drag [dræg]

vlna[1] *(ovčia)* wool [wul]; **čistá v.** pure wool [pjuə]

vlna[2] wave [weiv]; **morské v-y** sea waves [si: weivz]; **dlhé, krátke, stredné v-y** long, short, medium waves [loŋ, šo:t, mi:djəm]; **veľmi krátke v-y** very high frequency [hai fri:kwənsi]

vlnený woollen [wulən]

vlnobitie surf [sə:f]

vločky flakes [fleiks]; **ovsené v.** oatmeal [əutmi:l]

vložky: v. do topánok inner soles [inə səulz]; **zdravotné** *(hygienické)* **v.** sanitary towels [sænitəri taulz]

vnučka granddaughter [grændo:tə]

vnuk grandson [grænsan]
vnútornosti kuch. offal [ofl]
vnútorný inner [inə]
vnútri inside [in'said]
vnútrozemie inland [inlənd]
voči toward(s) [tə'wo:d(z)], to [tu]
voda water [wo:tə]; **destilovaná v.** distilled water [distild]; **kolínska v.** eau de Cologne [o: dəkə'ləun]; **minerálna v.** mineral water [minərəl]; **pleťová v.** cleansing lotion [klenziŋ ləušn]; **pitná v.** drinking water; **studená, teplá v.** cold, hot water [kəuld]; **tečúca v.** running water [raniŋ]; **ústna v.** mouth wash [mauθ woš]; **v. po holení** aftershave lotion [a:ftəšeiv]
vodič aut. driver [draivə]; el. conductor [kən'daktə]
vodičský: v. preukaz driving licence [draiviŋ laisəns]
vodoliečba water treatment [wo:tə tri:tmənt]
vodopád waterfall [wo:təfo:l]
vodorovný horizontal [horizontl]
vodotesný waterproof [wo:təpru:f]
vodovod water-tap [wo:tətæp]
vojak soldier [səuldžə]
vojna war [wo:]
vojsko army [a:mi]
vojsť enter [entə]
volant steering wheel [stiəriŋ wi:l]
volať call [ko:l]; **v. telefonicky** phone [fəun], ring up [ap]
volať sa be called [bi: ko:ld]; **ako sa voláte?** what's your name? [wots jo: neim]; **volám sa . . .** my name is . . . [mai, iz]
volejbal volleyball [volibo:l]

voľno *(sviatočný deň)* holiday [holədi]; *(pri zaklopaní)* come in [kamin]

voľný free [fri:]; **je toto miesto v-é?** is this seat free? [ðis si:t]; *(taxík)* **ste v.?** are you for hire? [a:ju: fəʲ haiə]; *(šaty)* loose [lu:s]

von out [aut]

voňať scent [sent]

voňavka perfume [pə:fju:m]

vonkajší outside [autsaid]

vonku outside [autsaid]

vopred beforehand [biʲfo:hænd]

vosk wax [wæks]

voz car [ka:]; **prívesný v.** caravan [kærəvæn], am. trailer [treilə]

vozeň carriage [kæridž], coach [kəuč], car [ka:]; **jedálny v.** dining car [dainiŋ]; **ležadlový v.** couchette car [kušet]; **lôžkový v.** sleeping car [sli:piŋ]; **miestenkový v.** car with reservations [rezəʲveišnz]; **predný, zadný v.** front, rear carriage [frant, riə]; **priamy v. through carriage** [θru:]; **spací v.** sleeping carriage [sli:piŋ]; **v. 1., 2. triedy** first class, second class carriage [fə:st, sekənd kla:s]

vozík cart [ka:t]; **detský v.** pram [præm], am. baby-carriage [beibikæridž]

voziť carry [kæri]; *(kočiarik)* push [puš]

vozovka roadway [rəudwei]

vôbec at all [ət o:l]; **v. nie** not at all

vôňa odour [əudə], fragrance [freigrəns]

vplyv influence [influəns]

vpravo right [rait]; **choďte v.** keep right [ki:p]

vpred forward [fo:wəd]

vpredu in front [frant]

vracať *(dáviť)* vomit

vrah murderer [mə:dərə]

vrásky wrinkles [riŋklz]

vrátane including [inˈklu:diŋ]; **v. obsluhy** inclusive of service [inˈklu:siv əv sə:vis]

vrátiť *(čo komu)* return sth to sb [riˈtə:n]

vrátiť sa come back [kam bæk]; **vrátim sa o 5. hodine** I'll be back at five o'clock [ail bi:, faiv əklok]; **kedy sa vrátite?** when are you coming back? [wen a: ju: kamiŋ]

vrátnica porter's lodge [po:təz lodž]

vrátnik porter [po:tə]

vražda murder [mə:də]

vrecko pocket [pokit]

vreckové pocket-money [pokit mani]

vreckovka handkerchief [hæŋkəčif]; **papierová v.** paper tissue [peipətišu:]

vreckový: **v. zlodej** pick-pocket [pikpokit]

vred ulcer [alsə]; **žalúdočné v-y** stomach ulcers [stamək]

vrchnák lid

vrchol summit [samit], peak [pi:k]

vriaci boiling

vrieť boil

vrtuľník helicopter [helikoptə]

vstať stand up [stænd ap]; **vstaňte, prosím** stand up, please [pli:z]

vstávať get up [ap]; **kedy musíte v.?** when have you to get up? [wen hæv ju:]

vstup entry; **v. voľný** admission free [ədˈmišn fri:]; **v. zakázaný** no entry [nəu]

vstupenka ticket [tikit]

vstúpiť walk in [wo:k], enter [entə]

vstupné admission fee [ədˈmišn fi:]; **koľko je v.?** how much is the admission? [hau mač]

všade everywhere [evriweə]

všedný everyday [evridei]; **v. deň** weekday [wi:kdei]

všeobecný general [dženrəl]

všetko everything [evriθiŋ]; **v. najlepšie** all the best [o:l]

všimnúť si *(čo)* notice sth [nəutis]; **nevšimol som si** I didn't notice [ai]

vták bird [bə:d]

vtedy then [ðen]

vtip joke [džəuk]

vy zám. you [ju:]

vybaliť unpack [ˈanˈpæk]

výber choice [čois]; **veľký v.** a large choice [la:dž]

vybaviť settle [setl]

výbor committee [kəˈmiti]

výborný excellent [eksələnt]

vybrať (si) choose [ču:z]

výbuch explosion [iksˈpləužn]

vycliť clear goods through the customs [kliə gudz θru: ðə ˈkastəmz]

výčap bar [ba:]

vyčasiť sa clear up [kliə ap]

vyčerpaný exhausted [igzo:stid]

vyčistiť clean [kli:n]; **vyčistite mi topánky, prosím** clean my shoes, please [mai šu:z pli:z]; **chcem si dať v. šaty** I want to have my dress cleaned [ai wont, hæv mai, kli:nd]

výčitka reproach [riˈprəuč]

výdaj *(tovaru, batožiny)* delivery [diˈlivəri]

vydanie issue [išu:]; **v. pasu** issue of the passport [pa:spo:t]; *(knihy)* publication [pabliˈkeišn]

vydať *(peniaze)* spend; *(nariadenie, pas)* issue [išu:]; *(knihu)* publish [pabliš]

vydatá married [mærid]; **ste v.?** are you married? [a: ju:]

výdavky expenses [iksˈpensiz]; **cestovné v.** travelling expenses [trævliŋ]

výfuk aut. exhaust pipe [igˈzo:st paip]

výhľad view [vju:]

vyhlásenie declaration [dekləˈreišn]; **colné v.** customs declaration [kastəmz]

vyhláška notice [nəutis]

vyhliadka view [vju:], prospect [prospekt]

vyhnúť sa avoid [əˈvoid]

výhoda advantage [ədˈva:ntidž]

výhodný advantageous [ædvənˈteidžəs]

výhovorka excuse [iksˈkju:s]

vyhovovať suit [sju:t]; **to mi vyhovuje** that suits me [ðæt sju:ts mi:]; **to mi nevyhovuje** that doesn't suit me [daznt]

výhra *(cena)* prize [praiz]

výhrada reservation [rezəˈveišn]; **s v-ou** on condition that [kənˈdišn]

vyhradené reserved [riˈzə:vd]

vyhrať win

výhybka žel. points

vychádzka excursion [iksˈkə:šn]

východ *(svetová strana)* east [i:st]; **na v-e** in the east; **na v. od** east of; *(dvere)* exit, way out [wei aut]; **núdzový v.** emergency exit [iˈmə:džənsi]

východný eastern [i:stən]

výchova education [edjuˈkeišn]

vyjadriť (sa) express (oneself) [iksˈpres (wanself)]

vyjasniť sa *(počasie)* clear up [kliə ap]

vyjsť *(von)* go out [gəu aut]; *(slnko, mesiac)* rise [raiz]

výklad *(obchodu)* shopwindow [šopwindəu]; *(vysvetlenie)* explanation [eksplə'neišn]

vykláňať sa lean out [li:n aut]

vykĺbiť sa be sprained [bi: spreind], be dislocated [dislo'keitid]

vykoľajiť sa derail [di'reil]

vykopávky excavations [ekskə'veišnz]

výkrik cry [krai], shout [šaut]

vykrvácať bleed [bli:d]

vyladiť tune in [tju:n]

výletný: v-á loď pleasure boat [pležə bəut]

vyleštiť polish [poliš]

výlet trip; **autokarový v.** coach tour [kəuč tuə]; **v. do hôr** a trip to the mountains [mauntinz]; **v. loďou** a trip by boat [bai bəut]

výletník holiday maker [holədi meikə]

vyliať pour out [po:ə aut]

vyliečiť cure [kjuə], heal [hi:l]

vyliečiť sa recover [ri'kavə]

výmena exchange [iks'čeindž]

vymeniť exchange [iks'čeindž]; **môžete mi to v.?** can you change it for me? [kən ju: čeindž it fə' mi:]

vynechať leave out [li:v aut]

vynechávať: motor vynecháva the engine is misfiring [endžin, mis-'faiəriŋ]

výnimka exception [ik'sepšn]; **bez v-y** without exception [wiđ'aut]

vypínač switch [swič]

výpis extract [ekstrækt]

vypiť drink up [ap]

výplach rinsing [rinsiŋ], rinse [rins]

vypláchnuť rinse [rins]

vyplatiť (sa) pay [pei]; **to sa vám nevyplatí** it's not worth your while [wə:θ jo: wail]

vyplniť fill in; **vyplňte tento dotazník** fill in this form, please [ðis fo:m pli:z]

vypnúť switch off [swič of]; **vypnite motor, svetlá** switch off the engine, the lights, please [endžin, laits, pli:z]; **vypnite rádio** turn off the radio, please [tə:n, reidiəu]

vypožičať si čo borrow sth [borəu]; **môžem si to v.?** may I borrow it? [mei ai]

výprava *(turistická)* expedition [ekspi'dišn]; div. staging [steidžiŋ]

vyprázdniť empty; **kedy máme v. izbu?** when have we to vacate the room? [wen hæv wi: tə vækeit ðə ru:m]

výpredaj sale [seil]; **letný, zimný v.** summer, winter sale [samə, wintə]

vypredané *(divadlo, koncert)* full house [haus], *(tovar)* sold [səuld]

výraz expression [iks'prešn]

vyrážka eruption [i'rapšn], hovor. spot

výroba production [prə'dakšn]

výrobok product [prodakt]

výročie anniversary [æni'və:səri]

výron effusion of blood [i'fju:žn, blad]

vyrušovať disturb [dis'tə:b]; **prepáčte, že vyrušujem** excuse me for disturbing you [iks'kju:z mi: fə dis'tə:biŋ ju:]

vysávač *(prachu)* vacuum cleaner [vækjuəm kli:nə], hoover [hu:və]

vysávať *(prach)* hoover [hu:və]

vysielanie broadcast [bro:dka:st]; **rozhlasové, televízne v.** radio, TV broadcast [reidiəu, ti:vi:]

vysielať broadcast [bro:dka:st]
výskum research [ri¦sə:č]
vyskúšať try [trai]; **môžem si to v.?** may I try it on? [mei ai]
vyslanec envoy
vyslanectvo legation [le¦geišn]
výsledok result [ri¦zalt]
výslovnosť pronunciation [prənansi¦eišn]
vyslovovať pronounce [prə¦nauns]; **ako sa to vyslovuje?** how is it pronounced? [hau, prə¦naunst]
vysokoškolák undergraduate [andə¦grædjuit]
vysoký high [hai]
výstava exhibition [eksi¦bišn]; **kedy je otvorená v.?** when is the exhibition open? [wen, əupn]
výstavba construction [kən¦strakšn]
výstavisko exhibition ground [eksi¦bišn graund]
výstraha warning [wo:niŋ]
výstrel shot [šot]
výstrih neckline [neklain]
výstroj outfit [autfit], equipment [i¦kwipmənt]; **lyžiarsky v.** skiing outfit
výstup *(turistický)* climb [klaim]; div. scene [si:n]; *(hádka)* row [rəu]
vystúpiť *(z voza)* get off; **vystupujem!** I'll get off [ail]; **kde mám v.?** where have I to get off? [weə həv ai]; *(nahor)* go up [gəu ap]
vysvedčenie certificate [sə:¦tifikət]; **lekárske v.** medical certificate [medikl]; **školské v.** report [ri¦po:t]
vysvetliť explain [iks¦plein]
vyšetriť examine [ig¦zæmin], investigate [in¦vestigeit]
výšivka embroidery [im¦broidəri]

výška height [hait]; **nadmorská v. 1000 m** a thousand metres above sea level [ə θauznd mi:təz əˈbav si: levl]

vyšší higher [haiə]

výťah lift, am. elevator [eliveitə]; **lyžiarsky v.** ski-lift; **sedačkový v.** chair-lift [čeə]

vytrhnúť pull out [aut]; **v. zub** pull out a tooth [tu:θ]

výtržnosť disturbance [disˈtə:bəns], riot [raiət]

výtvarník artist [a:tist]

vyúčtovanie settlement of accounts [setlmənt əv əˈkaunts]

vývar: hovädzí v. broth [broθ]

vyvážať export [iksˈpo:t]

vyvetrať air [eə]

vývoj development [diˈveləpmənt], evolution [i:vəˈlu:šn]

vývojka fot. developer [diˈveləpə]

vývoz export [ekspo:t]

vývrtka cork-screw [ko:kskru:]

vyzerať look [luk]; **(ne)vyzeráte dobre** you (don't) look well [ju: (dəunt)]

vyzliecť sa undress [anˈdres]

význam *(slova)* meaning [mi:niŋ]; *(dôležitosť)* importance [imˈpo:təns]

významný important [imˈpo:tənt]

vyznať sa *(v čom)* be good at sth [bi: gud ət]; **nevyznám sa v tom** I'm not well up in this [aim, ap]; **(ne)vyznám sa tu** I (don't) know my way about here [(dəunt) nəu mai wei əˈbaut hiə]

vyzuť sa take off one's shoes [teik of wanz šu:z]

výzva appeal [əˈpi:l]; telef. personal call [pə:sənl ko:l]; **volať na v-u** make a personal call [meik]

vyžehliť iron [aiən], am. press; **môžete mi v. túto košeľu?** would you have my shirt ironed, please? [wud ju: hæv mai šə:t aiənd pli:z]

výživa nourishment [nariš'mənt]

výživný nourishing [narišiŋ]

vzácny rare [reə]

vzadu at the back [bæk]

vzájomný mutual [mju:čuəl]

vzdelanie education [edju'keišn]; **odborné v.** vocational education [və'keišnl]; **základné, stredoškolské, vysokoškolské v.** basic, secondary, university education [beisik, sekəndri, juni'və:siti]

vzdialenosť distance [distəns]

vzdialený distant [distənt]

vzduch air [eə]; **čerstvý v.** fresh air [freš]; **je tu zlý v.** it's stuffy in here [stafi, hiə]

vzduchotesný air-tight [eətait]

vzdušný air [eə]

vziať (si) take [teik]; **vezmite ma so sebou** would you take me with you? [wud ju: teik mi: wiđ ju:]

vznik origin [oridžin]

vzor model [modl]

vzorka *(tovaru)* sample [sa:mpl]; *(látky, ručnej práce)* pattern [pætən]

vzpieranie šport. weight-lifting [weitliftiŋ]

vzťahy relations [ri'leišnz]

vždy always [o:lweiz]

Z

z, zo from, of; **som z Bratislavy** I'm from Bratislava [aim]; **z dreva** of wood [wud]; **kto z vás?** which of you? [wič əv ju:]

za *(cena)* for [fo:]; **za 5 libier** for five pounds [faiv paundz]; *(miestne)* behind [bi'haind]; **za dverami** behind the door [do:]; **za rohom** round the corner [raund də ko:nə]; *(počas)* in; **raz za týždeň** once in a week [wans, wi:k]

zabaliť pack [pæk], wrap up [ræp ap]; **prosím, zabaľte mi to** wrap it up for me, please [fə mi: pli:z]

zábava amusement [ə'mju:zmənt]; **príjemnú z-u!** have a good time! [hævə gud taim]

zabávať amuse [ə'mju:z]

zabávať sa have a good time [hæv ə gud taim]

zábavný amusing [ə'mju:ziŋ]

zábeh: v z-u running-in [raniŋ in]

záber fot. shot [šot]

zabezpečiť ensure [in'šuə]; **z. izbu, ubytovanie** reserve a room, accommodation [ri'zə:v ə rum, əkomə'deišn]

zabiť kill

zabiť sa *(náhodou)* be killed [bi: kild]; *(úmyselne)* kill oneself [wan-self]

zablúdiť get lost; **zablúdil som** I got lost [ai]

zabočiť turn [tə:n]; **zabočte doľava, doprava** turn left, right [rait]

zábradlie railing [reiliŋ]

zabrániť *(v čom)* prevent from [pri'vent frəm]

zabrzdiť brake [breik]

zabudnúť forget [fəˈget]; **zabudol som** I've forgotten [aiv fəgotn]; **nezabudni!** don't forget [dəunt]

zacengať ring the bell

záclona curtain [kə:tn]

zacloniť fot. shade [šeid]

začať (sa) begin [biˈgin], start [sta:t]; **kedy sa to začne?** when does it begin? [wen daz]; **predstavenie sa začína o 5. hodine** the performance starts at five o'clock [pəˈfo:məns sta:ts ət faiv əklok]

začiatočník beginner [biˈginə]

začiatok beginning [biˈginiŋ]; **od z-tku** from the beginning

zadarmo free of charge [fri: əv čaːdž]

zadný back [bæk], rear [riə]

zadok bottom [botəm]

záha heartburn [ha:tbə:n]; **páli ma z.** I have heartburn [ai hæv]

zahasiť extinguish [iksˈtiŋgwiš]

zahodiť throw away [θrəu əˈwei]

zahojiť sa heal [hi:l]

záhrada garden [ga:dn]; **botanická z.** botanical garden [bəˈtænikl]; **zoologická z.** zoo [zu:]

záhradka aut. roofrack [ru:fræk]

zahraničie foreign country [forən kantri]; **do z-ia** abroad [əˈbro:d]

zahraničný foreign [forən]

záchod WC [dablju: si:], lavatory [lævətəri], toilet; **kde je tu z.?** where is the toilet? [weə]; **verejné z-y** public conveniences [pablik kənˈvi:niənsiz]

zachrániť rescue [reskju:]

záchranka ambulance [æmbjuləns]; **zavolajte mi z-u, prosím** call an ambulance, please [ko:l, pli:z]

zachrípnutý hoarse [ho:s]

záchvat attack [ə'tæk]; **srdcový, žlčníkový z.** a heart, a gall-bladder attack [ha:t, go:l'blædə]; **dostal z.** he got an attack [hi:]

zajac hare [heə]

zájazd tour [tuə]; **autokarový z.** coach tour [kəuč]; **hromadný z.** conducted tour [kən'daktid]

zajtra tomorrow [tə'morəu]; **na z.** for tomorrow; **z. odcestujem** I'm leaving tomorrow [aim li:viŋ]

zákaz prohibition [prəui'bišn]; **z. fajčiť** no smoking [nəu sməukiŋ]

zakázaný prohibited [prə'hibitid], forbidden [fə'bidn]; **to je z-é** it's forbidden

zákazník customer [kastəmə]

základ foundation [faun'deišn]

zakladateľ founder [faundə]

zaklopať knock [nok]

zákon law [lo:]; **podľa z-a** according to law [ə'ko:diŋ]

zakončiť finish [finiš]

zakotviť anchor [æŋkə]

zákruta curve [kə:v]

zakryť cover [kavə]

zakúriť make a fire [meik ə faiə]

zákusok sweets [swi:ts], pastry [peistri]

záležitosť matter [mætə]

záliv bay [bei]

záloha deposit [di'pozit]; **v z-e** in deposit; **z. na fľaše** deposit on bottles [botlz]; **zaplaťte z-u 2 libry** pay a deposit of two pounds [pei, əv tu: paundz]

založiť found [faund], establish [is'tæbliš]

záľuba hobby [hobi], liking [laikiŋ]

zaľúbený in love [lav]

ZAĽÚBIŤ SA 230

zaľúbiť sa fall in love [fo:l, lav]
zamat velvet [velvit]
zamdlieť faint [feint]
zameniť exchange [iksˈčeindž]
zamestnanec employee [emploiˈi:]
zamestnanie job [džob]; employment [imˈploimənt], occupation [okjuˈpeišn]; **aké máte z.?** what's your occupation? [wots jo:]
zamestnaný employed [imˈploid]; **som z. v . . .** I'm employed at . . . [aim, ət]
zamestnávateľ employer [imˈploiə]
zámka lock [lok]; **patentná z.** Yale lock [jeil]
zamknúť lock [lok]; **je zamknuté** it's locked; **zamknite dvere, prosím** lock the door, please [do: pli:z]
zámočník locksmith [loksmiθ]
zámok castle [ka:sl]
zámorie overseas [əuvəˈsi:z]; **v z-í** overseas
zamračený *(obloha)* cloudy [klaudi]; **je z-é** it's cloudy
zamrznúť freeze [fri:z]
zaniesť carry [kæri]
zaopatrenie board [bo:d]; **s celým z-ím** with full board
zaostriť fot. focus [fəukəs]
západ *(svetová strana)* west; **na z-e** in the west; **na z. od** to the west of; *(slnka)* sunset [sanset]
západný western [westən]
zápach smell, stink
zapáchať smell, stink
zápal inflammation [infləˈmeišn]; **z. pľúc** pneumonia [njuˈməuniə]
zapálený lek. inflamed [inˈfleimd]
zapáliť light [lait]; **môžem si z.?** may I smoke? [mei ai sməuk]

zápalky matches [mæčiz]

zapaľovač lighter [laitə]; **plynový z.** gas lighter [gæs]

zapaľovanie aut. ignition [ig'nišn]

zapamätať si remember [ri'membə]

zaparkovať park [pa:k]; **kde ste zaparkovali?** where did you park your car? [weə did ju: pa:k jo: ka:]

zápas fight [fait]; šport. match [mæč]; **futbalový z.** football match [futbo:l]; **hokejový z.** hockey match [hoki]; **vyhrať, prehrať z.** win, lose a match [lu:z]

zápcha lek. constipation [kənsti'peišn]; **mám z-u** I'm constipated [aim kənsti'peitid]; **dopravná z.** traffic jam [træfik džæm]

zápisník notebook [nəutbuk]

zaplatiť pay [pei]

zaplombovať: z. zub fill a tooth [tu:θ]

zapnúť (šaty) fasten [fa:sn]; (televízor, rádio) switch on [swič]

započítať include [in'klu:d]; **je to z-é v cene** it is included in the price [in'klu:did, prais]

zaradiť aut. put into gear [intu giə]; **zaraďte jednotku, dvojku, trojku, štvorku** put into first, second, third, top gear [fə:st, seknd, θə:d]; **zaraďte spiatočnú rýchlosť** put into reverse gear [ri'və:s]

zaradiť sa get in; **zaraďte sa do pruhu** aut. get in lane [lein]

zariadenie (usporiadanie) arrangement [ə'reindžmənt]; (výstroj) outfit [autfit]; (nábytok) furniture [fə:ničə]

zárobok income [inkam], earnings [ə:niŋz]

zároveň at the same time [seim taim]

zaručiť guarantee [gærən'ti:]

záruka guarantee [gærən'ti:]; **ako dlho platí na to z.?** for how long is it guaranteed? [hau, gærən'ti:d]

zas(a) again [ə'gen]

zásielka parcel [pa:sl]; *(tovaru)* consignment [kənˈsainmənt]; **doporučená z.** a registered parcel [redžistəd]

zasnúbený engaged [inˈgeidžd]

zásoba supply [səˈplai]

zaspať fall asleep [fo:l əˈsli:p]; **zaspal som** I overslept [ai əuvəslept]; **nemôžem z.** I can't fall asleep [ai ka:nt]

zastať stop

zástava flag [flæg]

zastaviť stop; **môžem tu z.?** may I stop here? [mei ai, hiə]; **zastavte mi tu** stop here, please [hiə pli:z]

zastaviť sa stop; **tu sa zastavte** stop here, please [hiə pli:z]; **zastavte sa po mňa** call for me, please [ko:l fə mi:]; **môžem sa z. po vás?** may I call for you? [mei ai]

zastávka stop; **z. autobusu, električky, trolejbusu** bus, tram, trolleybus stop [bas, træm, trolibas]; **z. na znamenie** request stop [ri:kwest]; **kde je z. električky?** where is the tram stop, please? [weə iz, pli:z]

zástrčka el. plug [plag]

zástera apron [eiprən]

zastreliť shoot [šu:t]

zástupca representative [repriˈzentətiv], deputy [depjuti]

zastupiteľstvo embassy [embəsi]

zastupovať *(predstavovať)* represent [repriˈzent]; *(nahradzovať)* substitute [sabstitju:t]

zásuvka *(skrine, stola)* drawer [dro:ə]; el. (wall) socket [(wo:l) sokit], power point [pauə]

zásyp talcum powder [tælkəm paudə]

zašiť sew up [səu ap]

záškrt diphtheria [difθiəriə]

zašpiniť soil

zašpiniť sa get soiled [soild]

zať son-in-law [saninlo:]

zatáčka curve [kə:v], bend, turning [tə:niŋ]; **ostrá z.** sharp bend [ša:p]; **neprehľadná z.** blind corner [blaind ko:nə], blind turning [tə:niŋ]

zátarasa traffic jam [træfik džæm]

zatelefonovať ring up [ap], give a ring [giv]

zatiaľ meanwhile [mi:nwail]

zátišie still-life [stillaif]

zátka cork [ko:k]

zatknúť arrest [ə'rest]

zátoka bay [bei]

zatvárať, zatvoriť close [kləuz]; **kedy zatvárajú obchody?** when do the shops close? [wen du:, šops]; **zatvorte dvere, prosím** would you mind closing the door, please? [wud ju: maind kləuziŋ də do: pli:z]; **smiem zatvoriť okno?** do you mind if I close the window? [du: ju: maind, windəu]

zaucho slap in the face [slæp, feis]

záujem interest [intrist]

záujemca interested party [intristid pa:ti]

zaujímať interest [intrist]; **to ma (ne)zaujíma** I'm (not) interested in that [aim, intristid, đæt]

zaujímať sa be interested [bi: intristid]; **zaujímam sa o . . .** I'm interested in . . . [aim]

zaujímavý interesting [intristiŋ]; **to (nie) je z-é** that's (not) interesting [dæts]

zaváranina jam [džæm]

záväzný binding [baindiŋ]

ZAVČASU 234

zavčasu early [ə:li]

závej snowdrift [snəudrift]

záver conclusion [kən'klu:žn]; *(na šatách)* fastener [fa:snə]

zavesiť hang up [hæŋ ap]

zaviesť lead [li:d], take [teik]; **zaveďte ma do hotela, prosím** take me to the hotel, please [həu'tel pli:z]

zaviezť carry [kæri], take [teik]; **zavezte ma na stanicu, prosím** take me to the station, please [steišn pli:z]

závin kuch. strudel [stru:dl]

zaviňáč kuch. collared herring [koləd heriŋ]

zaviniť cause [ko:z]; **ja som to (ne)zavinil** it's (not) my fault [mai fo:lt]

závisieť depend on [di'pend]

zavolať call [ko:l]; **zavolajte lekára, políciu** call the doctor, the police [doktə, pə'li:s]; **zavolám záchranku** I'll call the ambulance [ail, æmbjuləns]; **zavolám zajtra** I'll call tomorrow [tə'morəu]

závory žel. gates [geits]

závrat dizziness [dizinis]; **mám z.** I feel dizzy [ai fi:l]

zavrieť close [kləuz]; **môžem z. dvere, okno?** may I close the door, the window? [mei ai, do:, windəu]

záznam *(zápis)* registration [redžis'treišn]; *(zvukový)* record [re-ko:d]

zazvoniť ring

zázrak miracle [mirəkl]

zažať switch on [swič]

zážitok experience [iks'piəriəns]

zbadať notice [nəutis]

zbierať collect [kə'lekt]

zbierka collection [kə'lekšn]

ZHORŠIŤ SA

zbohom goodbye [gud'bai]
zbraň weapon [wepən]
zbytočný unnecessary [ʌn'nesəsri]
zdať sa seem [si:m]; **zdá sa mi, že** it seems to me that [tə mi: dæt]
zdola from below [frəm bi'ləu]
zdravie health [helθ]; **na z.!** cheers! [čiəz]
zdraviť: zdraví vás srdečne *(v liste)* best regards from [ri'ga:dz frəm]
zdravotník health officer [helθ ofisə]
zdravotný health [helθ], sanitary [sænitəri]
zdravý healthy [helθi]
zdržať sa *(niekde)* stay [stei]; **ako dlho sa tu zdržíte?** how long are you staying here? [hau loŋ a: ju: steiiŋ hiə]
zdvihnúť lift
zdvorilý polite [pə'lait]
zelenina vegetables [vedžtəblz]; **čerstvá, mrazená z.** fresh, frozen vegetables [freš, frəuzn]
zelený green [gri:n]; aut. **ísť na z-ú** go when the lights are green [gəu wen, laits a:]; **z-á vlna** green wave [weiv]
zeler celery [seləri]
zem *(plocha)* ground [graund]; **na z-i** on the ground; *(pôda)* earth [ə:θ]
zemepis geography [dži'ogrəfi]
zemetrasenie earthquake [ə:θkweik]
zemiak potato [pə'teitəu]; **nové, varené, smažené z-y** new, boiled, roast potatoes [nju:, boild, rəust pə'teitəuz]
zhasnúť extinguish [iks'tiŋgwiš]; **zhasnite svetlo!** switch off the light, please [swič of, lait pli:z]
zhora from above [frəm ə'bav]
zhoršiť sa get worse [wə:s]

zhromaždenie gathering [gæðəriŋ]

zima *(chlad)* cold [kəuld]; **je mi z.** I'm cold [aim]; **je z.** it's cold; *(obdobie)* winter [wintə]; **v z-e** in winter

zimnica fever [fi:və]

zimník winter coat [wintə kəut]

zips zip; **na z.** with a zip [wið]

zisk profit

zistiť find out [faind aut]

zjazd[1] congress [kəŋgres]

zjazd[2] šport. downhill run [daunhil ran]

zjazdný *(cesta)* passable [pa:səbl]

zlacnený at a reduced price [ri'dju:st prais]

zľadovatený icy [aisi]

zľaknúť sa become frightened [bi'kam fraitnd]

zlatníctvo jeweller's [džu:ələz]

zlato gold [gəuld]; **vyrobený zo z-a** made of gold [meid]; **je to zo z-a?** is it gold?

zlatý gold [gəuld]

zľava[1] *(z ľavej strany)* from the left

zľava[2] *(úľava)* reduction [ri'dakšn]

zle: je mi z. I'm sick [aim sik]

zlepšiť sa improve [im'pru:v]

zločin crime [kraim]

zlodej thief [θi:f]

zlomenina fracture [frækčə]; **z. nohy, ruky** fracture of the leg, of the arm [a:m]

zlomený broken [brəukn]; **mám z-ú nohu, ruku** I've got a broken leg, arm [aiv, brəukn, a:m], I've broken my leg, my arm [mai]

zlomiť break [breik]

zloženka money order [mani o:də]

zlý bad [bæd]

zmena change [čeindž]; **z. programu** change of programme [prəugræm]

zmenáreň Exchange Bureau [iksčeindž bjurəu]

zmeniť (sa) change [čeindž]

zmes mixture [miksčə]; aut. **nemrznúca z.** antifreeze [ænti'fri:z]; **pohonná z.** fuel mixture [fjuəl]

zmeškať miss; **zmeškal som vlak** I've missed the train [aiv mist, trein]

zmija adder [ædə], viper [vaipə]

zmluva contract [kontrækt]

zmoknúť get wet; **zmokli sme** we got wet

zmrzlina ice-cream [aiskri:m]; **čokoládová, jahodová, vanilková z.** chocolate, strawberry, vanilla ice-cream [čoklit, stro:bəri, və'nilə]

zmýliť sa be mistaken [bi: mis'teikn]

značka sign [sain]; **dopravná z.** traffic sign [træfik]; **štátna poznávacia z.** aut. number plate [nambə pleit]; **turistické z-y** markings of a tourist path [ma:kiŋz, turist pa:θ]

znamenať mean [mi:n]; **čo to znamená?** what does that mean? [wot daz dæt]

znamenie signal [signl]; **zastávka na z.** request stop [ri:kwest]; **zvláštne z.** distinguishing mark [dis'tiŋwišiŋ ma:k]

známka *(poštová)* stamp [stæmp]; **z. na list, na pohľadnicu** a stamp for a letter [letə], for a postcard [pəustka:d]; *(v škole)* mark [ma:k]

známy podst. acquaintance [ə'kweintəns]; príd. well-known [welnəun]

zničiť destroy [dis'troi]

znížený reduced [rid'ju:st]

znížiť reduce [ridju:s]

ZNOVA 238

znova again [əˈgen]

zobudiť (sa) wake up [weik ap]; **zobuďte ma o 7. hodine, prosím** wake me at seven o'clock, please [ət sevnəklok pliːz]

zodpovedný responsible [risˈponsəbl]

zohriať warm [woːm]

zomrieť die [dai]

zóna zone [zəun]; **pešia z.** pedestrian zone [piˈdestriən]

zoologický zoological [zəuəˈlodžikl]; **z-á záhrada** zoo [zuː]

zosobášiť sa marry [mæri]

zostať stay [stei]; **ako dlho tu zostanete?** how long will you stay here? [hau, wil juː, hiə]

zošit copybook [kopibuk]

zotaviť sa recover [riˈkavə]

zotavovňa recreation centre [rekriˈeišn sentə]

zozadu from behind [frəm biˈhaind]

zoznam list; **telefónny z.** telephone directory [telifoun diˈrektəri]

zoznámiť sa meet sb [miːt]; **rád by som sa zoznámil s pánom . . .** I'd like to meet Mr . . . [aid laik, mistə]

zrak sight [sait]

zranenie injury [indžəri]; **ľahké, ťažké, smrteľné, vnútorné z.** a light, serious, deadly, internal injury [lait, siəriəs, dedli, inˈtəːnl]

zranený wounded [wuːndid], injured [indžəd]

zraniť wound [wuːnd], injure [indžə]

zrazu suddenly [sadnli]

zrážka *(dopravná)* collision [kəˈližn], crash [kræš]; *(cenová)* reduction [riˈdakšn]; **vodné z-y** rainfall [reinfoːl]

zrelý ripe [raip]

zriedka rarely [reəli]

zrkadlo mirror [mirə]; **spätné z.** aut. rear-view mirror [riəvjuː]

zrkadlovka fot. reflex camera [ri:fleks kæmrə]
zrozumiteľný intelligible [in'telidžəbl]
zrúcanina ruin; **z-y hradu** the ruins of a castle [ka:sl]
zrušiť cancel [kænsl]
zrútiť sa crash [kræš]; **lietadlo sa zrútilo** the plane crashed [plein kræšt]
zub tooth [tu:θ], mn. č. teeth [ti:θ]; **zaplombovať, vytrhnúť z.** fill, pull out a tooth [aut]; **bolí ma z.** I've got a toothache [aiv got ə'tu:θeik]
zubačka žel. rack railway [ræk reilwei], cog-rail [kogreil]
zubný: z. krém toothpaste [tu:θpeist]; **z. lekár** dentist
zúčastniť sa *(na čom)* take part in sth [teik pa:t]
zväčša mostly [məustli]
zväčšiť enlarge [in'la:dž]; *(počet)* increase [in'kri:s]
zväz union [ju:niən]
zvedavý curious [kjuəriəs]; **som z., či** I wonder whether [ai wondə weðə]
zver animals [ænimlz]; **divá z.** wild animals [waild]; **vysoká z.** deer [diə]
zverolekár veterinary surgeon [vetərinəri sə:džn], vet
zviera animal [æniml], beast [bi:st]
zvislý vertical [və:tikl]
zvíťaziť win
zvlášť *(najmä)* especially [is'pešəli]; *(oddelene)* separately [seprətli]
zvláštnosť speciality [speši'æliti], peculiarity [pikju:li'æriti]
zvláštny *(obzvláštny)* special [spešl], particular [pə'tikjulə]; *(oddelený)* separate [seprət]
zvon(ček) bell
zvoniť ring
zvonku from outside [frəm autsaid]

zvracať vomit, be sick [bɪ: sik]
zvrchník overcoat [əuvəkəut]
zvuk sound [saund]
zvukotesný sound-proof [saundpru:f]
zvyk custom [kastəm], habit [hæbit]
zvyknúť si get used to [ju:st tə]
zvýšiť *(ceny)* raise [reiz]; *(počet)* increase [inˈkri:s]
zvyšok rest

Ž

žaba frog
žalúdok stomach [stamək]; **na lačný ž.** on an empty stomach; **bolí ma ž.** I've a stomach-ache [aivəˈstaməkeik]
žart joke [džəuk]
žatva harvest [ha:vist]
že spoj. that [ðæt]
žehlička iron [aiən]
žehliť iron [aiən], am. press
želanie wish [wiš]
želať (si) wish [wiš]
želé kuch. jelly [dželi]
železiarstvo ironmonger's [aiənmaŋgəz]
železnica railway [reilwei], am. railroad [reilrəud]; **podzemná ž.** underground railway [andəgraund], am. subway [sabwei]
železničný railway [reilwei]
železo iron [aiən]

žemľa breakfast bread al. roll [brekfəst bred, rəul]; *(sladká)* bun [ban]

žena woman [wumən], mn. č. women [wimin]; *(manželka)* wife [waif]; **Ženy** *(nápis)* Ladies [leidiz]

ženatý married [mærid]; **ste ž.?** are you married? [a:ju:]

ženích bridegroom [braidgrum]

ženiť sa marry [mæri]

ženský feminine [feminin]

žiadať ask [a:sk]

žiadny no [nəu], *(samostatne)* none [nan]

žiadosť wish [wiš], request [riˡkwest]; *(písomná)* application [æpliˡkeišn]; **podať ž. o . . .** hand in an application for . . . [hænd, fo:]

žiak pupil [pju:pl]

žiara glare [gleə]; **polárna ž.** northern lights [no:ðən laits]

žiarenie radiation [reidiˡeišn]

žiarlivý jealous [dželəs]

žiarovka bulb [balb]

žila vein; **kŕčové ž-y** varicouse veins [værikəus]

žiletka safety-(razor-)blade [seifti(reizə)bleid]

žiť live [liv]; **nech žije!** long live!

život life [laif]

životopis biography [baiˡogrəfi]

životospráva regimen [redžimən]

živý live [laiv], living; *(doprava)* busy [bizi]; *(povaha)* lively [laivli]

žľaza gland [glænd]; **štítna ž.** thyroid gland [θairoid]

žlčník gall-bladder [go:l blædə]

žltačka jaundice [džo:ndis]

žĺtok yolk [jəuk]

ŽLTÝ

žltý yellow [jeləu]
žralok shark [ša:k]
žrať eat [i:t], devour [di'vauə]
žreb lottery-ticket [lotəritikit]
župan dressing-gown [dresiŋgəun]
žurnál film. newsreel [nju:zri:l]
žuvačka chewing-gum [ču:iŋgam]

POZNÁMKY

POZNÁMKY

MAGDA ŠATUROVÁ-SEPPOVÁ

SLOVENSKO-ANGLICKÝ

ANGLICKO-SLOVENSKÝ
TURISTICKÝ SLOVNÍK

Druhé vydanie

Vydalo
Slovenské pedagogické nakladateľstvo
v Bratislave

Zodpovedná redaktorka
prom. fil. EDITA CHRENKOVÁ

Technická redaktorka
EVA ONDERČINOVÁ

Výtvarný redaktor
LADISLAV DONAUER

Grafické znaky navrhla
VIERA SLÁVIKOVÁ

Obálku navrhol
ŠTEFAN PAVELKA, akad. maliar

Vydalo Slovenské pedagogické nakladateľstvo,
Sasinkova 5, 815 60 Bratislava

Vytlačil POLYGRAF, spol. s r. o., Prešov

ISBN 80—08—01763—5

POZNÁMKY

POZNÁMKY

POZNÁMKY

POZNÁMKY

Anglicko-slovenský

Slovensko-anglický
turistický slovník

MAGDA ŠATUROVÁ-SEPPOVÁ

ANGLICKO-SLOVENSKÝ
TURISTICKÝ SLOVNÍK

SLOVENSKÉ PEDAGOGICKÉ NAKLADATEĽSTVO
BRATISLAVA 1992

Autorka © PhDr. Magda Šaturová-Seppová 1987
Slovenský štandardný text posúdili: Břetislav Aleš,
PhDr. Anton Košťál, CSc.
Lektorovala: Heather Trebatická, B. A.

Tretie vydanie

ISBN 80—08—01441—5

A

a [ə] neurčitý člen; *(pred spoluhláskou)* jeden, nejaký

AA (Automobile Association) [o:təməbi:l əsəusi'eišn] autoklub; **AA patrol(man)** [pætrəulmən] cestná služba motoristom, „žltý anjel"

abbey [æbi] opátstvo

able [eibl] schopný

aboard [ə'bo:d] na palube

about [ə'baut] okolo, vôkol; o; **tell a.** povedať o; **a. ten (o'clock)** okolo desiatej (hodiny)

above [ə'bav] nad; hore

abroad [ə'bro:d] v cudzine; do cudziny

absent [æbsənt] neprítomný

a/c account [ə'kaunt] účet; **a. current** [karənt] bežný účet

acceleration [æksələ'reišn] zrýchlenie

accelerator (pedal) [æk'seləreitə (pedl)] aut. plynový pedál

accent [æksnt] prízvuk; výslovnosť

accept [ək'sept] prijať

access [æksəs] prístup

accessories [ək'sesəriz] príslušenstvo, súčiastky; doplnky

accident [æksidənt] nehoda; náhoda

accommodate [ə'komədeit] ubytovať; prispôsobiť

accommodation [əkomə'deišn] ubytovanie; prispôsobenie

accompany [ə'kampəni] odprevadiť

according to [ə'ko:diŋ tə] podľa

account [ə'kaunt] účet; **a. current** [karənt] bežný účet; **on a. of** kvôli, pre; **on no a.** v nijakom prípade

accumulator [ə'kju:mjuleitə] aut. akumulátor

accuse [ə'kju:z] obviniť

ache [eik] podst. bolesť; sl. bolieť

achieve sth [ə'či:v] dosiahnuť čo

acid [æsid] kyselina

acknowledge [ək'nolidž] potvrdiť; priznať

ACQUAINTANCE 8

acquaintance [əˈkweintəns] známy; znalosť

across [əˈkros] cez; **a. the street** [striːt] na druhej strane ulice

act [ækt] čin; div. podst. dejstvo; zákon; sl. konať; div. hrať; fungovať

action [ækšn] čin, činnosť, akcia; **it is out of a.** [aut] to nefunguje

active [æktiv] činný, aktívny

actor [æktə] herec

actress [æktris] herečka

actual [æktjuəl] skutočný

actually [æktjuəli] naozaj; v skutočnosti

adapt [əˈdæpt] prispôsobiť

add [æd] dodať

addition [əˈdišn] doplnok, dodatok; **in a. to** okrem, popri

address [əˈdres] podst. adresa; **a. in full** presná adresa; oslovenie; sl. osloviť; adresovať

addressee [ædreˈsiː] adresát

administration [ədminisˈtreišn] správa; vláda

admission [ədˈmišn] vstup; **a. free** [friː] vstup voľný

admit [ədˈmit] vpustiť; pripustiť, uznať; prijať

admittance [ədˈmitəns] vstup, prístup

adult [ædalt, əˈdalt] dospelý

advance [ədˈvaːns] podst. postup, pokrok; **in a.** vopred; záloha; sl. postúpiť, pokročiť; platiť vopred

advantage [ədˈvaːntidž] výhoda

advertise [ædvətaiz] inzerovať

advertisement [ədˈvəːtismənt] inzerát

advice [ədˈvais] rada

advise [ədˈvaiz] radiť, odporúčať

aerial [eəriəl] anténa

aeroplane [eərəplein] lietadlo

affair [əˈfeə] vec, záležitosť

afford [əˈfoːd] dovoliť; poskytnúť; **I can't a. it** [ai kaːnt] nemôžem si to dovoliť

afraid [əˈfreid]; **I'm a. of it** bojím sa toho

after [aːftə] prísl. po; za; podľa; spoj. potom

afternoon [aːftəˈnuːn] popoludní

afterwards [aːftəwədz] neskôr, potom

ALMOND

again [ə'gen] znova, opäť

against [ə'genst] proti

age [eidž] vek

agency [eidžənsi] agentúra, úrad

agent [eidžənt] predstaviteľ, činiteľ

ago [ə'gəu] pred; **a week a.** [wi:k] pred týždňom

agree to al. **with** [ə'gri:] súhlasiť; **a. on** dohodnúť sa

agreeable [ə'griəbl] príjemný

agreement [ə'gri:mənt] dohoda

agriculture [ægrikalčə] poľnohospodárstvo

ahead [ə'hed] vpred(u)

aid [eid] podst. pomoc; sl. pomôcť

aim [eim] podst. cieľ; sl. (na)mieriť

air [eə] podst. vzduch; **by a.** lietadlom; sl. vetrať; príd. letecký

air-bed [eəbed] nafukovačka

air-conditioning [eəkəndišəniŋ] klimatizácia

air-hostess [eəhəustis] letuška

airline [eəlain] letecká linka, aerolínia

airmail [eəmeil] letecká pošta

air pollution [eə pə'lu:šn] znečisťovanie ovzdušia

airport [eəpo:t] letisko

air-sick: I'm a. [eəsik] je mi zle *(v lietadle)*

air terminal [eə tə:minəl] konečná stanica autobusov *(z letiska)*

air-ticket [eətikit] letenka

alarm-clock [ə'la:mklok] budík

ale [eil] svetlé pivo

alien [eiljən] príd. cudzí; podst. cudzinec

alike [ə'laik] prísl. rovnako; príd. rovnaký

alive [ə'laiv] príd. živý; prísl. zaživa

all [o:l] celý, všetko, všetci; **a. right** [rait] dobre; **a. the time** [taim] po celý čas; **not at a.** niet za čo, vôbec nie

alley [æli] ulička

allow [ə'lau] dovoliť; **it is (not) allowed** [ə'laud] (nie) je dovolené

allowance [ə'lauəns] príspevok; zľava

almond [a:mənd] mandľa *(ovocie)*

ALMOST 10

almost [o:lmǝust] takmer, skoro
alone [ǝˈlǝun] sám; len, iba
along [ǝˈloŋ] pozdĺž; po; ďalej;
  a. with spolu s
already [o:lˈredi] už
also [o:lsǝu] aj, tiež
although [o:lˈðǝu] hoci
altitude [æltitju:d] výška
always [o:lweiz] vždy
am [æm] p. **be**
a. m. [ei em] dopoludnia *(od
  24. do 12. hodiny);* **at 8. a.
  m.** [eit] o 8. hodine ráno
ambassador [æmˈbæsǝdǝ] veľvy-
  slanec
amber [æmbǝ] príd. žltý; **a light**
  [lait] dopr. žltá farba; podst.
  jantár
ambulance [æmbjulǝns] sanitka
among [ǝˈmaŋ] medzi
amount [ǝˈmaunt] suma, množ-
  stvo
amuse [ǝˈmju:z] zabávať
amusement [ǝˈmju:zmǝnt] zába-
  va
an [ǝn] neurčitý člen *(pred
  samohláskou)*
anchor [æŋkǝ] podst. kotva; príd.
  kotviť

ancient [einšǝnt] (staro)dávny
and [ænd] spoj. a
angry [æŋgri] nahnevaný
animal [ænimǝl] zviera
ankle [æŋkl] členok
anniversary [æniˈvǝ:sǝri] výro-
  čie
announce [ǝˈnauns] ohlásiť,
  oznámiť
anorak [ænǝræk] vetrovka
another [ǝˈnaðǝ] iný; ešte jeden;
  druhý
answer [a:nsǝ] podst. odpoveď;
  sl. odpovedať
antifreeze [æntifri:z] aut. nemrz-
  núca zmes
antique [ænˈti:k] podst. starožit-
  nosť; príd. starobylý; antický
antiseptic [æntiˈseptik] dezin-
  fekčný prostriedok
anxious [æŋkšǝs] úzkostlivý;
  dychtivý; **I'm a. about** [aim,
  ǝˈbaut] obávam sa o; **I'm a.
  to see him** [si:] ledva čakám,
  aby som ho videl
any [eni] nejaký; každý, hoc-
  ktorý; **in a. case** [keis] v kaž-
  dom prípade

11   **ARTERY**

anybody [enibodi] niekto; každý, hockto

anyhow [enihau] nejako; v každom prípade

anyone [eniwan] p. **anybody**

anything [eniθiŋ] niečo; všetko, hocčo

anywhere [eniweə] niekde, niekam; hockde, hockam

apartment [ə'pa:tmənt] izba; am. byt

apologize [ə'polədžaiz] ospravedlniť sa

appeal [ə'pi:l] podst. žiadosť, prosba; príťažlivosť; sl. žiadať; odvolať sa; obrátiť sa na

appear [ə'piə] objaviť sa; zdať sa

appendicitis [əpendi'saitis] zápal slepého čreva

appetite [æpitait] chuť do jedla

apple [æpl] jablko

apple-pie [æplpai] jablkový koláč

application [æpli'keišn] žiadosť; **a. form** [fo:m] formulár na žiadosť; prihláška

apply for [ə'plai] žiadať

appointment [ə'pointmənt] schôdzka

approach [ə'prəuč] sl. priblížiť sa; podst. prístup; cesta

approval [ə'pru:vl] súhlas

approve of [ə'pru:v] súhlasiť s, schváliť

approximately [ə'proksimitli] približne, asi

apricot [eiprikot] marhuľa

April [eiprəl] apríl

arch [a:č] oblúk

are [a:] p. **be**

area [eəriə] oblasť, plocha

argue [a:gju:] hádať sa

arm [a:m] rameno

armchair [a:mčeə] kreslo

army [a:mi] vojsko

around [ə'raund] okolo

arrange [ə'reindž] zariadiť; usporiadať

arrest [ə'rest] zatknúť

arrival [ə'raivl] príchod

arrive [ə'raiv] prísť

arrow [ærəu] šíp; šípka (smerová)

art [a:t] podst. umenie; **a. gallery** [gæləri] galéria, obrazáreň; **a work of a.** [wə:k] umelecké dielo; príd. umelecký

artery [a:təri] tepna

ARTICLE

article [a:tikl] časť, predmet; článok

artificial [a:ti'fišl] umelý

artist [a:tist] umelec

as [æz] ako; keďže; keď; **a. soon a.** [su:n] len čo; **a. far a.** až do; kým; **a. well** aj, tiež; **a. late a.** [leit] až

ash(es) [æš(iz)] popol

ash-tray [æštrei] popolník

aside [ə'said] nabok

ask [a:sk] (o)pýtať sa; (po)prosiť

assist [ə'sist] pomôcť; podporiť

association [əsəusi'eišn] spolok

at [æt] *(miestne)* v, pri, na; **a. home** [həum] doma; *(časove)* v, o; **a. ten** (**o'clock**) [əklok] o desiatej (hodine); **a. night** [nait] v noci; **a. once** [wans] ihneď

attend [ə'tend] navštevovať; byť prítomný; ošetrovať; obsluhovať

attention [ə'tenšn] pozornosť; pozor!

audience [o:djəns] obecenstvo, poslucháči

August [o:gəst] august

aunt [a:nt] teta

autumn [o:təm] jeseň

available [ə'veiləbl]: **it is a.** je k dispozícii, možno dostať

avenue [ævinju:] aleja; ulica *(hlavná)*

average [ævəridž] priemerný

avoid sth [ə'void] vyhnúť sa čomu

await [ə'weit] čakať

awake [ə'weik] sl. zobudiť (sa); príd. bdejúci

away [ə'wei] preč; **he is a.** je preč, nie je tu

awful [o:ful] strašný

B

BA (British Airways) [britiš eəweiz] Britské aerolínie

baby [beibi] dieťatko

back [bæk] podst. chrbát, zadná

strana; príd. zadný; prísl. späť, dozadu; sl. podporovať; (vy)cúvať; šport. staviť *(na čo)*

backwards [bækwədz] dozadu

bacon [beikn] slanina

bad [bæd] zlý

badge [bædž] odznak

bag [bæg] vrec(k)o; taška, kabelka

baggage [bægidž] batožina

bake [beik] piecť

baker [beikə] pekár

balance [bæləns] váhy; rovnováha; bilancia

ball[1] [bo:l] lopta

ball[2] [bo:l] ples

banana [bə'na:nə] banán

band [bænd] stuha; kapela; banda; (wave-)band [weiv] *(vlnové)* pásmo

bandage [bændidž] podst. obväz; sl. obviazať

bank[1] [bæŋk] breh

bank[2] [bæŋk] banka

banknote [bæŋknəut] bankovka

bar [ba:] tyč(inka); závora; bar, výčap

barber [ba:bə] holič

bargain [ba:gin] obchod *(výhodný);* **b. sale** [seil] výpredaj

barley [ba:li] jačmeň

barmaid [ba:meid] čašníčka

barman [ba:mən] čašník

barrier [bæriə] závora; mreže

base [beis] dno; základňa; spodok

basement [beismənt] suterén

basin [beisn] umývadlo; bazén, nádrž

basket [ba:skit] kôš

bath [ba:θ] podst. kúpeľ; kúpeľňa; vaňa; sl. okúpať sa *(vo vani)*

bathe [beið] kúpať sa *(vonku)*

bathroom [ba:θrum] kúpeľňa

bathtub [ba:θtab] vaňa

battery [bætəri] batéria; aut. akumulátor

bay [bei] záliv

B&B (bed and breakfast) [bed ənd brekfəst] nocľah s raňajkami

BBC [bi:bi:si:] **(British Broadcasting Corporation)** [britiš bro:dka:stiŋ ko:pəreišn] Britská rozhlasová spoločnosť

BE 14

be [bi:] byť; **I am** som; **you are** si, ste; **he, she, it is** on, ona, ono je; **there is** [ðeəiz] je; **there are** [ðeəa:] sú; **how are you?** [hau a:ju] ako sa máš (máte)?

beach [bi:č] pláž

bean(s) [bi:nz] fazuľa; zrnko

bear [beə] niesť; znášať; (po)rodiť

beard [biəd] brada *(porast)*

beast [bi:st] zviera

beat [bi:t] udrieť; zvíťaziť; poraziť; šport. prekonať; kuch. (u)šľahať

beautiful [bju:təful] krásny

beauty [bju:ti] krása; krásavica

beauty parlour [bju:ti pa:lə] kozmetický salón

because [bi'koz] lebo, pretože; **b. of** kvôli, pre

become [bi'kam] stať sa

bed posteľ; **b. and breakfast** [brekfəst] nocľah s raňajkami; **extra b.** [ekstrə] prístelka

bedclothes [bedkləuds] posteľná bielizeň

bedroom [bedrum] spálňa

beef [bi:f] hovädzie mäso

beefsteak [bi:fsteik] hovädzí rezeň

beer [biə] pivo

before [bi'fo:] predl. pred; **the day b. yesterday** [dei, jestədi] predvčerom; prísl. predtým, skôr než

beg prosiť; **I b. your pardon** [jo: pa:dn] prepáčte!; prosím?

begin [bi'gin] začať (sa)

beginning [bi'giniŋ] začiatok

behind [bi'haind] predl. za; prísl. vzadu

believe [bi'li:v] veriť; myslieť

bell zvon(ček)

belong [bi'loŋ] patriť

below [bi'ləu] predl. pod; prísl. dole, nižšie

belt pás, opasok; remeň; **safety b.** [seifti] bezpečnostný pás

bench [benč] lavica

bend podst. dopr. zákruta; **sharp b.** [ša:p] ostrá zákruta; sl. zohnúť (sa)

benefit [benifit] úžitok; podpora

berth [bə:θ] kajuta, lôžko

beside [bi'said] vedľa

besides [bi'saidz] okrem toho

15   **BLOW**

best najlepší
better [betə] lepší
between [bi'twi:n] medzi
beverage [bevəridž] nápoj
beware! [bi'weə] pozor!
beyond [bi'jond] (po)za
bicycle [baisikl] bicykel
big veľký
bill účet; am. bankovka; návrh
  zákona
bill of exchange [iks'čeindž]
  zmenka
bill of fare [feə] jedálny lístok
bill of health [helθ] lekárske
  vysvedčenie
bind [baind] (z)viazať
bird [bə:d] vták
birth [bə:θ] narodenie; **date of
  b.** [deit] dátum narodenia;
  place of b. [pleis] miesto
  narodenia
birthday [bə:θdei] narodeniny
birthplace [bə:θpleis] rodisko
biscuit [biskit] keks
bit kúsok; **a b.** trocha
bite [bait] sl. hrýzť; podst. sústo;
  (po)hryznutie
bitter [bitə] horký; horké pivo
black [blæk] čierny

black spot [blæk] aut. úsek čas-
  tých dopravných nehôd
blackberries [blækbəriz] ostru-
  žiny
blade [bleid] žiletka
blanket [blæŋkit] prikrývka; am.
  formulár
blazer [bleizə] krátky kabát
bleed [bli:d] krvácať
blend sl. miešať; podst. zmes
blind [blaind] príd. slepý; **b. alley**
  [æli] slepá ulička; podst. role-
  ta; **Venetian b-s** [vi'ni:šən
  blaindz] žalúzie
blizzard [blizəd] snehová vích-
  rica
block [blok] podst. blok; **b. of
  flats** [flæts] činžiak; balvan;
  sl. zatarasiť
block letters [blok letəz] tlačené
  písmo
blood [blad] krv
blood pressure [bladprešə]
  krvný tlak
blouse [blauz] blúz(k)a
blow [bləu] podst. úder; závan; sl.
  fúkať; **b. up** [ap] nahustiť
  (pneumatiku)

BLOW-OUT 16

blow-out [bləuaut] defekt pneumatiky

blue [blu:] modrý

blunt [blant] tupý

board [bo:d] podst. doska; paluba; **on b.** na palube; strava; **full b.** plná penzia; **b. and lodgings** [lodžiŋz] byt a strava; výbor; sl. nastúpiť *(do vlaku);* stravovať (sa)

boarding-card [bo:diŋka:d] palubný lístok

boarding-house [bo:diŋhaus] penzionát

boat [bəut] čln, loď

body telo; teleso

boil (u)variť (sa)

bone [bəun] kosť

bonnet [bonit] aut. kapota

book [buk] podst. kniha; sl. rezervovať; zapísať

booked up [bukt ap] obsadené; vypredané

bookcase [bukkeis] knižnica *(skriňa)*

booking [bukiŋ] predpredaj

booking-office [bukiŋofis] pokladnica *(na lístky)*

booklet [buklit] brožúrka

bookseller's [bukseləz] kníhkupectvo

boot [bu:t] topánka *(vysoká);* aut. batožinový priestor

booth [bu:θ] telef. búdka

border [bo:də] hranica

boring [bo:riŋ] nudný

born [bo:n] narodený

borrow [borəu] vypožičať si

both [bəuθ] obidvaja, obidve

bother [bodə] unúvať (sa)

box škatuľa; div. lóža; búdka

box-office [boksofis] pokladnica *(na lístky)*

boy chlapec

BR (British Railways) [britiš reilwᴄiz] Britské železnice

bra [bra:] podprsenka

bracelet [breislit] náramok

braces [breisiz] traky

brain [brein] mozog; mn. č. **brains** [breinz] kuch. mozoček

brake [breik] brzda

branch [bra:nč] vetva; žel. odbočka

brand [brænd] značka, druh

brandy [brændi] koňak

brassière [bræsiə] podprsenka

bread [bred] chlieb; **b. and butter** [batə] chlieb s maslom; **brown b.** [braun] čierny chlieb

break [breik] sl. zlomiť, rozbiť (sa); prerušiť *(cestu);* porušiť, nedodržať; podst. prestávka, prerušenie

breakdown [breikdaun] porucha, defekt; zrútenie

breakfast [brekfəst] raňajky; **b. included** [in'klu:did] s raňajkami; **b. not included** bez raňajok

breast [brest] prsia, hruď

breathe [bri:ð] dýchať

bridge [bridž] most

brief [bri:f] stručný, krátky

briefcase [bri:fkeis] aktovka

bright [brait] jasný

bring priniesť

broad [bro:d] široký

broadcast [bro:dka:st] sl. vysielať rozhlasom; podst. prenos, vysielanie

brochure [brəušuə] brožúra, prospekt

broil opekať na ražni, grilovať

brooch [bru:č] brošňa

broth [broθ] mäsový vývar

brother [braðə] brat

brother-in-law [braðəinlo:] švagor

brown [braun] hnedý

bruise [bru:z] odrenina

brush [braš] podst. kefa, štetec; sl. kefovať

Brussels [braslz] Brusel; **B. sprouts** [sprauts] ružičkový kel

B. S. T. (British Summer Time) [britiš samə taim] britský letný čas

build [bild] stavať

building [bildiŋ] budova

bulb [balb] žiarovka

bun [ban] sladký rožok

bunch [banč] strapec, chumáč; **b. of flowers** [flauəz] kytica kvetov

bungalow [baŋgələu] chata, prízemný domček

buoy [boi] bója

bureau [bju:rəu] úrad, kancelária

burn [bə:n] horieť; spáliť

burst [bə:st] prasknúť; **the tyre**

BUS   18

burst [taiə] praskla pneuma-
tika

bus [bas] autobus; **by b.** [bai]
autobusom

business [biznis] obchod; **b.
hours** [auəz] úradné hodiny;
záležitosť, vec

bus-stop [basstop] autobusová
zastávka

busy [bizi] zaneprázdnený;
rušný

but [bat] ale; okrem; len

butcher [bučə] mäsiar

butter [batə] maslo

button [batn] gombík; tlačidlo

buy [bai] kúpiť

by [bai] *(miestne)* pri, vedľa;
vôkol; *(časove)* v; do; na
(istý čas); **b. day** [dei] vo
dne; **b. nine o'clock** [nainə-
klok] okolo 9. hodiny; predl.
(7. pádu) pomocou; **b. air-
mail** [eəmeil] leteckou poš-
tou; **b. car** [ka:] autom

bye-bye [bai bai] pá, ahoj, do
videnia

by-pass [baipa:s] aut. obchádzka

by-path [baipa:θ] vedľajšia ces-
ta, okruh diaľnice

by-road [bairəud] postranná
cesta

by-way [baiwei] vedľajšia cesta

C

cab [kæb] taxík

cabbage [kæbidž] kapusta

cabin [kæbin] kabína

cable [keibl] podst. lano; kábel;
kábelogram; sl. telegrafovať

café [kæfei] kaviareň, bufet

cafeteria [kæfi'tiəriə] reštaurá-
cia so samoobsluhou

cake [keik] torta, koláč, múčnik

calendar [kælində] kalendár

call [ko:l] podst. telefonický
hovor; návšteva; sl. (za)volať;
nazývať sa; prísť *(kam);* **c. at**
zastaviť sa *(kde);* **c. on**
navštíviť *(koho);* **c. sb up**
[ap] zatelefonovať *(komu)*

call-box [ko:lboks] telefónna
búdka

CARRIAGE-WAY

camera [kæmrə] fotoaparát

camomile [kæməmail] rumanček

camp [kæmp] podst. tábor; sl. táboriť

camper [kæmpə] aut. obytný príves

campfire [kæmpfaiə] táborák

camp(ing)-site [kæmp(iŋ)sait] kemping

can¹ [kæn] kanv(ic)a; am. konzerva

can² [kæn]: **I c.** môžem; viem; smiem

cancel [kænsl] zrušiť, odriecť

cancellation [kænsəˈleišn] zrušenie, odvolanie

candle [kændl] sviečka

candy [kændi] am. cukrovinky

canned [kænd] konzervovaný

canoe [kəˈnu:] kanoe

canteen [kænˈti:n] závodná jedáleň

cap [kæp] čiapka

capital [kæpitəl] hlavné mesto; **c. letter** [letə] veľké písmeno

caption [kæpšn] film. titulok, nadpis; sprievodný text

car [ka:] auto, voz; **by c.** [bai] autom; **estate c.** [isˈteit] kombi

caravan [kærəvæn] aut. obytný príves

carburettor [ka:bjuretə] aut. karburátor

card [ka:d] karta; pohľadnica

cardigan [ka:digən] pletený sveter

care [keə] podst. starostlivosť; **c. of (c/o) Mr . . .** na adresu pána . . .; **take c.!** [teik] dávaj pozor!; sl. **c. for** starať sa o; mať záujem o

careful [keəfl] opatrný

careless [keəlis] nedbanlivý, neopatrný

caretaker [keəteikə] správca, strážca

car-ferry [ka:feri] preprava áut, kompa áut

cargo [ka:gəu] náklad

carp [ka:p] kapor

car park [ka: pa:k] parkovisko

carpet [ka:pit] koberec

carriage [kæridž] voz; žel. vozeň

carriage-way [kæridžwei] cesta; **dual c.** [dju:əl] dvojprúdová cesta

CARRIER

carrier [kæriə] dopravca; nosič; držadlo na batožinu *(na bicykli)*

carrot [kærət] mrkva

carry [kæri] niesť; dopravovať; **c. out** [aut] vykonať; **c. on** pokračovať

cartoon [ka:'tu:n] kreslený vtip; **animated c.** [ænimeitid] kreslený film

carving [ka:viŋ] rezba

case[1] [keis] škatuľa; puzdro; kufor

case[2] [keis] prípad; **in c. of** v prípade, ak; **in any c.** [eni] v každom prípade

cash [kæš] podst. hotovosť; **in c.** v hotovosti; sl. zaplatiť; vymeniť peniaze

cash-desk [kæšdesk] pokladnica *(v obchode)*

cashier [kə'šiə] pokladník

casserole [kæsərəul] misa *(na pečenie);* kuch. zaprávané mäso

cassette [kæset] kazeta

cast [ka:st] div. obsadenie

castle [ka:sl] hrad, zámok, kaštieľ

castor-oil [ka:stəoil] ricínový olej

casualty [kæžjuəlti] obeť nehody; **c. department** [di-'pa:tmənt] úrazové oddelenie nemocnice

cat [kæt] mačka

catch [kæč] chytiť; stihnúť; dostať *(chorobu);* **c. a cold** [kəuld] prechladnúť; pochopiť, (po)rozumieť

catering (trade) [keitəriŋ (treid)] pohostinstvo, reštaurácie a jedálne

cathedral [kə'θi:drəl] katedrála

cauliflower [ko:liflauə] karfiol

cause [ko:z] podst. príčina, dôvod; sl. spôsobiť

caution [ko:šən] opatrnosť; pozor!

cease [si:s] prestať

ceiling [si:liŋ] strop

celebrate [selibreit] oslavovať

cellar [selə] pivnica

cemetery [semitri] cintorín

central [sentrəl] (ú)stredný

centre [sentə] stred; centrum, stredisko

century [senčəri] storočie

21   **CHEERIO**

cereals [siəriəlz] obilniny

certain [sə:tn] istý; určitý

certificate [səˈtifikət] vysvedčenie; potvrdenie

chair [čeə] stolička

chair-lift [čeəlift] sedačkový výťah

chairman [čeəmən] predseda

chalet [šælei] chata

chamber [čeimbə] podst. komora; príd. hud. komorný

chambermaid [čeimbəmeid] chyžná

chamois (leather) [šæmwa: (ledə)] jelenica (koža)

champagne [šæmˈpein] šampanské

champion [čæmpjən] šport. šampión

championship [čæmpjənšip] šport. majstrovstvá, šampionát

chance [ča:ns] náhoda; príležitosť; **by c.** [bai] náhodou

change [čeindž] sl. (z)meniť sa; vymeniť (si); **c. one's clothes** [kləudz] preobliecť sa; žel. **c. trains** [treinz] prestúpiť;

podst. zmena; drobné *(peniaze)*

channel [čænl] kanál, prieplav; **the English C.** [đi ingliš] Kanál La Manche

chapel [čæpəl] kaplnka

charge [ča:dž] podst. poplatok; **free of c.** [fri:] zadarmo; nálož; sl. účtovať; nabiť *(batériu);* poveriť

chartered [ča:təd] prenajatý; **c. flight** [flait] *(zlacnený)* let prenajatým lietadlom

chassis [šæsi] aut. podvozok

chat [čæt] sl. zhovárať sa; podst. hovor, beseda

cheap [či:p] lacný; lacno

check[1] [ček] sl. (s)kontrolovať; podst. kontrola; účet; lístok *(od šatne)*

check[2] [ček] am. šek

check-in [čekin] odbavenie *(na letisku)*

checkroom [čekrum] am. úschovňa batožín, šatňa

check-up [čekap] kontrola

cheek [či:k] líce

cheerio [čiəriˈəu] ahoj!

CHEESE 22

cheese [či:z] syr; **cottage c.** [kotidž] am. tvaroh

chemist's [kemists] lekáreň, drogéria

cheque [ček] šek; **traveller's c.** [trævləz] cestovný šek

cherry [čeri] čerešňa

chess [čes] šachy

chest [čest] hruď, prsia; debna; skriňa

chew [ču:] žuvať, hrýzť

chewing-gum [ču:iŋgam] žuvačka

chicken [čikən] kurča

chief [či:f] príd. hlavný; podst. vedúci, šéf

child [čaild] dieťa; mn. č. **children** [čildrən]

chilled [čild] mrazený, chladený

chilly [čili] chladný

chimney [čimni] komín

chips [čips] smažené zemiakové hranolčeky

chiropody [kai'ropədi] pedikúra

chives [čaivz] pažítka

chocolate [čoklit] čokoláda, bonbón

choice [čois] podst. výber, voľba; príd. vybraný, najlepší

choose [ču:z] vybrať si, zvoliť si

chop [čop] podst. rezeň; sl. sekať

Christian [krisčən] kresťanský; **C. name** [neim] krstné meno

Christmas [krisməs] Vianoce; **C. Eve** [i:v] Štedrý večer

church [čə:č] kostol; cirkev

churchyard [čə:čja:d] cintorín

cider [saidə] jablkový mušt

cigar [si'ga:] cigara

cigarette [sigə'ret] cigareta

cinecamera [sinikæmərə] filmová kamera

cinefilm [sinifilm] kinofilm

cinema [sinəmə] kino

circle [sə:kl] kruh; **dress c.** div. prvý balkón; **upper c.** [apə] druhý balkón

citizen [sitizn] občan

city [siti] mesto; **the C.** stará časť Londýna, banková a finančná štvrť

claim [kleim] sl. žiadať; podst. nárok, požiadavka

class [kla:s] trieda, ročník; druh

clean [kli:n] príd. čistý; sl. čistiť; **c. up** [ap] upratať

cleaner's [kli:nəz] čistiareň; **dry c.** [drai] chemická čistiareň

clear [kliə] jasný; voľný; **c. soup** [su:p] hovädzia polievka

clearance sale [kliərəns seil] výpredaj

clearway [kliəwei] aut. cesta so zákazom zastavenia

clerk [kla:k] úradník

clever [klevə] bystrý, múdry

climate [klaimit] podnebie

climb [klaim] (vy)liezť

clinic [klinik] klinika

cloakroom [kləukrum] šatňa, úschovňa; toaleta

clock [klok] hodiny; **it's three o'c. by the town c.** [θri:ə-klok, bai, taun] na mestských hodinách sú 3 hodiny

close[1] [kləus] blízky; tesný

close[2] [kləuz] zatvoriť; **it's closed** [kləuzd] je zatvorené

cloth [kloθ] látka

clothes [kləuðz] šaty, odev(y)

cloud [klaud] oblak

clutch [klač] aut. spojka

Co (Company) [kampəni] spoločnosť *(obchodná)*

c/o (care of) [keə əf] na adresu

coach [kəuč] autobus, autokar; žel. vagón

coal [kəul] uhlie

coast [kəust] pobrežie

coat [kəut] kabát; **c. of arms** [a:ms] erb

cockney [kokni] Londýnčan; londýnska angličtina *(ľudová)*

cockpit [kokpit] kabína pilota

cocoa [kəukəu] kakao

coconut [kəukənat] kokosový orech

cod [kod] treska

coffee [kofi] káva

cog-rail [kogreil] žel. zubačka

coin [koin] minca

cold [kəuld] príd. studený; podst. prechladnutie

collar [kolə] golier

collect [kəlekt] zbierať

collection [kəlekšn] zbierka

college [kolidž] kolégium; vysoká škola

collision [kəližn] zrážka, karambol

column [koləm] stĺp

colour [kalə] farba

comb [kəum] podst. hrebeň; sl. česať (sa)

combine [kəmbain] spájať

COME 24

come [kam] prísť; **c. back** [bæk] vrátiť sa; **c. from** pochádzať z; **c. in** vstúpiť; **c. on** pokračovať, postupovať

comfortable [kamfətəbl] pohodlný

commercial [kə'mə:šl] obchodný

commodities [kə'moditiz] potreby, tovar

common [komən] spoločný; obyčajný

(the) Commonwealth [komənwelθ] Britské spoločenstvo národov

communications [kəmju:ni'keišnz] komunikácie; **c. cord** [ko:d] žel. záchranná brzda

company [kampəni] spoločnosť, podnik *(obchodný)*

compare [kəm'peə] porovnávať

compartment [kəm'pa:tmənt] kupé

complaint [kəm'pleint] sťažnosť; **c. return slip** [ritə:n] kontrolný kupón *(na reklamáciu)*

complete [kəm'pli:t] príd. úplný; sl. vyplniť; doplniť, dokončiť

compose [kəm'pəuz] skladať, komponovať; **be composed of** skladať sa z

comprehensive [kompri'hensiv] súhrnný, celkový; všeobecný; **c. insurance** [in'šuərəns] aut. združené poistenie; **c. school** [sku:l] br. všeobecná stredná škola

compulsory [kəm'palsəri] povinný

condition [kən'dišn] stav; podmienka

conduct [kən'dakt] sprevádzať; dirigovať; el. viesť

conducted tour [kən'daktid tuə] zájazd so sprievodcom

conductor [kən'daktə] sprievodca; dirigent; el. vodič

confectionery [kən'fekšnəri] cukráreň; sladkosti, zákusky

confirm [kən'fə:m] potvrdiť

congratulations! [kəŋgrætju'leišnz] blahoželám!

connection [kə'nekšn] spojenie; žel. prípoj

conscious [konšəs] vedomý; pri zmysloch

consent [kənˈsent] podst. súhlas; sl. súhlasiť

consist of [kənˈsist] skladať sa z

consommé [kənˈsomei] mäsová polievka

constable [kanstəbl] policajt, strážnik

constipation [konstiˈpeišn] zápcha

construct [kənˈstrakt] zostrojiť, (vy)stavať

construction [kənˈstrakšn] stavba; **under c.** [andə] vo výstavbe

consulate [konsjulət] konzulát

consultation room [konsəlˈteišn ru:m] ordinácia

consumer goods [kənˈsju:mə gudz] spotrebný tovar

contact [kontækt] podst. kontakt, styk; [kənˈtækt] sl. nadviazať styk

contain [kənˈtein] obsahovať

container [kənˈteinə] nádoba; kontajner

contents [kontents] obsah

Continent [kontinənt] Európa *(pre Britov)*

contrary [kontrəri] opak; **on the c.** naopak

control [kənˈtrəul] podst. kontrola; dozor; **traffic c.** [træfik] riadenie dopravy; sl. kontrolovať; riadiť

conveniences [kənˈvi:njənsiz] zariadenie, vybavenosť; **public c.** [pablik] verejné záchody

convenient [kənˈvi:njənt] vhodný; pohodlný

convertible [kənˈvə:təbl] aut. auto s posuvnou strechou

conveyance [kənˈveiəns] doprava; dopravný prostriedok

cook [kuk] podst. kuchár(ka); sl. variť

cooker [kukə] sporák

cool [ku:l] studený, chladný

co-op [kəuop] družstevná predajňa

co-operation [kəuopəˈreišn] spolupráca

co-operative [kəuˈopərətiv] podst. družstvo; príd. družstevný

copy [kopi] podst. kópia, odpis; exemplár; sl. odpísať; napodobniť

CORD 26

cord [ko:d] povraz, šnúra, lano

corduroy [ko:dəroi] menčester

corkscrew [ko:kskru:] vývrtka

corn [ko:n] obilie; am. kukurica

corner [ko:nə] kút, roh

correct [kə'rekt] príd. správny; sl. opraviť

corridor [korido:] chodba

cosmetics [koz'metiks] kozmetické prostriedky

cost [kost] sl. mať cenu, stáť; podst. cena; mn. č. **costs** [kosts] výdavky

costume [kostju:m] kostým; **national c.** [næšənəl] kroj

cottage [kotidž] chata, domček

cotton [kotn] podst. bavlna; am. vata; príd. bavlnený

cotton-wool [kotnwul] vata

couch [kauč] pohovka

couchette [ku:'šet] ležadlo; **c. car** [ka:] ležadlový vozeň

cough [kof] podst. kašeľ; sl. kašľať

council [kaunsəl] výbor, poradné zhromaždenie

count [kaunt] počítať

counter [kauntə] pult; okienko; telef. minca, žetón

counterfoil [kauntəfoil] ústrižok *(kontrolný)*

country [kantri] krajina; vidiek; **in the c.** na vidieku

countryside [kantrisaid] vidiek

county [kaunti] okres; br. grófstvo

couple [kapl] pár, dvojica

coupon [ku:pon] kupón; lístok

course [ko:s] priebeh; **in the c. of** v priebehu *(čoho)*; **of c.** samozrejme; smer, dráha; kurz *(učebný)*; kuch. chod

court [ko:t] dvor; ihrisko; súd

courtyard [ko:tja:d] dvor

cousin [kazn] bratanec; sesternica

cover [kavə] sl. prikryť; zahrnovať; kryť *(výdavky)*; podst. prikrývka, obal, viečko

cow [kau] krava

crab [kræb] krab

cracker [krækə] suchár, keks

crash [kræš] podst. havária, karambol; sl. zrútiť sa, havarovať

crayfish [kreifiš] rak

cream [kri:m] smotana; **whipped c.** [wipt] šľahačka; **dou-**

ble c. [dabl] šľahačka *(tekutá)*

crease [kri:s] krčiť sa

crease-resistant [ri'zistənt] nekrčivý

credit [kredit] úver

cricket [krikit] šport. kriket

criminal [kriminl] príd. zločinný; trestný; podst. zločinec

cross [kros] podst. kríž; **Red C.** Červený kríž; sl. prejsť *(cez cestu);* preplávať

crossing [krosiŋ] križovatka, priechod; preplavba; **railroad c.** [reilrəud] železničné priecestie

crossroads [krosrəudz] križovatka

crosswalk [kroswo:k] am. priechod pre chodcov

crowd [kraud] dav, zástup

crowded [kraudid] preplnený, nabitý

crown [kraun] koruna

cruise [kru:z] výletná plavba

cry [krai] sl. kričať, plakať; podst. krik, plač

cube [kju:b] kocka

cubic [kju:bik] kubický

cucumber [kju:kambə] uhorka

cuff-links [kafliŋks] manžetové gombičky

cul-de-sac [kaldəsæk] slepá ulica

culture [kalčə] kultúra

cup [kap] šálka; šport. pohár

curbstone [kə:bstəun] okraj chodníka, obrubný kameň

cure [kjuə] podst. liečba; liečivý prostriedok; sl. (vy)liečiť

curious [kjuəriəs] zvedavý; čudný, zvláštny

currants [karənts] hrozienka; **black, red c.** [blæk] čierne, červené ríbezle

currency [karənsi] mena, valuty

current [karənt] príd. bežný; podst. el. prúd

curtain [kə:tn] záclona

curve [kə:v] dopr. zákruta; **sharp c.** [ša:p] ostrá zákruta; **easy right-hand c.** [i:zi raithænd] mierna zákruta doprava

cushion [kušən] poduška

custard [kastəd] vanilkový krém

custom [kastəm] zvyk

CUSTOMER 28

customer [kastəmə] zákazník
customs [kastəmz] clo; **c. duty**
[dju:ti] colný poplatok; **c.
office** [ofis] colnica; **c. officer**
[ofisə], **c. official** [əˈfišəl] col-
ník; **c. regulations** [regjuˈlei-
šnz] colné predpisy
cut [kat] sl. rezať, krájať; strihať;

znížiť *(ceny)*; podst. rezná
rana; strih *(šiat)*
cutlet [katlit] rezeň
cwt (hundredweight) [handrəd-
weit] 50,8 kg
cycling [saikliŋ] bicyklovanie
cyclist [saiklist] bicyklista
cylinder [silində] valec

D

daily [deili] príd. denný; prísl.
denne; podst. denník
dainty [deinti] jemný, lahôd-
kový
dairy [deəri] mliekáreň
damage [dæmidž] podst. škoda;
mn. č. **damages** [dæmidžiz]
odškodné; sl. poškodiť
damp [dæmp] vlhký
dance [da:ns] podst. tanec; sl. tan-
covať
danger [deindžə] nebezpečen-
stvo
dangerous [deindžərəs] nebez-
pečný
Danube [dænju:b] Dunaj

dark [da:k] príd. tmavý; podst.
tma
date[1] [deit] dátum; schôdzka
date[2] [deit] datľa
daughter [do:tə] dcéra
daughter-in-law [do:təinlo:]
nevesta *(synova manželka)*
day [dei] deň; **by d.** [bai] vo
dne; **all d.** [o:l] celý deň; **d.
return ticket** [riˈtə:n tikit]
jednodenný spiatočný lístok
dead [ded] mŕtvy
dead-end [dedend] slepá ulička
Dead Slow [ded sləu] Choďte
pomaly
deaf [def] hluchý

DESERT

deal [di:l] podst. časť; **a great d.** [greit] veľa; sl. rozdávať; **d. in** obchodovať s; **d. with** zaoberať sa čím

dear [diə] drahý; vážený *(v liste)*

death [deθ] smrť

debt [det] dlžoba

December [di'sembə] december

decide [di'said] rozhodnúť (sa)

deck [dek] paluba

deckchair [dekčeə] ležadlo

declaration [deklə'reišn] vyhlásenie; **customs d.** [kastəmz] colné vyhlásenie

declare [di'kleə] vyhlásiť; precliť

decline [di'klain] podst. pokles; sl. ubúdať

decrease [di'kri:s] sl. ubúdať; podst. [dikri:s] úbytok, pokles

dedicate [dedikeit] venovať

deep [di:p] príd. hlboký; prísl. hlboko

defect [di'fekt] chyba

defend [di'fend] (o)brániť

defer [di'fə:] odložiť *(na neskoršie)*

defroster [di:'frostə] aut. odmrazovač

degree [di'gri:] stupeň; hodnosť

delay [di'lei] podst. odklad; oneskorenie; sl. odložiť *(na neskoršie);* oneskoriť sa

delicacy [delikəsi] lahôdka

delicate [delikit] jemný, lahodný

delicatessen [delikə'tesn] lahôdkárstvo

delighted [di'laitid] rád, potešený

deliver [di'livə] doručiť

delivery [di'livəri] doručenie, dodanie

demand [di'ma:nd] podst. požiadavka; **on d.** na požiadanie; dopyt; sl. žiadať

dense [dens] hustý

dentist zubný lekar

depart [di'pa:t] odísť

department [di'pa:tmənt] oddelenie, ministerstvo; **d. store** [sto:] obchodný dom

departure [di'pa:čə] odchod

depend on [di'pend] závisieť od

deposit [di'pozit] záloha

depth [depθ] hĺbka

describe [disk'raib] opísať

desert [dezət] podst. púšť; [di'zə:t] sl. opustiť

DESIGN

design [di'zain] vzor; plán, návrh

desire [di'zaiə] podst. túžba; sl. túžiť po

desk písací stôl; recepcia *(v hoteli)*; pokladnica

dessert [di'zə:t] zákusok, dezert; **d. spoon** [spu:n] dezertná lyžička

destination [desti'neišn] miesto určenia, cieľ cesty

detail [di:teil] podrobnosť; **in d.** podrobne

detach [di'tæč] oddeliť

detergent [di'tə:džənt] čistiaci prostriedok, saponát

detour [di:tuə] obchádzka

develop [di'velop] vyvíjať sa; fot. vyvolať

development [di'velopmənt] vývin, rozvoj

deviation [di:vi'eišn] odchýlka, odklon

device [di'vais] plán; prístroj, zariadenie

diabetes [dai'bi:ti:z] lek. cukrovka

dial [daiəl] podst. ciferník; sl. telef. vytočiť *(číslo)*

dialling code [daiəliŋ kəud] telef. smerové číslo

diaper [daiəpə] plienka

diarrhoea [daiə'riə] hnačka

diary [daiəri] denník

dictionary [dikšənəri] slovník

die [dai] zomrieť

diet [daiət] diéta; strava

differ from [difə frəm] líšiť sa od

difference [difrəns] rozdiel

different [difrənt] rozličný; **d. from** odlišný, iný než

dill kôpor.

dim nejasný

dime [daim] am. desaťcentová minca

dine [dain] obedovať, večerať; **d. out** [aut] obedovať, večerať vonku

dining-car [dainiŋka:] žel. jedálny vozeň

dining-room [dainiŋrum] jedáleň

dinner [dinə] obed, večera *(hlavné denné jedlo)*

dinner-jacket [dinədžækit] smoking

dip ponoriť sa; aut. stlmiť *(svetlá)*

direct [di'rekt] príd. priamy; prísl.

priamo; sl. ukázať cestu; adresovať; viesť, riadiť; **directed by** [di'rektid bai] film., div. réžia

direction [di'rekšn] smer; pokyn; vedenie, riadenie

director [di'rektə] riaditeľ; režisér

directory [di'rektəri] adresár; telefónny zoznam

dirty [də:ti] špinavý

disappear [disə'piə] zmiznúť

discount [diskaunt] zľava

discover [dis'kavə] objaviť, zistiť

discuss sth [dis'kas] hovoriť o čom, predebatovať čo

disease [di'zi:z] choroba

disembark [dizim'ba:k] vylodiť sa, vystúpiť z lietadla

dish [diš] misa; mn. č. **dishes** [di-šiz] riad; jedlo, chod

dislike [dis'laik] sl. nemať rád; podst. nechuť

dislocation [dislə'keišn] vyvrtnutie, vykĺbenie

dispatch [dis'pæč] sl. odoslať; podst. odoslanie

dispensary [dis'pensəri] lekáreň

dispensing chemist('s) [dis'pensiŋ kemist(s)] lekáreň

display [dis'plei] podst. výklad; sl. vyložiť, vystaviť

distance [distəns] vzdialenosť

district [diskrikt] okres, obvod

disturb [dis'tə:b] (vy)rušiť

ditch [dič] priekopa

diversion [dai'və:šn] obchádzka; zábava

divide [di'vaid] (roz)deliť (sa)

divorced [di'vo:st] rozvedený

dizzy: I feel d. [ai fi:l dizi] mám závrat

do [du;] (u)robiť; **she does the cooking** [ši: daz də kukiŋ] ona varí; **he did the British Museum** [britiš mju:'ziəm] prezrel si Britské múzeum; **we are doing well** [wi: a: du:iŋ] máme sa dobre; **I don't know** [ai dəunt nəu] neviem; **we can d. without it** [wi'ďaut] zaobídeme sa bez toho

doctor [doktə] lekár, doktor

documents [dokjumənts] spisy, papiere

DOG 32

dog pes; **hot d.** párok v rožku

dollar [dolə] dolár

domestic [dəu'mestik] domáci

domicile [domisail] bydlisko

door [do:] dvere

door-handle [do:hændl] kľučka

dose [dəus] dávka

double [dabl] dvojitý, dvojnásobný; **d. bed** dvojitá (manželská) posteľ; **d. room** [ru:m] dvojposteľová izba

double-decker [dabldekə] poschodový autobus

doubt [daut] podst. pochybnosť; sl. pochybovať

doughnut [dəunat] kuch. šiška

down[1] [daun] perina

down[2] [daun] dolu, nadol

downstairs [daunsteəz] dole, dolu schodmi (v budove)

dozen [dazn] tucet

draper's [dreipəz] obchod s textilným tovarom

draught [dra:ft] prievan

draw [dro:] sl. vytiahnuť; vybrať; čerpať; kresliť; podst. šport. nerozhodná hra

drawback [dro:bæk] nevýhoda

drawer [dro:ə] zásuvka

drawers [dro:əz] dlhé spodky

drawing-room [dro:iŋrum] prijímacia izba

dream [dri:m] podst. sen; sl. snívať sa

dress podst. šaty (dámske); sl. obliecť sa

dress circle [dres sə:kl] div. prvý balkón

dress coat [dres kəut] frak

dress rehearsal [dres ri'hə:səl] div. generálka

dressing obliekanie; obväz; kuch. nálev

dressing-gown [dresiŋgaun] župan

dressmaker [dresmeikə] krajčírka

dried [draid] sušený

drier [draiə] sušič na vlasy

drink sl. piť; podst. nápoj

drive [draiv] sl. riadiť (auto); poháňať; podst. jazda (autom); aut. pohon; prístupová cesta

driver [draivə] vodič, šofér

drizzle [drizl] podst. mrholenie; sl. mrholiť

33   **EDITION**

drop podst. kvapka; mn. č. **drops**
  cukríky; pokles; sl. vhodiť;
  pustiť, nechať spadnúť
drown [draun] utopiť (sa)
drug [drag] liek; droga
druggist [dragist] am. lekárnik;
  drogista
drugstore [dragsto:] am. drogé-
  ria a bufet
drunk [draŋk] opitý
dry [drai] suchý
dry-clean [draikli:n] čistiť che-
  micky
dry-cleaner('s) [draikli:nə(z)]
  chemická čistiareň
dual [djuəl] rozdelený; **d. car-**

riageway [kæridžwei] cesta s
  dvoma jazdnými pruhmi
duck [dak] kačica
due [dju:] splatný; primeraný,
  patričný; **d. to sth** v dôsledku
  čoho
dumpling [dampliŋ] knedlík
durable [djuərəbl] trvanlivý
duration [djuˈreišn] trvanie
during [djuəriŋ] počas
dust [dast] prach
duty [dju:ti] povinnosť; služba;
  poplatok
duty-free [dju:tifri:] bez cla
dye [dai] sl. (za)farbiť; podst.
  farba

E

each [i:č] každý
ear [iə] ucho
early [ə:li] príd. skorý; raný; prísl.
  zavčasu, skoro
earn [ə:n] zarábať (si)
earth [ə:θ] zem; hlina
east [i:st] podst. východ; príd.
  východný
Easter [i:stə] Veľká noc

eastern [i:stən] východný
eastwards [i:stwədz] na východ
easy [i:zi] ľahký
eat [i:t] jesť
economic [i:kəˈnomik] ekono-
  mický
economical [i:kəˈnomikl] úspor-
  ný; šetrný
edition [iˈdišn] vydanie

EDUCATION 34

education [edjuˈkeišn] výchova, vzdelanie

eel [i:l] úhor

effect [iˈfekt] účinok; dojem

e. g. (for example) [fəriɡˈza:mpl] napríklad

egg [eg] vajce; **hard-boiled e.** [ha:dboild] vajce na tvrdo; **soft-boiled e.** [softboild] vajce na mäkko; **fried e.** [fraid] volské oko; **scrambled e.** [skræmbld] praženica; **poached e.** [pəučt] stratené vajce *(uvarené v pare)*

eiderdown [aidədaun] páperový paplón

either [aiðə] hocktorý *(z dvoch)*; **not . . . e. . . .** ani jeden; **e. – or** alebo – alebo

elder [eldə] starší

eldest [eldist] najstarší

electric(al) [iˈlektrik(əl)] elektrický

electrician [iˈlektrišn] elektroinštalatér

elementary [eliˈmentəri] základný

elevator [eliveitə] am. výťah

else [els] iný; ešte

elsewhere [elsˈweə] inde, inam

embankment [imˈbæŋkmənt] nábrežie; násyp

embark [imˈba:k] nalodiť sa

embassy [embəsi] veľvyslanectvo

emergency [iˈmə:džənsi] podst. núdza, núdzový stav; **in case of e.** [keis] v prípade nevyhnutnosti; príd. núdzový; záchranný; **e. brake** [breik] záchranná brzda; **e. exit** [egzit] núdzový východ

emetic [iˈmetik] lek. dávidlo

empire [empaiə] ríša

employment [imˈploimənt] zamestnanie

empty prázdny

enclose [inˈkləuz] priložiť *(k listu)*

end podst. koniec; sl. (s)končiť

energy [enədži] energia, sila

engaged [inˈgeidžd] obsadený; zamestnaný; zasnúbený

engagement [inˈgeidžmənt] záväzok; zasnúbenie; schôdzka, dohovor

engine [endžin] stroj, motor; lokomotíva

35 **EXCESS**

engineer [endži'niə] inžinier; technik

enjoy sth [in'džoi] mať radosť z čoho

enough [i'naf] dosť

enquire [in'kwaiə] informovať sa

enquiry [in'kwaiəri] dopyt, informácia

enter [entə] vstúpiť, vojsť; uviesť

enterprise [entəpraiz] podnik

entertainment [entəteinmənt] zábava

entire [in'taiə] celý, úplný

entrance [entrəns] vchod

entrance-fee [entrənsfi:] vstupné

entry podst. vchod; vstup; príd. vstupné

envelope [envələup] obálka

equal [i:kwəl] rovnaký, totožný

equipment [i'kwipmənt] výstroj, zariadenie

error [erə] chyba, omyl

escalator [eskəleitə] pohyblivé schody

especially [is'pešəli] obzvlášť

essential [i'senšl] podstatný

estate car [is'teit ka:] kombi

estimate [estimit] podst. odhad; [estimeit] sl. odhadnúť, oceniť

etc [et'setərə] atď.

eve [i:v] predvečer

even [i:vn] príd. rovný; rovnaký; párny, prísl. ešte, aj

evening [i:vniŋ] podst. večer; príd. večerný

event [i'vent] prípad, udalosť; šport. disciplína

ever [evə] niekedy; vždy

everybody [evribodi] každý

everyday [evridei] každodenný

everyone [evriwan] každý

everything [evriθiŋ] všetko

everywhere [evriweə] všade

evil [i:vl] príd. zlý; podst. zlo

exact [ig'zækt] presný

exactly [ig'zæktli] presne

examination [igzæmi'neišn] skúška; vyšetrenie, kontrola

example [ig'za:mpl] príklad; **for e.** napríklad

excellent [eksələnt] vynikajúci

except [ik'sept] okrem, s výnimkou

excess [eksəs] dodatočný; e.

EXCHANGE

charge [ča:dž] príplatok; **e. weight** [weit] nadhmotnosť
exchange [iks'čeindž] podst. výmena; **foreign e.** [forən] valuty; telef. ústredňa; sl. vymeniť
exciting [ik'saitiŋ] vzrušujúci
excluding sth [iks'klu:diŋ] s výnimkou čoho
excursion [iks'kə:šn] výlet
excuse [iks'kju:s] podst. výhovorka; [iks'kju:z] sl. ospravedlniť; **e. me** [mi:] prepáčte
exercise [eksəsaiz] podst. cvičenie; sl. cvičiť
exhibition [eksi'bišn] výstava
exit [eksit] východ
expect [iks'pekt] očakávať; domnievať sa, myslieť
expense [iks'pens] výdavky, náklady
expensive [iks'pensiv] drahý *(cenove)*
experience [iks'piəriəns] skúsenosť, zážitok
experiment [iks'perimənt] pokus

explain [iks'plein] vysvetliť
explanation [eksplə'neišn] vysvetlenie
export [ekspo:t] podst. export, vývoz; [ik'spo:t] sl. vyvážať
express [iks'pres] príd. rýchly; **e. train** [trein] rýchlik; **e. way** [wei] am. diaľnica; sl. vyjadriť
extend [iks'tend] predĺžiť
extension [iks'tenšən] predĺženie; telef. linka, klapka
external [iks'tə:nl] vonkajší; **for e. use** [ju:s] na vonkajšie použitie
extinguish [iks'tiŋgwiš] zahasiť
extinguisher [iks'tiŋgwišə] hasiaci prístroj
extra [ekstrə] podst. osobitný príplatok; príd. osobitný; **e. bed** prístelka
extraordinary [ik'stro:dnri] mimoriadny
eye [ai] oko
eyebrow [aibrəu] obočie
eyelash [ailæš] riasa, mihalnica
eyelid [ailid] viečko

F

fabric [fæbrik] tkanina

face [feis] tvár

facing the engine [feisiŋ, endžin] v smere cesty *(vlakom)*

fact [fækt] skutočnosť

factory [fæktəri] továreň

fail [feil] zlyhať; zabudnúť, zanedbať

failure [feiljə] neúspech; zlyhanie; **brake f.** [breik] aut. zlyhanie bŕzd

faint [feint] príd. slabý, nejasný; sl. omdlieť

fair¹ [feə] príd. čestný, statočný; plavovlasý; prísl. statočne

fair² [feə] veľtrh

fall [fo:l] sl. padať, (s)padnúť; podst. pád; am. jeseň; zrážky *(vodné);* vodopád

false [fo:ls] nesprávny, falošný

family [fæmili] rodina; **f. name** [neim] priezvisko

famous [feiməs] slávny

fan [fæn] vejár; ventilátor; fanúšik

fancy [fænsi] ozdobný; luxusný; **f. goods** [gudz] luxusný tovar

far [fa:] príd. vzdialený; prísl. ďaleko

fare [feə] cestovné; cestovný lístok; strava

farewell [feəwel] rozlúčka; **say f.** [sei] rozlúčiť sa; **f. party** [pa:ti] rozlúčkový večierok

farm [fa:m] gazdovstvo, farma

farmer [fa:mə] poľnohospodár

farther [fa:ðə] prísl. ďalej; príd. vzdialenejší

fashion [fæšn] móda

fashionable [fæšnəbl] módny, moderný

fast [fa:st] príd. rýchly; **f. train** [trein] rýchlik; stály, pevný; stálofarebný; podst. pôst; prísl. rýchlo; pevne

fasten [fa:sn] pripevniť

fat [fæt] príd. tučný, mastný; podst. masť, tuk

father [fa:ðə] otec

father-in-law [fa:ðəinlo:] svokor

FAULT 38

fault [fo:lt] chyba

favour [feivə] láskavosť

favourite [feivərit] obľúbený

fear [fiə] podst. strach; sl. **f. of sth** báť sa čoho

feast [fi:st] slávnosť; hostina

feather [feðə] pero *(vtáčie);* mn. č. **feathers** [feðəz] perie

feature [fi:čə] črta; udalosť, článok *(v tlači);* **f. film** hlavný film

February [februəri] február

fee [fi:] poplatok; honorár

feed [fi:d] nakŕmiť

feel [fi:l] cítiť (sa)

feeling [fi:liŋ] pocit

feet [fi:t] mn. č. nohy, p. **foot**

fellow [feləu] kamarát; člen *(vedeckej spoločnosti)*

fence [fens] plot

fender [fendə] am. aut. blatník

ferry(boat) [feri(bəut)] kompa, prievoz

fetch [feč] priniesť

fever [fi:və] horúčka

few [fju:] málo; **a f.** niekoľko

fiction [fikšn] beletria

field [fi:ld] pole

fight [fait] podst. boj; sl. bojovať

figure [figə] číslica; postava; obrazec

figure-skating [figəskeitiŋ] krasokorčuľovanie

file [fail] pilník; rad; kartotéka

fill naplniť (sa); **f. in the form** [fo:m] vyplniť dotazník; **f. up** [ap] aut. natankovať

fillet [filit] kuch. filé, rezeň

filling station [filiŋ steišn] benzínová pumpa

final [fainl] konečný

find [faind] sl. nájsť; **f. out** [aut] objaviť, zistiť; podst. nález

fine[1] [fain] príd. pekný, výborný; jemný; **f. arts** [a:ts] výtvarné umenie; prísl. výborne

fine[2] [fain] podst. pokuta; sl. pokutovať

finger [fiŋgə] prst

finish [finiš] dokončiť

fire [faiə] podst. oheň; **f.!** horí!; sl. aut. zapaľovať

fireplace [faiəpleis] kozub

firm [fə:m] príd. pevný, stály; podst. firma, podnik *(obchodný)*

first [fə:st] prvý; **at f.** najprv, spočiatku; **f. aid** [eid] prvá

FORECAST

pomoc; **f. name** [neim] krstné meno; **f. night** [nait] div. premiéra

fish [fiš] ryba, ryby

fit[1] príd. vhodný, primeraný; v kondícii; sl. hodiť sa, dobre sedieť *(o šatách)*

fit[2] záchvat

fitter [fitə] am. inštalatér

fix stanoviť; upevniť; fot. ustáliť

flag [flæg] vlajka, zástava

flan [flæn] ovocný koláč

flash [flæš] podst. fot. blesk; sl. zablysnúť sa; (za)svietiť

flashlight [flæšlait] fot. blesk; am. baterka

flat [flæt] príd. plochý; vybitý *(o batérii)*; podst. byt

flavour [fleivə] podst. (prí)chuť; sl. okoreniť, prichutiť

flight [flait] podst. (od)let; sl. útek

floor [flo:] dlážka; poschodie, podlažie

florist's kvetinárstvo

flour [flauə] múka

flower [flauə] kvet

flu [flu:] chrípka

fly[1] [flai] podst. mucha

fly[2] [flai] letieť

flyover [flaiəuvə] dopr. nadúrovňová križovatka

foam [fəum] pena; **f. rubber** [rabə] penová guma

fog hmla; **f. lights** [laits] aut. hmlovky

fold [fəuld] zložiť, (po)skladať

folder [fəuldə] obal *(na listiny)*; prospekt

folk [fəuk] podst. ľudia; príd. ľudový, národný

follow [foləu] nasledovať

fond: be f. of [bi:] mať rád, ľúbiť

food [fu:d] jedlo

foodstuffs [fu:dstafs] potraviny

foot [fut] noha *(chodidlo)*; **on f.** pešo; stopa *(= 30,5 cm)*

football [futbo:l] futbal

foot-bridge [futbridž] mostík pre chodcov

footpath [futpa:θ] chodník

footwear [futweə] obuv

for predl. pre; na *(časove)*; do *(miestne)*; za *(predať čo)*; prísl. pretože; aby

forbid [fəˈbid] zakázať

force [fo:s] podst. sila; sl. (pri)nútiť

forecast [fo:ka:st] predpoveď;

FOREHEAD 40

weather f. [weðə] predpoveď počasia

forehead [forid] čelo

foreign [forən] cudzí, zahraničný; **F. Office** [ofis] br. ministerstvo zahraničných vecí

foreign exchange declaration [forən iksčeindž diklə'reišn] valutové potvrdenie

foreigner [forənə] cudzinec

forename [fo:neim] krstné meno

forest [forist] les

forget [fə'get] zabudnúť

forgive [fə'giv] odpustiť

fork [fo:k] vidlička

form [fo:m] podst. tvar; tlačivo, formulár; trieda *(školská)*; sl. tvoriť, formovať

former [fo:mə] predchádzajúci, predošlý

fortnight [fo:tnait] dva týždne

forward [fo:wəd] príd. predný; prísl. vpredu, dopredu; sl. odoslať; podst. šport. útočník

fountain [fauntin] prameň

fountain-pen [fauntinpen] plniace pero

fowl [faul] hydina

frame [freim] rám(ec)

frankfurter [fræŋfə:tə] párok

free [fri:] príd. slobodný, voľný; bezplatný; nestrážený; sl. oslobodiť

freeway [fri:wei] am. expresná diaľnica

freeze [fri:z] (za)mrznúť; zmraziť

freezer [fri:zə] am. mraznička

freight [freit] náklad; doprava

fresh [freš] čerstvý

fricassee [frikə'si:] kuch. zaprávané mäso

Friday [fraidi] piatok

fried [fraid] pražený

friend [frend] priateľ(ka)

frock [frok] šaty *(dlhé)*

from [frəm] z(o), od

front [frant] príd. predný; podst. predná časť; priečelie; **in f. of** pred *(miestne)*

frontier [frantjə] hranica

frost mráz

frozen [frəuzn] mrazený

fruit [fru:t] podst. ovocie; príd. ovocný

fry [frai] pražiť

ft (foot, feet) [fut, fi:t] stopa *(= 30,5 cm)*

41 **GATHER**

fuel [fju:əl] pohonná hmota, palivo
full plný; **f. board** [bo:d] plná penzia; **f. day('s)** [dei(s)] celodenný; **f. up** [ap] div. obsadené, plné
fun [fan] žart
funeral [fju:nərəl] pohreb
funicular [fju:ˈnikjulə] lanovka
fur [fə:] kožušina; **f. coat** [kəut] kožuch

furnish [fə:niš] vystrojiť, opatriť *(čím)*
furnished flat [fə:ništ flæt] zariadený byt
furniture [fə:ničə] nábytok
further [fə:ðə] príd. ďalší; prísl. ďalej
fuse [fju:z] el. poistka
future [fju:čə] podst. budúcnosť; príd. budúci

G

gain [gein] získať; zrýchľovať sa, ponáhľať sa *(o hodinách)*
gale [geil] víchor
gallon [gælən] galón *(= 4,5 l)*
gamble [gæmbl] hrať o peniaze
game¹ [geim] hra *(športová)*
game² [geim] zverina
gangway [gæŋwei] lodný mostík; am. ulička *(medzi sedadlami)*
gap [gæp] medzera
garage [gæra:ž] garáž; autoservis
garbage [ga:bidž] odpadky

garden [ga:dn] záhrada
gargle [ga:gl] kloktať
garlic [ga:lik] cesnak
garments [ga:mənts] šaty
garnished [ga:ništ] kuch. obložený
gas [gæs] plyn; am. benzín
gas-cooker [gæsku:kə] plynový sporák
gasolene [gæsəli:n] am. benzín
gate [geit] brána; vchod; mn. č. **gates** [geits] žel. závory
gather [gæðə] (po)zbierať; zhromaždiť

GAUZE 42

gauze [go:z] gáza

gear [giə] aut. rýchlosť; **change g.**
[čeindž] (za)radiť rýchlosť;
reverse g. [riˈvəːs] spiatočná
rýchlosť; **top g.** štvrtá rýchlosť

gear-box [giəboks] aut. prevodová al. rýchlostná skriňa

gear-lever [giəliːvə] aut. rýchlostná páka

general [džentrəl] všeobecný; **g.**
practitioner [prækˈtišənə]
praktický al. obvodný lekár

gentleman [džentlmən] pán

Gentlemen [džentlmən] Muži
(nápis)

get dostať; kúpiť; dostať sa
(kam); **g. in** vstúpiť; **g. off**
vystúpiť; **g. on** nastúpiť; **g. up**
[ap] vstávať; **g. well** uzdraviť
sa

giddy: I feel g. [fiːl] mám závrat

gift dar

ginger [džindžə] zázvor

gingerbread [džindžəbred] perník

girdle [gəːdl] pás na pančuchy

girl [gəːl] dievča

girlfriend [gəːlfrend] priateľka

give [giv] dať; podať; **g. back**
[bæk] vrátiť; **g. up** [ap] vzdať
sa; prestať; **g. way** [wei] ustúpiť

glad [glæd] rád, rada

glass [glaːs] sklo; pohár; mn. č.
glasses [glaːsiz] okuliare

glove [glav] rukavica

gnat [næt] komár

go [gəu] ísť; vyjsť, odísť; zhasnúť; **g. away** [əˈwei] odísť,
odcestovať; **g. on** pokračovať; **g. out** [aut] vyjsť, odísť
(von); **g. up** [ap] vyjsť nahor

goal [gəul] cieľ; šport. gól

goalkeeper [gəulkiːpə] brankár

God Boh

gold [gəuld] zlato

good [gud] podst. dobro; príd.
dobrý; **G. Friday** [fraidi]
Veľký piatok

goodbye [gudˈbai] zbohom

goods [gudz] tovar

goose [guːs] hus

gooseberry [guːzbəri] egreš

goulash [guːlæš] kuch. guláš

government [gavnmənt] vláda

G. P. (General Practitioner)

GROW

[dženrəl præk'tišənə] prak-
tický al. obvodný lekár

GPO (General Post Office)
[dženrəl pəust ofis] hlavná
pošta

grade [greid] stupeň; am. trieda
(školská)

gradually [grædjuəli] postupne

grammar [græmə] gramatika; **g.
school** [sku:l] br. gymnázium

gramophone [græməfəun] gra-
mofón

grandchild [grændčaild] vnúča

granddaughter [grændo:tə]
vnučka

grandfather [grændfa:də] starý
otec

grandmother [grændmaðə]
stará matka

grandparents [grændpeərənts]
starí rodičia

grandson [grændsan] vnuk

grant [gra:nt] sl. poskytnúť, ude-
liť; podst. štipendium

grape [greip] hrozno

grapefruit [greipfru:t] grep

grass [gra:s] tráva

grateful [greitfl] vďačný

gratuity [grə'tjuiti] prepitné;
dar *(peňažný)*

grave [greiv] hrob

gravy [greivi] omáčka, šťava z
mäsa

gray [grei] sivý

grease [gri:s] podst. masť, tuk; sl.
(na)trieť

great [greit] veľký; veľkolepý

green [gri:n] zelený

greengrocer's [gri:ngrəusəz] ze-
lenina a ovocie *(obchod)*

greet [gri:t] pozdraviť

greeting [gri:tiŋ] pozdrav

grey [grei] p. **gray**

grill podst. grilované mäso, mäso
pečené na ražni; sl. grilovať,
opekať na ražni

grilled [grild] grilovaný; pečený
na ražni

grocery [grəusəri] potraviny
(obchod); mn. č. **groceries**
[grəusəriz] potraviny *(tovar)*

ground [graund] zem; **g. floor**
[flo:] prízemie

group [gru:p] skupina

grow [grəu] rásť; pestovať; **g. up**
[ap] vyrásť

GROWN-UP

grown-up [grənəp] dospelý človek

guarantee [gærənti:] podst. záruka; sl. zaručiť; **g. sth** ručiť za čo

guard [ga:d] podst. stráž; dozorca; zel. sprievodca; sl. strážiť

guest [gest] hosť; **paying g.** [peiŋ] platiaci hosť

guesthouse [gesthaus] penzión

guide [gaid] sprievodca (osoba aj knižka)

guidebook [gaidbuk] sprievodca (knižka)

guided [gaidid] so sprievodom

guitar [gita:] gitara

gulf [galf] záliv

gun [gan] puška; am. revolver

gym(nasium) [dʒim(ˈneiziəm)] telocvičňa

gymnastics [dʒimˈnæstiks] telocvik

H

half [ha:f] podst. polovica; príd. polovičný

hall [ho:l] hala, predsieň; sieň

halt [ho:lt] sl. zastaviť (sa); podst. zastávka

ham [hæm] šunka; **h. and eggs** [hæmændegz] šunka s vajíčkami

hamburger [hæmbə:gə] kus. fašírka v zemli

hammer [hæmə] kladivo

hand [hænd] podst. ruka; **on the one h.** [on di wan] na jednej

haberdashery [hæbədæʃəri] galantérny tovar

hair [heə] vlasy

hairbrush [heəbraʃ] kefa na vlasy

haircut [heəkat] strihanie vlasov

hair-do [heədu:] účes

hairdresser('s) [heədresə(z)] kaderníctvo

hairdryer [heədraiə] sušič vlasov

hair-style [heəstail] účes

44

strane; **on the other h.** [aðə] na druhej strane; sl. **h. in** podať, odovzdať

handbag [hændbæg] kabelka

handbrake [hændbreik] ručná brzda

handkerchief [hæŋkətʃif] vreckovka

handle [hændl]' podst. držadlo; kľučka; sl. **h. sth with care** [keə] zaobchádzať s čím opatrne

handsome [hænsəm] pekný

hanger [hæŋgə] vešiak, ramienko

hang [hæŋ] zavesiť; visieť; **h. on** držať sa; **h. up** [ʌp] zavesiť

happen [hæpən] stať sa; **I happened to be there** [ai hæpənd tə bi: ðeə] náhodou som tam bol

happy [hæpi] šťastný

harbour [ha:bə] prístav

hard [ha:d] príd. tvrdý; ťažký; **h. drinks** tvrdý alkohol; prísl. ťažko

hardly [ha:dli] sotva

hardware [ha:dweə] železiarstvo

harm [ha:m] podst. škoda; sl. poškodiť

haste [heist] podst. chvat; sl. ponáhľať sa

hat [hæt] klobúk

hatchet [hætʃit] sekera

have [hæv] mať; dať *(jedlo)*; **what shall we h. for lunch?** [wot ʃæl wi: fə lʌntʃ] čo si dáme na obed?; **h. a look on ...** [luk] pozri(e) sa na ...; **I h. to go now** [ai gəu nau] teraz musím ísť, **you got ...?** dostal u vás?, máte ...?

he [hi:] zám. on

head [hed] podst. hlava; vedúci; príd. hlavný

headache [hedeik] bolesť hlavy

headlamps, headlights [hedlæmps, hedlaits] aut. predné svetlá, **h. flashing** [flæʃiŋ] diaľkové svetlá

headquarters [hedkwo:təz] ústredie

headwaiter [hedweitə] hlavný čašník

heal [hi:l] liečiť; zahojiť sa

HEALTH
46

health [helθ] zdravie; **your h.!**
[jo:] na vaše zdravie!

hear [hiə] počuť

heart [ha:t] srdce

heat [hi:t] teplo, horúčava; šport.
vylučovacie preteky

heater [hi:tə] radiátor; bojler

heating [hi:tiŋ] kúrenie; **central
h.** [sentrəl] ústredné kúrenie

heavy [hevi] ťažký

heel [hi:l] päta; podpätok

height [heit] výška

helmet [helmit] helma, prilbica

help podst. pomoc; sl. pomôcť; **h.
yourself** [jo:ˈself] nech sa
páči, vezmite si

helping porcia

hen sliepka

her [hə:] zám. jej; ju

here [hiə] tu; sem

herself [hə:ˈself] (ona) sama

high [hai] vysoký; **h. street**
[stri:t] hlavná ulica; **h. fideli-
ty, hi-fi** [hai fai] dokonalá
reprodukcia; **h. school**
[sku:l] am. stredná škola; **h.
tea** [ti:] výdatný olovrant,
ľahšia večera

highlands [hailəndz] vysočina

highway [haiwei] (hlavná) ces-
ta; **H. Code** [kəud] pravidlá
cestnej premávky

hijack [haidžæk] uniesť

hike [haik] sl. robiť túry; podst.
túra

hiking [haikiŋ] pešia turistika

hill kopec, vrch

him zám. (je)ho

himself [himˈself] (on) sám

hire [haiə] podst. nájom; **for h.**
voľný *(o taxíku);* sl. prenajať
si

his [hiz] privl. jeho

hit udrieť; zraziť; trafiť

hitchhike [hičhaik] cestovať
autostopom

hitchhiker [hičhaikə] autosto-
pár

hold [həuld] držať; konať (sa);
h. the line [lain] telef. držte
linku; **h. up** [ap] držte linku

hold-all [həuldo:l] cestovná
taška

holder [həuldə] držadlo; držiteľ,
majiteľ

hold-up [həuldap] dopravná
porucha

hole [həul] diera

HOUSING ESTATE

holiday [holədi] sviatok; dovolenka; **on h.** na dovolenke; **h. centre** [sentə] rekreačné stredisko

home [həum] podst. domov; **at h.** doma; príd. domáci; **H. Office** [ofis] br. ministerstvo vnútra

honest [onist] statočný

honey [hani] med

honeymoon [hanimu:n] svadobná cesta

honour [onə] česť

hood [hud] kapucňa; aut. strecha, kapota

hook [huk] háčik

hooter [hu:tə] aut. húkačka

hoover [hu:və] sl. vysávať *(prach);* podst. vysávač

hope [həup] podst. nádej; sl. dúfať

horn [ho:n] aut. klaksón

horrible [horəbl] hrozný

hors d'oeuvre [o:də:və] predjedlo

horse [ho:s] kôň

horse-race [ho:sreis] konské dostihy

horse-radish [ho:srædiš] chren

hose [həuz] hadica

hosiery [həuziəri], am. [həužəri] bielizeň, pletený tovar

hospital [hospitl] nemocnica

host [həust] hostiteľ, domáci pán

hostel [hostəl] nocľaháreň; **youth h.** [ju:θ] ubytovňa pre mládež

hostess [həustis] hostiteľka, domáca pani; hosteska

hot horúci; **h. dog** párok v rožku; **h. water** [wo:tə] horúca voda; **h. water bottle** [botl] termofor

hotel [həuˈtel] hotel; **h. accommodation** [əkəməˈdeišn] hotelové ubytovanie

hour [auə] hodina; **half an h.** [ha:f ən] pol hodiny; **at any h.** [eni] v hocakú hodinu

house [hauz] dom; **keep h.** [ki:p] viesť domácnosť; **full h.** div. vypredané

household [haushəuld] domácnosť

housekeeper [hauski:pə] gazdiná

housing estate [hauziŋ isˈteit] sídlisko

HOW 48

how [hau] ako; **h. many, h. much** [meni, mač] koľko; **h. do you do?** [djudu:] pozdravujem vás!; **h. are you?** [a: ju:] ako sa máte?

however [hauˈevə] avšak, pravda

huge [hju:dž] veľký, obrovský

human [hju:mən] ľudský

hungry [haŋgri] hladný; **I feel h.** [fi:l] som hladný

hunt [hant] podst. poľovačka; sl. poľovať

hunting [hantiŋ] poľovačka

hurry [hari] podst. ponáhľanie, chvat; sl. ponáhľať sa

hurt [hə:t] poraniť; ublížiť

husband [hazbənd] manžel

hut [hat] chalupa, chatrč

I

I [ai] zám. ja

ice [ais] ľad; zmrzlina; **black i.** [blæk] poľadovica

ice-box [aisboks] ľadnička; am. chladnička

ice-cream [aiskri:m] zmrzlina

ice-hockey [aishoki] ľadový hokej

iced [aist] s ľadom, chladený ľadom

icy [aisi] ľadový

idea [aiˈdiə] myšlienka, nápad

identity card [aiˈdentiti ka:d] občiansky preukaz

idle [aidl] nečinný

i. e. [ˈdæt iz] t. j.

if ak, keby

ignition [igˈnišn] aut. zapaľovanie

ill chorý; **fall ill** [fo:l] ochorieť

illness [ilnis] choroba

imagine [iˈmædžin] predstaviť si

immediate [iˈmi:djət] okamžitý, bezprostredný

immigration [imiˈgreišn] prisťahovalectvo; **i. officer** [ofisə] úradník pasovej kontroly

impassable [imˈpa:səbl] nezjazdný

INFECTION

impatient [imˈpeišnt] netrpez-
livý

impolite [impəˈlait] nezdvorilý

important [imˈpoːtənt] dôležitý

impossible [imˈposəbl] nemožný

impression [imˈprešn] dojem

imprison [imˈprizn] uväzniť

improve [imˈpruːv] zlepšiť (sa),
zdokonaliť (sa)

in v, na, do; o; **i. London** v Lon-
dýne; **i. two hours** [auəz] o
dve hodiny; **he is i.** je doma

inch [inč] palec *(dĺžková mie-
ra = 2,54 cm)*

include [inˈkluːd] zahrňovať

including [inˈkluːdiŋ], **inclusive**
[inˈkluːsiv] vrátane; **i. cost**
[kost] plné výdavky; **i. terms**
[təːmz] plná penzia *(v hote-
li);* **(all-)inclusive tour** [oːl,
tuə] spoločný zájazd *(zahra-
ničný)*

income [inkam] príjem, plat

inconvenient [inkənˈviːnjənt]
nevhodný, nepohodlný

incorrect [inkəˈrekt] nesprávny

increase [inˈkriːs] sl. zväčšiť (sa),
zvýšiť (sa); podst. zväčšenie,
zvýšenie

indebted [inˈdetid] zaviazaný,
vďačný; dlžný

indeed [inˈdiːd] naozaj

independent [indiˈpendənt] ne-
závislý

Indian [indjən] podst. Ind; **Red I.**
Indián; príd. indický; indián-
sky

indicate [indikeit] ukázať, na-
značiť

indicator [indiˈkeitə] aut. sme-
rovka

indigestion [indiˈdžesčn] poka-
zený žalúdok, zlé trávenie

indoor [indoː] krytý; **i. swim-
ming-pool** [swimiŋpuːl] krytý
bazén; **i. games** [geimz]
halový šport

indoors [inˈdoːz] vnútri; doma

industrial [inˈdastriəl] priemy-
selný

industry [indəstri] priemysel

inexpensive [iniksˈpensiv] lacný

infant [infənt] malé dieťa

infants school [infənts skuːl] br.
prvý stupeň základnej školy
(od 5. do 8. roku)

infection [inˈfekšn] nákaza

INFECTIOUS 50

infectious [in'fekšəs] nákazlivý

inferior [in'fiəriə] horší, nižšej akosti

inflammation [inflə'meišn] zápal

influence [influəns] vplyv

influenza [influ'enzə] chrípka

information [infə'meišn] informácia

infringement [in'frindžmənt] priestupok

inhabitant [in'hæbitənt] obyvateľ

injection [in'džekšn] injekcia

injure [indžə] (po)raniť

injury [indžəri] poranenie

injustice [in'džastis] nespravodlivosť

ink atrament; in i. atramentom

inland [inlənd] vnútrozemský; tuzemský

inn hostinec

inner [inə] vnútorný; i. tube [inə tju:b] aut. duša (pneumatiky)

inoculation [inokju'leišn] očkovanie

inquire about sth [in'kwaiə ə'baut] informovať sa o čom

inquiries [in'kwaiəriz] informácie

inquiry office [in'kwaiəri ofis] informačná kancelária

inscription [in'skripšn] nápis

insect [insekt] hmyz

insert [in'sə:t] vložiť

inside [in'said] podst. vnútrajšok; príd. vnútorný; vnútri, donútra

instalment [in'sto:lmənt] splátka

instant [instənt] okamžitý

instead of sth [insted] namiesto čoho

institute [institju:t] ústav

instructions [in'strakšnz] pokyny

insulation [insju'leišn] el. izolácia

insult [in'salt] sl. uraziť; podst. urážka

insurance [in'šuərəns] poistenie; i. company [kampəni] poisťovňa; i. policy [polisi] poistka

insure against sth [in'šuə ə'genst] poistiť proti čomu

intention [in'tenšn] úmysel

interchange [intə'čeindž] dopr. križovatka; i. station [steišn] prestupná stanica

intercourse [intəko:s] styk

51 JANUARY

interest [intrist] záujem; úrok

interesting [intristiŋ] zaujímavý

interior [inˈtiəriə] vnútorný

internal [inˈtə:nl] vnútorný

international [intəˈnæšnəl] medzinárodný

interpreter [inˈtə:pritə] tlmočník

interrupt [intəˈrapt] prerušiť

intersection [intəˈsekšn] am. križovatka

interval [intə(:)vl] prestávka

intimate [intimit] dôverný, intímny

into [intu] do

introduce [intrəˈdju:s] predstaviť; uviesť

introduction [intrəˈdakšn] úvod

invalid [inˈvælid] príd. neplatný; podst. invalid

invention [inˈvenšn] vynález

investigation [investiˈgeišn] skúmanie

invitation [inviˈteišn] pozvanie

invite [inˈvait] pozvať

invoice [invois] účet, faktúra

iodine [aiəudi:n] jód

iron [aiən] železo

is [iz] je

island [ailənd] ostrov; dopr. ostrovček

isle [ail] ostrov

issue [išu:] sl. vydať *(publikáciu);* podst. vydanie, číslo *(novín)*

issued at, by [išu:d ət, bai] vydaný kde, kým *(o pase)*

it ono; to; **it is, it's** to je

item [aitəm] bod, položka

itinerary [aiˈtinərəri] cestovný plán, cestovný program

its privl. jeho

J

jack [džæk] hever

jacket [džækit] sako

jam [džæm] podst. džem; dopr. zátarasa; sl. napchať; zablokovať

January [džænjuəri] január

JAUNDICE 52

jaundice [džo:ndis] žltačka
jaw [džo:] čeľusť
jeans [dži:nz] džínsy, texasky
jeep [dži:p] džíp
jelly [dželi] rôsol, želé
jersey [džo:zi] sveter
jet [džet] aut. dýza
jet plane [džet plein] prúdové lietadlo
Jew [džu:] žid
jewel [džu:əl] klenọt
jewelry [džu:əlri] klenotníctvo
job [džob] zamestnanie, práca
join [džoin] pripojiť (sa), spojiť (sa)
joint [džoint] kĺb; kuch. pečené mäso
joke [džəuk] vtip
journal [džo:nl] časopis, noviny
journalist [džo:nəlist] novinár
journey [džo:ni] cestovanie, cesta; **make a j.** [meik] cestovať
joy [džoi] radosť

judge [džadž] sudca; šport. rozhodca
judgement [džadžmənt] rozsudok
jug [džag] džbán
juice [džu:s] šťava
juke-box [džu:kboks] hrací automat
July [džuˡlai] júl
jumble-sale [džamblseil] bazár, predaj použitého tovaru *(na charitatívne ciele)*
jump [džamp] sl. skočiť; podst. skok
jumper [džampə] pulóver
junction [džaŋkšn] žel. križovatka; spojenie
June [džu:n] jún
juniper [džu:nipə] borovička
just [džast] práve; presne teraz; príd. spravodlivý
justice [džastis] spravodlivosť
juvenile [džu:vənail] mladistvý; pre mládež

K

keep [ki:p] držať; (po)nechať si; zachovať; udržiavať; **k. clear** [kliə] nechať voľný vjazd; **k. in lane** [lein] nevybočovať z jazdného pruhu; **k. in low gear** [ləu giə] ísť pomaly; **k. off the grass** [gra:s] chodiť po trávniku zakázané; **k. quiet** [kwaiət] zachovajte ticho; **k. to the left, right** [rait] choďte vľavo, vpravo; **k. straight on** [streit] choďte rovno vpred

kerbstone [kə:bstəun] obrubník

kerosene [kerəsi:n] am. petrolej

kettle [ketl] kotlík, konvica *(na varenie vody)*

key [ki:] kľúč

kick [kik] kopnúť

kidney [kidni] oblička; kuch. ľadvina

kill zabiť

kilogram [kiləugræm] kilogram

kilometre [kiləumi:tə] kilometer

kind¹ [kaind] milý, láskavý; **be** **so k. as to** [bi: səu, əz tə] buďte taký láskavý

kind² [kaind] druh; rod; **a k. of** akýsi

king kráľ

kingdom [kiŋdəm] kráľovstvo

kipper [kipə] údenáč

kitchen [kičən] kuchyňa

kitchenette [kiči'net] kuchynský kút

knapsack [næpsæk] plecniak

knee [ni:] koleno

knickers [nikəz] nohavičky

knife [naif] nôž

knitwear [nitweə] pletený tovar

knob [nob] gombík, tlačidlo

knock [nok] klopať; **k. down** [daun] zraziť; **k. at** zaklopať

knocking [nokiŋ] klepot

knot [not] uzol

know [nəu] vedieť; poznať

knowledge [nolidž] znalosť, vedomosti

known [nəun] známy

kohlrabi [kəul'ra:bi] kaleráb

L (LEARNER)

L

L (learner) [lə:nə] začiatočník *(vodič)*

£ (pound sterling) [paund stə:liŋ] libra *(mena)*

label [leibl] nálepka, vineta

lab(oratory) [lə'borətri], am. [læbrəto:ri] laboratórium

labour [leibə] práca

labourer [leibərə] robotník

lace [leis] čipka; šnúrka

lack [læk] podst. nedostatok; sl. chýbať

ladder [lædə] rebrík

ladle [leidl] naberačka

Ladies (Room) [leidiz (ru:m)] Dámy, Ženy *(nápis)*

lady [leidi] pani

lager [la:gə] ležiak *(pivo)*

lake [leik] jazero

lamb [læm] jahňa

lamp [læmp] lampa

land [lænd] podst. zem; pôda; pevnina; sl. pristáť

landing [lændiŋ] pristátie; odpočívadlo *(na schodišti)*

landlady [lændleidi] domáca pani; hostinská

landlord [lændlo:d] domáci pán; hostinský

landscape [lænskeip] krajina

lane [lein] ulička; cesta; jazdný pruh

language [læŋgwidž] reč, jazyk

large [la:dž] veľký

last [la:st] príd. posledný; **l. but one** [bat wan] predposledný; minulý; **l. year** [jə:] vlani; prísl. naposledy; **at l.** konečne; sl. trvať; vystačiť

latchkey [læčki:] kľúč *(domový)*

late [leit] príd. neskorý; oneskorený; nebohý; **be l.** zmeškať; **the train was five minutes l.** [trein, faiv minits] vlak meškal 5 minút; prísl. neskoro

lately [leitli] nedávno

later [leitə] príd. neskorší; prísl. neskoršie; **l. on** neskôr, potom

latest [leitist] posledný; najnovší

55 **LEG**

latter [lætə] posledný; druhý *(z uvedených)*

laugh [la:f] sl. smiať sa; podst. smiech

launderette [lo:ndəret] samoobslužná práčovňa

laundry [lo:ndri] práčovňa; bielizeň *(určená na pranie)*

lavatory [lævətəri] záchod; umváreň

law [lo:] zákon; právo

lawn [lo:n] trávnik

lawyer [lo:jə] právnik, advokát

laxative [læksətiv] preháňadlo

lay [lei] položiť; **l. the table** [teibl] prestrieť (na) stôl

lay-by [leibai] parkovisko na diaľnici

lazy [leizi] lenivý

lb (pound) [paund] libra *(= 0,45 kg)*

lead¹ [li:d] viesť; riadiť

lead² [led] olovo

leader [li:də] vodca; úvodník *(v novinách)*

leaf [li:f] list *(na strome);* mn. č. **leaves** [li:vz] lístie

leaflet [li:flit] leták

leak [li:k] podst. diera, štrbina; sl. tiecť, prepúšťať vodu

lean¹ [li:n] chudý

lean² [li:n] zohnúť sa; **l. on** oprieť sa o; **l. out of** [aut] vykláňať sa z

leap [li:p] sl. skočiť; podst. skok

leap-year [li:pjə:] priestupný rok

learn [lə:n] učiť sa; dozvedieť sa

least [li:st] príd. najmenší; prísl. najmenej; **at l.** aspoň

leather [leðə] koža *(materiál)*

leatherette [leðə¹ret] koženka

leave [li:v] sl. nechať, opustiť; odísť; **the train leaves for London** [ðə trein li:vz fə ¹landn] vlak odchádza do Londýna; podst. dovolenka

lecture [lekčə] prednáška

left príd. ľavý; **l. side** [said] ľavá strana; prísl. vľavo; **to the l.** doľava

left-luggage locker [leftlagidž lokə] automat na úschovu batožiny

left-luggage office [leftlagidž ofis] úschovňa batožiny

leg noha *(celá)*

LEGAL 56

legal [li:gl] právny; zákonný
legation [li'geišn] vyslanectvo
legible [ledžəbl] čitateľný
leisure [ležə] voľný čas
lemon [lemən] citrón
lemonade [lemə'neid] limonáda
lend požičať
length [leŋθ] dĺžka
lens fot. šošovka
lentil šošovica
less prísl. menej; príd. menší
lesson [lesn] lekcia; hodina *(vyučovacia)*
let nechať; dovoliť; prenajať; **l. in** pustiť donútra; **l. know sb** [nəu] oznámiť komu; **to l.** prenajme sa
letter [letə] list *(písaný);* písmeno; **in block letters** [blok letəz] paličkovým písmom; **l. of credit** [kredit] akreditív
letter-box [letəboks] poštová schránka
lettuce [letis] hlávkový šalát
level [levl] rovina; úroveň; **above sea l.** [ə'bav si:] nad hladinou mora
level crossing [levl krosiŋ] žel. nechránený priechod; **l. cross-**

ing **with gates** [wid geits] chránený priechod
lever [li:və] páka
library [laibrəri] knižnica
licence [laisns] povolenie; **driving l.** [draiviŋ] vodičský preukaz
lid pokrievka
lie¹ [lai] ležať
lie² [lai] sl. luhať; podst. lož
life [laif] život
lifebelt [laifbelt] záchranný pás
lifeboat [laifbəut] záchranný čln
lifebuoy [laifboi] záchranný pás
lift sl. zdvihnúť; podst. výťah; odvezenie *(autom)*
light¹ [lait] podst. svetlo; príd. svetlý; sl. zažať, zapáliť
light² [lait] ľahký
lighter [laitə] zapaľovač
lighting [laitiŋ] osvetlenie
lightning [laitniŋ] blesk
like¹ [laik] mať rád; **I l. it** páči sa mi to
like² [laik] prísl. ako; príd. podobný
likely [laikli] asi, pravdepodobne
limbs [lims] údy

LOOK

lime¹ [laim] vápno
lime² [laim] citrón
lime³ [laim] lipa
limit podst. hranica, obmedzenie; **speed l.** [spi:d] povolená rýchlosť; **weight l.** [weit] dovolená hmotnosť; sl. obmedziť
line [lain] čiara; riadok; rad; trať; **bus l.** [bas] autobusová trať; **l. engaged** [in'geidžd] al. **busy** [bizi] telef. obsadené
linen [linin] plátno; bielizeň
liner [lainə] parník; lietadlo
lip pera
lipstick [lipstik] rúž
liqueur [likjuə], am. [li'kə:] likér
liquid [likwid] podst. tekutina; príd. tekutý
liquor [likə] alkohol, liehovina
list zoznam
listen [lisn] počúvať; **l. in(to)** [in(tə)] počúvať rádio; **l. to sb, sth** počúvať *(koho, čo)*
listener [lisnə] poslucháč
literature [litrəčə] literatúra
litter [litə] odpadky
little [litl] príd. malý; prísl. málo; **a l.** trocha

live [liv] sl. žiť; bývať; [laiv] príd. živý; priamy *(vysielanie)*
liver [livə] pečeň
living-room [liviŋru:m] obývačka
load [ləud] podst. náklad; sl. naložiť
loaf [ləuf] bochník
loan [ləun] pôžička
lobster [lobstə] morský rak
local [ləukl] miestny
lock [lok] podst. zámka; sl. zamknúť
locker [lokə] skrinka *(zamknuteľná)*
lodging(s) [lodžiŋ(z)] ubytovanie, podnájom
loft podkrovie; am. poschodie
lollipop [lolipop] lízanka
London [landn] Londýn
long príd. dlhý; prísl. dlho
long-distance [loŋdistəns] diaľkový; šport. na dlhé trate
long-play(ing) record [loŋplei(iŋ) reko:d] dlhohrajúca platňa
long-term [loŋtə:m] dlhodobý
look [luk] sl. vyzerať; **l. at** [ət]

LOOKING-GLASS   58

dívať sa na; **l. after** [a:ftə]
postarať sa o; **l. for** hľadať; **l.
forward to** [fo:wəd tə] tešiť
sa na; **l. up** [ap] vyhľadať;
podst. pohľad; **have a l. at it**
[hæv] pozrite sa na to
looking-glass [lukiŋgla:s] zr-
kadlo
Look Out! [luk aut] Pozor!
loose [lu:s] voľný, uvoľnený
loosen [lu:sn] uvoľniť
lorry [lori] nákladné auto
lose [lu:z] stratiť
loss strata
Lost Property Office [lost pro-
pəti ofis] Straty a nálezy
lot: a lot of mnoho, veľa
lotion [ləušn] vod(ič)ka *(kozme-
tická);* roztok
loud [laud] hlasný
loud-speaker [laudspi:kə] am-
plión
lounge [laundž] hala, sieň;
salón; **arrival l.** [əˈraivl] prí-
letová hala; **departure l.** [di-
ˈpa:čə] odletová hala
love [lav] podst. láska; šport. *(te-
nis)* nula bodov; sl. milovať

lovely [lavli] pekný; milý
low [ləu] príd. nízky; tichý; prísl.
nízko; ticho
lower [ləuə] príd. nižší; tichší;
prísl. nižšie; tichšie
LP (long-playing) [loŋpleiiŋ]
dlhohrajúci *(platňa)*
lubricate [lu:brikeit] (na)mazať
(stroj)
lubrication [lu:briˈkeišn] maza-
nie *(stroja)*
luck [lak] šťastie; **bad l.** [bæd]
smola
luggage [lagidž] batožina; **l.-
-rack** [ræk] polica, sieť na
batožinu; **l.-van** [væn]
nákladný vozeň; **l. label** [lei-
bl] menovka na batožine
Luggage Registration Office [la-
gidž redžiˈstreišn ofis] Príjem
batožiny
lump [lamp] kocka *(cukru)*
lukewarm [lu:kwo:m] vlažný
lunch [lanč] podst. obed; sl. obe-
dovať
lungs [laŋz] pľúca
luxurious [lagˈžuəriəs] luxusný
luxury [lakšəri] luxus, prepych

M

M (motorway) [məutəwei] auto-stráda, diaľnica

machine [məˈši:n] stroj

mac(kintosh) [mæk(intoš)] pršiplášť

mad [mæd] šialený; **m. about** [əˈbaut] zbláznený *(do čoho)*

madam [mædəm] pani, slečna *(oslovenie bez mena)*

made in [meid] vyrobené v

magazine [mægəˈzi:n] časopis *(ilustrovaný)*

maid [meid] slúžka, chyžná

maiden name [meidn ˈneim] meno ženy *(za slobodna)*

mail [meil] podst. pošta; sl. podať na pošte

mailbox [meilboks] am. poštová schránka

main [mein] hlavný

mainland [meinlənd] pevnina

maintain [meinˈtein] udržiavať, zachovávať; podporovať

maintenance [meintənəns] údržba

maize [meiz] kukurica

major [meidžə] väčší; **m. road** [rəud] hlavná cesta; hud. dur

majority [məˈdžoriti] väčšina

make [meik] sl. robiť; vyrábať; **m. sb do** [du:] prinútiť koho urobiť; **m. sure** [šuə] presvedčiť sa; podst. značka *(výrobku)*

male [meil] podst. muž; príd. mužský

man [mæn] muž; človek; mn. č. **men** muži; ľudia

manage [mænidž] riadiť, spravovať; zvládnuť, stihnúť

manager [mænidžə] riaditeľ, vedúci

manner [mænə] spôsob

manual [mænjuəl] príd. ručný; podst. príručka

many [meni] mnoho

map [mæp] mapa

marble [ma:bl] mramor

March [ma:č] marec

march [ma:č] sl. pochodovať; podst. pochod

MARGARINE

margarine [ma:džə'ri:n] margarín

mark [ma:k] podst. značka; sl. označiť

market [ma:kit] trh

marmalade [ma:məleid] pomarančový džem

marriage [mæridž] manželstvo

married [mærid] ženatý, vydatá

marry [mæri] oženiť sa, vydať sa; **they got married** [ðei got mærid] zosobášili sa

mashed potatoes [mæšt pə'teitəuz] zemiaková kaša

mass¹ [mæs] podst. masa, hmota; príd. hromadný

mass² [mæs] omša

master [ma:stə] podst. majster; učiteľ; sl. ovládať

match [mæč] šport. zápas

matches [mæčiz] zápalky

material [mə'tiəriəl] látka, materiál

matinée [mætinei] popoludňajšie predstavenie

matter [mætə] záležitosť, vec; hmota

mature [mə'tjuə] zrelý

may: I m. [mei] môžem, smiem

May [mei] máj

maybe [meibi:] možno, azda

mayor [meə] mešťanosta

me [mi:] zám. ma, mňa; mi, mne; **it's m.** (to) som ja

meadow [medəu] lúka

meal [mi:l] jedlo; stravovanie

mean¹ [mi:n] znamenať; zamýšľať

mean² [mi:n] priemerný; biedny, nízky

meaning [mi:niŋ] význam

means [mi:nz] prostriedky; **m. of transport** [trænspo:t] dopravné prostriedky; **by all m.** [o:l] bezpodmienečne; **by m. of sth** pomocou čoho; **by no m.** [nəu] v nijakom prípade

meantime: in the m. [mi:n'taim] zatiaľ

measles [mi:zlz] osýpky

measure [mežə] podst. miera; opatrenie; sl. merať

meat [mi:t] mäso

medical [medikl] lekársky

medieval [medi'i:vl] stredoveký

medium [mi:diəm] podst. prostriedok; priemer; **mass**

media [mæs mi:diə] hromadné oznamovacie prostriedky; príd. stredný; **m. waves** [weivz] stredné vlny *(rozhlasové)*

meet [mi:t] stretnúť sa; zoznámiť sa; ísť oproti; uspokojiť, vyhovieť

meeting [mi:tiŋ] schôdzka; stretnutie

melon [melən] melón

melt roztopiť sa

member [membə] člen

memorial [mi'mo:riəl] pomník, pamätník

memory [meməri] pamäť; **in m. of sb** na pamiatku koho

men muži; ľudia

mend opraviť

mention [menšn] sl. zmieniť sa *(o čom);* podst. zmienka

menu [menju:] jedálny lístok

merry [meri] veselý

merry-go-round [merigəuraund] kolotoč

message [mesidž] odkaz, správa

metal [metl] podst. kov; príd. kovový

meter [mi:tə] merací prístroj; **parking m.** [pa:kiŋ] parkovacie hodiny

metre [mi:tə] meter

midday [middei] poludnie

middle [midl] stred; **in the m. of** uprostred; **the M. Ages** [eidžiz] stredovek

midnight [midnait] polnoc

midwife [midwaif] pôrodná asistentka

might[1]: **I. might** [mait] mohol by som

might[2] [mait] moc, sila

mild [maild] mierny

mile [mail] míľa *(= 1609 m)*

mileage [mailidž] vzdialenosť v míľach; poplatok za precestovanú vzdialenosť

milestone [mailstəun] kilometrovník; míľnik; medzník

military [militri] vojenský

milk mlieko

mill mlyn; továreň

milliner's [milinəz] klobučníctvo *(dámske)*

mind [maind] podst. myseľ; názor; sl. dať pozor na čo; namietať proti čomu; **m. the step** pozor, schod!; **never**

MINE¹ 62

m. [nevə] to nič!; **I don't m.**
[dəunt] nedbám; neprekáža
mi to
mine¹ [main] môj *(samostatne)*
mine² [main] baňa
miner [mainə] baník
mineral [minərəl] nerast; **m.
water** [wo:tə] minerálka
minor [mainə] menší; mladší;
neplnoletý; hud. mol
minute¹ [minit] minúta
minute² [mainju:t] podrobný;
nepatrný
mirror [mirə] zrkadlo
miss¹ [mis] prísť neskoro; prejsť
okolo
miss² [mis] slečna
mist hmla
mistake [mis'teik] chyba; **be
mistaken** [mis'teikn] mýliť sa
mix (z)miešať
mixed-pickles [mikst piklz] kuch.
čalamáda
mixture [mikščə] zmes
moderate [modərət] mierny
modern [modən] moderný
modest [modist] skromný
moist vlhký
monastery [monəstri] kláštor

Monday [mandi] pondelok
monetary unit [manitri ju:nit]
peňažná jednotka
money [mani] peniaze
money order [mani o:də]
peňažná poukážka
month [manθ] mesiac *(kalen-
dárny)*
monthly [manθli] príd. mesačný;
podst. mesačník
monument [monjumənt] pom-
ník
mood [mu:d] nálada
moon [mu:n] mesiac *(nebeské
teleso)*
more [mo:] viac; **no m.** už nie;
once m. [wans] ešte raz
moreover [mo:'rəuvə] okrem
toho, ba aj
morning [mo:niŋ] ráno, dopo-
ludnia; **this m.** [ðis] dnes
ráno
Moscow [moskəu] Moskva
mosquito [məs'ki:təu] komár
most [məust] najviac; väčšina;
at m. nanajvýš
moth [moθ] moľa
mother [maðə] matka
mother-in-law [maðəinlo:] svokra

MYSELF

motion [məušn] pohyb

motor [məutə] motor

motor-bike [məutəbaik] motocykel

motor-car [məutəka:] auto

motor-cycle [məutəsaikl] motocykel

motoring [məutəriŋ] motorizmus

motorway [məutəwei] autostráda, diaľnica

mount [maunt] podst. hora; sl. vystúpiť

mountain [mauntin] hora, vrch

mountaineering [maunti'niəriŋ] horolezectvo

mouse [maus], mn. č. **mice** [mais] myš

moustache [məs'ta:š] fúzy

mouth [mauθ] ústa

move [mu:v] hýbať sa; presťahovať sa

movie(s) [mu:vi(z)] kino; **drive-in movie** [draivin] autokino

MP (Member of Parliament) [membə əv pa:ləmənt] poslanec

mph (miles per hour) [mailz pərauə] míle za hodinu

Mr [mistə] pán *(s menom)*

Mrs [misiz] pani *(s menom)*

much [mač] veľa, mnoho; oveľa; **as m. as** [əz mač əz] toľko čo; **how m.?** [hau] koľko?; **too m.** [tu:] priveľa

mud [mad] blato

mudguard [madga:d] blatník

mug [mag] hrnček

municipal [mju:'nisipl] mestský

murder [mə:də] podst. vražda; sl. zavraždiť

muscle [masl] sval

museum [mju:'ziəm] múzeum

mushroom [mašrum] huba, hríb

music [mju:zik] hudba

must: I m. [mast] musím; **I m. not** nesmiem

mustard [mastəd] horčica

mutton [matn] baranie mäso

my [mai] privl. môj, moja, moje

myself [mai'self] (ja) sám

NAIL

N

nail [neil] necht; klinec

name [neim] meno; **Christian n.** [krisčn] krstné meno; **first n.** [fə:st] rodné meno; **family n.** [fæmili] priezvisko; **full n.** celé meno

namely [neimli] totiž

nappy [næpi] plienka

napkin [næpkin] obrúsok; plienka

narrow [nærəu] úzky

nation [neišn] národ

national [næšnəl] národný

nationality [næšəˈnæliti] národnosť; štátna príslušnosť

native [neitiv] podst. domorodec; príd. rodený; rodný

natural [næčrəl] prírodný; prirodzený

nature [neičə] príroda; povaha

nave [neiv] loď *(chrámová)*

near [niə] príd. blízky; prísl. blízko

nearly [niəli] takmer

neat [ni:t] čistý, upravený; neriedený

necessary [nesisəri] potrebný; **it is n.** treba

necessity [niˈsesiti] potreba, nevyhnutnosť

neck [nek] krk

necklace [neklis] náhrdelník

neck-tie [nektai] kravata

née [nei] rodená

need [ni:d] sl. potrebovať; **I n. not** nemusím; podst. potreba

needle [ni:dl] ihla; ihlica

Negro [ni:grəu] podst. černoch; príd. černošský

neighbour [neibə] sused

neither [naiðə] ani jeden; nijaký

neither-nor [naiðə no:] ani-ani

nephew [nefju:] synovec

nervous [nə:vəs] nervózny

net[1] [net] sieť(ka)

net[2] netto, čistý

(the) Netherlands [neðələndz] Holandsko

never [nevə] nikdy; **n. mind** [maind] to nič!

nevertheless [nevəðəˈles] avšak, i napriek tomu

new [nju:] nový; **N. Year('s Day)** [nju: jə:(z dei)] Nový rok; **N. Year's Eve** [i:v] Silvester

news [nju:z] správa, správy

newsagent [nju:zeidžent] predavač novín

newsdealer [nju:zdi:lə] am. predavač novín

newspaper [nju:speipə] noviny

newsreel [nju:zri:l] filmový týždenník

newsstand [nju:sstænd] novinový stánok

next budúci; ďalší; **n. to him** pri ňom, vedľa neho

nice [nais] milý, príjemný

niece [ni:s] neter

night [nait] noc; **all n.** [o:l] celú noc; **last n.** [la:st] včera večer; **good n.** [gud] dobrú noc; **first n.** [fə:st] div. premiéra

nightdress [naitdres], **nightgown** [naitgəun] nočná košeľa

nil šport. nula

no [nəu] nie; nijaký; **n. one** [wan] nikto

No (number) [nambə] číslo

No Admittance [nəu əd'mitəns] Vstup zakázaný

No Bathing [nəu beiθiŋ] Kúpať sa zakázané

No Crossing [nəu krosiŋ] Neprechádzať

No Entry [nəu entri] Vstup zakázaný

No Exit [nəu eksit] Východ zakázaný

No Overtaking [nəu əuvə'teikiŋ] Zákaz predbiehania

No Parking [nəu pa:kiŋ] Parkovať zakázané

No Smoking [nəu sməukiŋ] Fajčiť zakázané; Nefajčiari

No Stopping [nəu stopiŋ] Zákaz zastavenia

No Thoroughfare [nəu θarəfeə] Priechod zakázaný

No Through Way [nəu θru: wei] Priechod zakázaný

No Trespassing [nəu trespəsiŋ] Vstup zakázaný

No Unauthorized Persons Allowed [nəu an'o:θəraizd pə:sns ə'laud] Nezamestnaným vstup zakázaný

NO VACANCIES 66

No Vacancies [nəu veikənsiz] Plne obsadené *(v hoteli)*

nobody [nəubodi] nikto; **n. else** [els] nikto iný

noise [noiz] hluk

non-crease [nonkri:z] nekrčivý

none [nan] ani jeden

nonsense [nonsəns] nezmysel, hlúposť

non-shrink [nonšriŋk] nezrážavý

non-smoker [nonsməukə] nefajčiar

noodles [nu:dlz] rezance

noon [nu:n] poludnie; **at n.** napoludnie

nor [no:] ani; **n. you either** [aidə] ani ty (vy)

normal [no:ml] normálny; riadny; zvyčajný

north [no:θ] sever; **n. of** na sever od

north-east [no:θi:st] severovýchod

northern [no:ðən] severný

northwards [no:θwədz] na sever

northwest [no:θwest] severozápad

nose [nəuz] nos

not ne-; **n. at all** [o:l] vôbec nie; niet za čo; **n. yet** [jet] ešte nie

note [nəut] poznámka; nota; tón

notepaper [nəutpeipə] listový papier

notebook [nəutbuk] zápisník, notes

nothing [naθiŋ] nič

notice [nəutis] podst. vyhláška, oznámenie; sl. všimnúť si

notify [nəutifai] upovedomiť, oznámiť

nought [no:t] nula

novel [novl] román

November [nəu'vembə] november

now [nau] teraz

nowhere [nəuweə] nikde, nikam

number [nambə] číslo

number-plate [nambəpleit] aut. poznávacia značka

nurse [nə:s] ošetrovateľka, zdravotná sestra

nursery school [nə:səri sku:l] materská škola

nut [nat] orech

O

oats [əuts] ovos

object [obdžikt] podst. predmet; [əb'džekt] sl. namietať

obligatory [ə'bligətəri] povinný

obliged [ə'blaidžd] povinný, zaviazaný

observe [əb'zə:v] pozorovať

obtain [əb'tein] dostať, získať

occasion [ə'keižn] príležitosť

occupation [okju'peišn] zamestnanie

occupied [okjupaid] obsadený; zamestnaný

occur [ə'kə:] stať sa, prihodiť sa

ocean [əušn] oceán

o'clock: at nine o.' [nainəklok] o 9. hodine

October [ok'təubə] október

odd [od] nepárny

oddment [odmənt] (po)zostatok

odour [əudə] pach, vôňa

of [əv] o; od, z; **made of wood** [meid, wud] vyrobené z dreva; *predl. 2. pádu;* **a pint of milk** [paint] pol litra mlieka;

of course [əv'ko:s] samozrejme

off [of] vzdialený, neprítomný; zrušený; **a day o.** [dei] voľný deň; **o. season** [si:zn] uhorková sezóna; **he is o. duty** [dju:ti] je mimo služby

offence [ə'fens] priestupok

offer [ofə] sl. ponúknuť; podst. ponuka

office [ofis] úrad; **Office** br. ministerstvo

office hours [ofis auəz] úradné hodiny

officer [ofisə] dôstojník; úradník; strážnik

official [ə'fišl] príd. úradný; podst. úradník

off-licence [of laisns] *(obchod, ktorý má)* povolenie predávať liehoviny

often [ofn] často

oil olej; nafta

ointment [ointmənt] lek. masť

okay, O. K. [əukei] dobre, v poriadku

OLD 68

old [əuld] starý

omit [ə'mit] vynechať; zanedbať

on predl. na; *(časove)* na, o; *(prednáška)* o; **be o.** byť na programe; **go o.** [gəu] pokračovať

once [wans] raz; **at o.** ihneď; **o. more** [mo:] ešte raz

oncoming [onkamiŋ] prichádzajúci v protismere

one [wan] jeden, jedna, jedno; **this o.** tento; **o. another** [ə-. 'naðə] navzájom

oneself [wan'self] sa, seba; sám

one-way street [wanwei stri:t] jednosmerná ulica

one-way traffic [wanwei træfik] jednosmerná doprava

onion [aniən] cibuľa

only [əunli] iba, len; príd. jediný

open [əupən] príd. otvorený; sl. otvoriť

open-air [əupən eə] nekrytý *(bazén)*; prírodný *(kino)*

Open All Day [əupən o:l dei] Nepretržitá prevádzka

opera-glasses [oprə gla:siz] divadelný ďalekohľad

operate [opəreit] byť v prevádzke, fungovať; **o. on sb** operovať koho

operation [opə'reišn] fungovanie; obsluha; operácia

opinion [ə'pinjən] názor, mienka

opportunity [opə'tju:niti] príležitosť

opposite [opəzit] príd. náprotivný, opačný; prísl. oproti

optician [op'tišn] optik

or [o:] alebo

orange [orindž] podst. pomaranč; príd. pomarančový

orchestra [o:kistrə] orchester

order [o:də] podst. poriadok; objednávka; rozkaz; sl. objednať; nariadiť

order-form [o:də fo:m] objednávka *(tlačivo);* žiadanka

ordinary [o:dnri] riadny; obyčajný; normálny *(benzín)*

organ [o:gən] orgán, ústroj; hud. organ

origin [oridžin] pôvod

original [ə'ridžənl] príd. pôvodný; podst. originál

other [aðə] iný, druhý; ostatní

otherwise [aðəwaiz] ináč

69 **OX**

ought: we o. to go [o:t, gəu] mali by sme ísť

ounce [auns] unca *(= 28 g)*

our [auə] privl. náš, naša, naše

ourselves [auə'selvz] my sami; nás

out [aut] von(ku), preč; **we are o. of petrol** [petrəl] minul sa nám benzín; **be o. of work** [wə:k] byť bez práce

outdoors [autdo:z] vonku

outer [autə] vonkajší

outfit [autfit] výstroj

outfitter's [autfitəz] konfekcia *(pánska)*

outing [autiŋ] výlet

outlook [autluk] výhľad

out-of-date [aut əv deit] zastaraný

outpatient [autpeišnt] ambulantný pacient

outside [autsaid] príd. vonkajší; prísl. von(ku)

outskirts [autskə:ts] predmestie

outward [autwəd] smerom von; vonkajší

oval [əuvl] oválny

oven [avn] pec, rúra

over [əuvə] nad; cez; po; **o. there** [ðeə] tam

overalls [əuvə'ro:lz] montérky; otepľovačky; kombinéza

overcast [əuvə'ka:st] zamračené *(obloha)*

overcoat [əuvəkəut] kabát, zvrchník

overcrowded [əuvə'kraudid] preplnený

overdue: the train is o. [trein, əuvə'dju:] vlak má meškanie

overhead [əuvəhed] nad hlavou, hore

overnight [əuvə'nait] prísl. cez noc; príd. nočný

overpass [əuvə'pa:s] nadjazd

oversea(s) [əuvə'si:(z)] zámorský

overtake [əuvə'teik] predbiehať

overtime [əuvətaim] nadčas

owe [əu] byť dlžný

owing to [əuiŋ tə] pre, kvôli; vzhľadom na

own [əun] príd. vlastný; sl. mať, vlastniť

owner [əunə] majiteľ

ox, mn. č. **oxen** [oksn] vôl

OYSTER 70

oyster [oistə] ustrica

oz (ounce) [auns] unca *(= 28 g)*

P

p (penny) [peni] penny

P. A. (Public Address System) [pablik ædres sistəm] miestny rozhlas

pace [peis] krok; tempo

pack [pæk] podst. balík; sl. zabaliť

package [pækidž] balík

page [peidž] strana *(knihy)*

pain [pein] bolesť

paint [peint] podst. farba; sl. maľovať

painter [peintə] maliar

painting [peintiŋ] maľba; maľovanie

pair [peə] pár

palace [pælis] palác

pale [peil] bledý

palm¹ [pa:m] dlaň

palm² [pa:m] palma

pan [pæn] panvica; rajnica

pancake [pænkeik] palacinka

panties [pæntiz] nohavičky

pants [pænts] spodky; am. nohavice

panty-hose [pæntihəuz] pančuchové nohavičky

paper [peipə] papier; noviny; doklady

paperback [peipəbæk] knižka s mäkkou väzbou

paraffin [pærəfin] br. petrolej; parafín

parcel [pa:sl] balík

pardon [pa:dn] odpustenie; I beg your p. prepáčte *(odpusťte); prosím? (nerozumel som)*

parents [peərənts] rodičia

Paris [pæris] Paríž

park [pa:k] podst. park; parkovisko; sl. parkovať

parking [pa:kiŋ] parkovanie

parking lot [pa:kiŋ lot] am. parkovisko

parliament [pa:ləmənt] parlament

parsley [pa:sli] petržlen

part [pa:t] časť; účasť; take p. in

sth [teik] zúčastniť sa na čom

partial [pa:šl] čiastočný; **p. board** [bo:d] polpenzia *(v hoteli)*

particular [pə'tikjulə] zvláštny; **in p.** obzvlášť

parting [pa:tiŋ] rozlúčka

party [pa:ti] strana *(politická);* spoločnosť; večierok

pass [pa:s] podst. povolenie; priesmyk; priechod; sl. prejsť; podať; zložiť *(skúsku);* **p. by** [bai] prejsť okolo

passable [pa:səbl] zjazdný *(cesta)*

passage [pæsidž] cesta, let, plavba; priechod, pasáž

passenger [pæsindžə] cestujúci

passer-by [pa:səbai] chodec

passport [pa:spo:t] cestovný pas

past [pa:st] príd. minulý; predl. po; **at half p. six** [ha:f] o pol siedmej

pasta [pæstə] cestoviny

pastime [pa:staim] zábava, hra

pastry [peistri] pečivo

patch [pæč] záplata; fľak

path [pa:θ] chodník, cestička

patient [peišənt] príd. trpezlivý; podst. pacient

patrol [pætrəul] hliadka; „žltý anjel" *(záchranná motoslužba)*

pattern [pætən] vzor(ka)

pause [po:z] prestávka

pavement [peivmənt] chodník

pay [pei] podst. plat; sl. platiť

payable [peiəbl] splatný

paying guest [peiiŋ gest] platiaci hosť

payment [peimənt] výplata; suma

peace [pi:s] pokoj, mier

peach [pi:č] broskyňa

peak [pi:k] vrchol

peak hours [pi:k auəz] dopravná špička

peanuts [pi:nats] búrske oriešky, arašidy

pear [peə] hruška

pearl [pə:l] perla

peas [pi:z] hrach; **garden p.** [ga:dn] zelený hrášok

pedal [pedl] pedál

pedestrian [pi'destriən] chodec

Pedestrian Crossing [pi'destriən

PEDESTRIANS ONLY 72

krosiŋ] Priechod pre chod-
cov

Pedestrians Only [piˈdestriənz
əunli] Len pre chodcov

Pedestrian Subway [piˈdestriən
sabwei] Podchod

peel [pi:l] sl. olúpať; podst.
šup(k)a

peg kolík

pen pero; **ball-point p.** [boːl]
večné pero; **fountain-p.**
[fauntin] plniace pero

penalty [penlti] pokuta

pence [pens] penny

pencil [pensl] ceruz(k)a

pen-friend [penfrend] priateľ, s
ktorým si korešpondujeme

peninsula [peˈninsjulə] pol-
ostrov

penknife [pennaif] vreckový
nožík

penny [peni] mn. č. **pence** [pens] pen-
ny; **tenpence** [tenpens] 10
penny

pension [penšn] penzia

pensioner [penšənə] dôchodca

people [pi:pl] ľudia

pepper [pepə] korenie; **red p.**
paprika (mletá); **green pep-**

pers [gri:n pepəz] paprika
(zelenina)

peppermint [pepəmint] men-
tol(ové cukríky)

per [pə:] za; prostredníctvom;
p. day [dei] za deň; **p. post**
[pəust] poštou

percent [pəˈsent] percento

performance [pəˈfoːməns] pred-
stavenie

perfume [pəːfjuːm] voňavka

perhaps [pəˈhæps] možno, azda

period [piəriəd] obdobie

periodical [piəriˈodikl] časopis

perm [pəːm] trvalá (ondulácia)

permanent [pəːmənənt] trvalý,
stály

permission [pəˈmišn] dovolenie

permit [pəˈmit] sl. dovoliť;
[pəːmit] podst. povolenie,
priepustka

person [pəːsn] osoba, človek; **in
p.** osobne

perspire [pəsˈpaiə] potiť sa

pet zvieratko (na potešenie)

petrol [petrəl] br. benzín; **p. sta-
tion** [steišn] benzínová
pumpa

petticoat [petikəut] spodnička

73 **PLATFORM**

pheasant [feznt] bažant

phone [fəun] podst. telefón; sl. telefonovať

photograph [fəutəgra:f] fotografovať

physician [fi'zišn] lekár

piano [pi'ænəu] klavír; **play the p.** [plei] hrať na klavíri

pick [pik] zbierať, trhať

pickled [pikld] nakladaný (zelenina)

picnic [piknik] výlet s občerstvením

picture [pikčə] obraz; **pictures** [pikčəz] kino

pie [pai] kuch. v ceste zapečené mäso alebo ovocie

piece [pi:s] kus

pier [piə] mólo

pike [paik] šťuka

pill pilulka; **sleeping p.** [sli:piŋ] prášok na spanie

pillar [pilə] stĺp

pillar-box [piləboks] poštová schránka

pillion [piljən] aut. zadné sedadlo na motocykle

pillow [piləu] poduška

pillow-case [piləukeis], **pillow-**

-slip [piləuslip] povlak na podušku

pin podst. špendlík; sl. prišpendliť, pripnúť

pinafore [pinəfo:] zástera

pine [pain] borovica

pineapple [painæpl] ananás

pink príd. ružový; podst. klinček (kvet)

pint [paint] pinta (= 0,57 l)

pipe [paip] rúr(k)a; trúbka; fajka; píšťala (organová)

pistol [pistl] pištoľ

pit jama; div. prízemné zadné sedadlo

pity podst. ľútosť; **it's a p. that** škoda, že [ðæt]; sl. ľutovať

place [pleis] podst. miesto; námestie; sl. umiestiť

plain [plein] príd. jasný; úprimný; jednoduchý; podst. planina, rovina

plan [plæn] plán

plane [plein] lietadlo; rovina, plocha

plant [pla:nt] rastlina; továreň

plate [pleit] tanier; tabuľka

platform [plætfo:m] nástupište, perón

PLAY 74

play [plei] podst. hra; sl. hrať (sa)
player [pleiə] hráč
playground [pleigraund] ihrisko
pleasant [pleznt] príjemný
please [pli:z] prosím
pleasure [pležə] radosť
plenty of množstvo, hojnosť
plug [plag] el. zástrčka; **sparking p.** [spa:kiŋ] aut. sviečka
plum [plam] slivka
p. m. [pi: em] popoludní *(od 12. do 24. hodiny);* **at seven p. m.** [sevn] o 7. hodine večer
pneumonia [nju:'məuniə] zápal pľúc
P. O. (Post Office) [pəust ofis] pošta
P. O. B. (Post Office Box) [pəust ofis boks] poštová priehradka
pocket [pokit] vrecko
pocket-knife [pokitnaif] vreckový nožík
pocket-money [pokitmani] vreckové
point podst. bod; sl. ukázať
poison [poizn] jed
pole [pəul] tyč; pól

police [pə'li:s] polícia
policeman [pə'li:smən] policajt, strážnik
policy [poləsi] politika; poistenie, poistka
polish [poliš] sl. leštiť; podst. leštidlo, krém na topánky
polite [pə'lait] zdvorilý
poll hlasovanie *(pri voľbách);* prieskum verejnej mienky
pond rybník
pool [pu:l] plaváreň *(prírodná)*
pools [pu:lz] sazka
poor [puə] chudobný, chatrný
popular [popjulə] ľudový; populárny
porch [po:č] br. krytý vchod; am. veranda
pork [po:k] bravčové mäso
porridge [poridž] ovsená kaša
port [po:t] prístav
portable [po:təbl] prenosný
porter[1] [po:tə] nosič; vrátnik
porter[2] [po:tə] čierne pivo
portion [po:šn] diel, časť
position [pə'zišn] poloha; miesto, postavenie
possess [pə'zes] mať, vlastniť
possible [posəbl] možný

post¹ [pəust] podst. stĺp; sl. vyvesiť, vylepiť

post² [pəust] podst. pošta; sl. poslať poštou

post³ [pəust] zamestnanie

postage [pəustidž] poštový poplatok

postal rates [pəustl reits] poštový poplatok

postcard [pəustka:d] korešpondenčný lístok, pohľadnica

postcode [pəustkəud] poštové smerovacie číslo

poste restante [pəust resta:nt] poste restante *(list)*

post-free [pəustfri:] oslobodené od poplatkov

postman [pəustmən] poštár

postmark [pəustma:k] poštová pečiatka

post office [pəust ofis] poštový úrad

post office box [pəust ofis boks] poštová priehradka

postpaid [pəustpeid] vyplatene *(pošta)*

pot hrniec; kvetináč; nočník

potatoes [pəˈteitəuz] zemiaky

poultry [pəultri] hydina

pound [paund] libra, funt *(mena = 100 penny; hmotnosť = 0,45 kg)*

pour [po:] liať (sa); **it's pouring** [po:riŋ] leje sa *(dážď)*

powder [paudə] prášok; púder

powder-room [paudərum] dámska toaleta

power [pauə] sila

practical [præktikl] praktický

practice [præktis] prax

Prague [pra:g] Praha

pram [præm] detský vozík

precise [priˈsais] presný

prefer sth [priˈfə:] dávať prednosť čomu

pregnant [pregnənt] ťarchavá

preparation [prepəˈreišn] príprava; prípravok

prepare [priˈpeə] pripraviť (sa)

prescribe [priˈskraib] predpísať

prescription [priˈskripšn] predpis, recept

present¹ [preznt] prítomný, terajší; **at p.** teraz; **for the p.** nateraz, predbežne

present² [preznt] podst. dar; [priˈzent] sl. darovať; predstaviť; uviesť

PRESS 76

press podst. tlač; sl. tlačiť; žehliť;
p. the button [batn] stlačte
gombík
pretty [priti] príd. pekný; prísl.
dosť; **p. well** dosť dobre
previous [pri:viəs] predchádzajúci; predošlý
price [prais] cena *(hodnota)*
price-list [praislist] cenník
primary [praiməri] hlavný,
základný; **p. route** [ru:t]
hlavná cesta; **p. school** [sku:l]
základná škola
prime [praim] hlavný, najdôležitejší; **P. Minister** [ministə]
ministerský predseda
principal [prinsəpl] príd. hlavný;
podst. šéf
print podst. tlač; tlačené písmo;
sl. tlačiť; písať tlačeným písmom
printed matter [printid mætə]
tlačivo
priority [prai'oriti] prednosť; **p.
on the right** [rait] dopr. pravidlo pravej ruky; **give p. to**
[giv] daj prednosť
priority road [prai'oriti rəud]
hlavná cesta

prison [prizn] väzenie
private [praivit] súkromný,
osobný
Private Road [praivit rəud] Súkromná cesta
prize [praiz] odmena, cena
probably [probəbli] pravdepodobne
proceed [prə'si:d] pokračovať;
postupovať
produce [prədju:s] predložiť;
vyrobiť
product [prodakt] výrobok
production [prə'dakšn] výroba,
produkcia
profession [prə'fešn] povolanie
prohibited [prə'hibitid] zakázaný
prolong [prə'loŋ] predĺžiť
promise [promis] podst. sľub; sl.
sľúbiť
prompt okamžitý, neodkladný
pronounce [prə'nauns] vyhlásiť;
vysloviť
pronunciation [prənansi'eišn]
výslovnosť
proof [pru:f] dôkaz
proper [propə] správny, vhodný; vlastný

PYJAMAS

property [propəti] vlastníctvo; vlastnosť

proposal [prə'pəuzl] návrh

propose [prə'pəuz] navrhnúť

proprietor [prə'praiətə] vlastník, majiteľ

protect [prə'tekt] chrániť

prove [pru:v] dokázať; prejaviť sa ako

provide with [prə'vaid wid] zásobiť sa čím, poskytnúť

provided that [prə'vaidid dæt] pod podmienkou, že

pub [pab] hostinec, krčma

public [pablik] príd. verejný; **the p.** podst. verejnosť

Public Conveniences [pablik kən'vi:niənsiz] verejné záchody

publish [pabliš] vydať (knihu)

publisher [pablišə] vydavateľ

pudding [pudiŋ] puding

pull (po)tiahnuť; **p. out** [aut] vytiahnuť; **p. down** [daun] stiahnuť

pullover [puləuvə] pulóver

punctual [paŋkčuəl] presný

puncture [paŋkčə] sl. prepichnúť; podst. diera; **I have a p.** [ai hæv] aut. mám defekt

punish [paniš] potrestať

pupil [pju:pl] žiak, žiačka

purchase [pə:čəs] podst. nákup, kúpa; sl. kúpiť

pure [pjuə] čistý

purgative [pə:gətiv] preháňadlo

purpose [pə:pəs] účel; úmysel; **on p.** úmyselne

purse [pə:s] peňaženka

pursue [pə'sju:] sledovať; pokračovať

push [puš] tlačiť

pushchair [puščeə] detský kočík (športový)

put položiť, dať (kam); **p. on** obliecť si; **p. through** [θru:] telef. spojiť; **p. up sb** [ap] prenocovať koho

pyjamas [pə'dža:məz] pyžama

QUALITY

Q

quality [kwoliti] akosť

quantity [kwontiti] množstvo

quarrel [kworəl] podst. hádka; sl.
hádať sa

quart [kwo:t] štvrť galóna
(= 1,14 l)

quarter [kwo:tə] štvrtina; štvrť
(mesta); štvrť dolára *(= 25
centov)*

quarters [kwo:təz] ubytovanie

quay [ki:] prístavisko

queen [kwi:n] kráľovná

question [kwesčən] otázka

questionnaire [kwesčəˈneə] do-
tazník

queue [kju:] podst. rad; sl. **q. up**
[ap] stáť v rade; **q. this side**
[ðis said] tu sa stavajte do
radu

quick [kwik] rýchly

quiet [kwaiət] príd. pokojný,
tichý; podst. pokoj, ticho

quilt [kwilt] prešívaná pri-
krývka

quite [kwait] celkom; dosť

R

rabbit [ræbit] králik; **Welsh r.**
[welš] kuch. opekaný syr

**R. A. C. (Royal Automobile
Club)** [roiəl o:təməbi:l klab]
Britský automobilový klub

race [reis] preteky; mn. č. **races**
[reisiz] dostihy; rasa

rack [ræk] vešiak, sieť *(na bato-
žinu),* polica

racket [rækit] raketa

rack-railway [rækreilwei] dopr.
zubačka

radiator [reidieitə] radiátor; aut.
chladič

radio [reidiəu] rozhlas; **on the r.**
v rozhlase

radio-set [reidiəuset] rozhlasový
prijímač

RECENT

radish [rædiš] reďkovka

rail [reil] zábradlie; koľajnica

railing [reiliŋ] zábradlie

railway [reilwei], am. **railroad** [reilrəud] železnica

rain [rein] podst. dážď; sl. pršať

raincoat [reinkəut] pršiplášť

raise [reiz] zdvihnúť, zvýšiť

raisins [reizns] hrozienka

rally [ræli] zhromaždenie, manifestácia; šport. automobilové preteky

random: at r. [ət rændəm] náhodne, naslepo

range [reindž] podst. rad; rozsah; sporák; sl. rozkladať sa; siahať

rank [ræŋk] rad; hodnosť; stupeň; **taxi r.** [tæksi] stanovište taxíkov

rapid [ræpid] rýchly

rare [reə] zriedkavý; riedky; kuch. rýchlo prepečený, polosurový

raspberries [ra:zbəriz] maliny

rate [reit] sadzba; rýchlosť

rate of exchange [reit əv iks ľčeindž] kurz *(výmeny peňazí)*

rather [ra:ðə] radšej, skôr; dosť

ration [reišn] prídel, dávka

raw [ro:] surový

ray [rei] lúč

razor [reizə] britva, holiaci strojček

razor-blade [reizəbleid] žiletka

Rd. (road) [rəud] cesta

reach [ri:č] sl. dôjsť kam, dosiahnuť čo; podst. dosah

read [ri:d] čítať; študovať

reading-room [ri:diŋru:m] čitáreň

ready [redi] hotový; **r. money** [mani] hotovosť

ready-made [redimeid] konfekčný

real [riəl] skutočný, pravý

realize [riəlaiz] uvedomiť si; uskutočniť

rear [ri:ə] zadný; **at the r.** vzadu

rear-view mirror [ri:əvju:mirə] aut. spätné zrkadlo

reason [ri:zn] príčina; rozum

receipt [riˈsi:t] potvrdenie, potvrdenka

receive [riˈsi:v] dostať; prijať

receiver [riˈsi:və] slúchadlo; prijímač

recent [ri:snt] najnovší, čerstvý

RECEPTION 80

reception [ri'sepšn] prijatie; recepcia

reception-clerk [ri'sepšn kla:k] hotelový úradník

reception-desk [ri'sepšn desk] recepcia *(v hoteli)*

recipe [resipi] recept

recipient [ri'sipiənt] príjemca

reckon [rekən] (vy)počítať

recommend [rekə'mend] odporúčať

record [reko:d] podst. záznam; gramofónová platňa; rekord; [ri'ko:d] sl. zaznačiť; nahrať

recorded delivery [ri'ko:did di'livəri] doporučený list

record-player [reko:d pleiə] gramofón

recover [ri'kavə] získať späť; zotaviť sa

recovery [ri'kavəri] zotavenie

recreation [rekri'eišn] osvieženie, zábava

red červený; **R. Cross** [kros] Červený kríž

reduce [ri'dju:s] zmenšiť, znížiť

Reduce Speed [ri'dju:s spi:d] Spomaľte

reduction [ri'dakšn] zníženie; zľava

reel [ri:l] cievka

referee [refə'ri:] rozhodca

reference book [refrəns buk] príručka

refill [ri:fil] náplň, vložka

reflect [ri'flekt] odzrkadľovať (sa)

reflector [ri'flektə] aut. reflektor, svetlo

refresh [ri'freš] občerstviť

Refreshment Room [ri'frešmənt ru:m] Občerstvenie, Bufet

refrigerator [ri'fridžəreitə] chladnička

refuge [refju:dž] útočište; ostrovček *(na ceste)*

refund [ri'fand] vrátiť, nahradiť

refuse [ri'fju:z] sl. odmietnuť; [refju:s] podst. odpadky

regard [ri'ga:d] podst. ohľad; **with r. to** vzhľadom na; mn. č. **regards** [ri'ga:dz] pozdravy; **kind regards** [kaind] srdečné pozdravy; sl. považovať, týkať sa

region [ri:džn] kraj, oblasť

register [redžistə] podst. zoznam, súpis; sl. zapísať (sa)

registered letter [redžistəd letə] cenný list

registration [redžist'reišn] prihláška; **r. form** [fo:m] prihlasovací lístok; **r. number** [nambə] aut. poznávacia značka

registry office [redžistri ofis] matričný úrad

regret [ri'gret] podst. ľútosť; sl. ľutovať

regular [regjulə] pravidelný

regulate [regjuleit] riadiť, regulovať

regulations [regju'leišnz] predpisy

rehearsal [ri'hə:sl] skúška; **dress r.** div. generálka

reign [rein] vládnuť

reimburse [ri:im'bə:s] nahradiť, zaplatiť

reject [ri'džekt] odmietnuť

relation [ri'leišn] vzťah; príbuzný

relatives [relətivz] príbuzní

relax [ri'læks] uvoľniť sa, oddýchnuť si

release [ri'li:z] sl. uvoľniť; podst. fot. spúšť

relic [relik] pamiatka; mn. č. **relics** [reliks] pozostatky

religion [ri'lidžn] náboženstvo

rely on [ri'lai] spoliehať sa na

remain [ri'mein] zostať

remark [ri'ma:k] sl. poznamenať; podst. poznámka

remedy [remədi] liek

remember [ri'membə] spomínať *(na čo)*, pamätať si *(čo)*

remembrance [ri'membrəns] pamiatka

remit [ri'mit] poukázať *(sumu)*

remote [ri'məut] vzdialený

remove [ri'mu:v] odniesť; odložiť

renaissance [ri'neisns] renesancia

renew [ri'nju:] obnoviť

rent podst. nájomné; sl. prenajať

repair [ri'peə] sl. opraviť; podst. oprava

repair shop [ri'peə šop] opravovňa

repeat [ri'pi:t] opakovať

replace [ri'pleis] nahradiť; vymeniť

REPLY 82

reply [ri'plai] sl. odpovedať; podst. odpoveď

report [ri'po:t] podst. správa; sl. oznámiť

request [ri'kwest] žiadosť

request stop [ri'kwest] zastávka na znamenie

require [ri'kwaiə] potrebovať; žiadať

requirement [ri'kwaiəmənt] požiadavka

research [ri'sə:č] výskum

reservation [rezə'veišn] rezervovanie, objednávka *(lístka);* rezervácia, chránená oblasť

reserve [ri'zə:v] sl. rezervovať; podst. rezerva

reside [ri'zaid] bývať

residence [rezidns] trvalé bydlisko

resort [ri'zo:t] rekreačné miesto; kúpele

responsible for [ri'sponsəbl] zodpovedný za

rest podst. odpočinok; zvyšok; sl. odpočívať

restaurant [restroŋ, restərənt] reštaurácia; **open-air r.** [əupn eə] záhradná reštaurácia; **drive-in r.** [draivin] reštaurácia pre motoristov *(s obsluhou do auta)*

rest room [restru:m] am. toaleta, umyváreň

result [ri'zalt] výsledok

retail [ri:teil] obchod v malom

retire [ri'taiə] ísť do dôchodku

return [ri'tə:n] podst. návrat; sl. vrátiť sa; príd. spiatočný *(lístok)*

reverse [ri'və:s] sl. obrátiť; príd. obrátený; podst. aut. spiatočná rýchlosť

reward [ri'wo:d] podst. odmena; sl. odmeniť

rib rebro

ribbon [ribən] stuha

rice [rais] ryža

rich [rič] bohatý

rid: get r. of sth zbaviť sa čoho

ride [raid] podst. výlet, cesta, jazda; sl. jazdiť; cestovať

rifle [raifl] puška

right [rait] príd. pravý; správny; **r. turn** [tə:n] odbočenie vpravo; prísl. rovno, priamo; správne; podst. právo

right-hand [raithænd] pravostranný

rind [raind] šupka, kôra

ring[1] prsteň; krúžok, kruh; **ring-road** [riŋrəud] aut. cestný okruh

ring[2] zvoniť; **r. sb up** [ap] zatelefonovať komu

rink klzisko

rinse [rins] sl. vypláchnuť; podst. preliv *(na vlasy)*

ripe [raip] zrelý

rise [raiz] podst. vzostup; vzrast; pahorok; vznik; sl. vstať; vyjsť; vzniknúť

risk riziko, nebezpečenstvo

river [rivə] rieka

road [rəud] cesta, hradská: **main r.** [mein] hlavná cesta; **priority r.** [prai'oriti] cesta s prednosťou v jazde; **r.-map** [mæp] automapa; **rules of the r.** [ru:l] dopravné pravidlá; **r. patrol service** [pætrəul sə:vis] aut. „žltý anjel" *(cestná služba motoristom);* **r. tax** [tæks] cestná daň

Road Clear [rəud kliə] Voľná cesta

Road Closed [rəud kləuzd] Uzavretá cesta

Road Narrows [rəud nærəuz] Cesta sa zužuje

Road Works Ahead [rəud wə:ks ə'hed] Na ceste sa pracuje

roadway [rəudwei] vozovka

roast [rəust] sl. (u)piecť; príd. pečený *(mäso)*

rob okradnúť, olúpiť

rock [rok] skala; **on the rocks** [roks] *(nápoj)* s kockami ľadu

rod žrď, tyč; udica

roe[1] [rəu] srna

roe[2] [rəu] ikra; **hard r.** [ha:d] ikry; **soft r.** mliečie

roll [rəul] podst. zvitok; zoznam; žemľa; sl. gúľať (sa)

Roman [rəumən] rímsky

Rome [rəum] Rím

roof [ru:f] strecha

roofrack [ru:fræk] aut. ohrádka

room [ru:m] priestor, miesto; izba; mn. č. **rooms** [ru:mz] byt; **r. service** [sə:vis] obsluha do izby, na etáž *(v hoteli)*

root [ru:t] koreň

ROPE 84

rope [rəup] povraz, lano
rose [rəuz] ruža
rotary [rəutəri] am. aut. kruhový objazd
rouge [ru:ž] rúž
rough [raf] hrubý, drsný
round [raund] príd. okrúhly; podst. **r. trip** br. okružná cesta; am. spiatočný lístok; prísl. okolo
round-the-clock [raundðəklok] vo dne v noci
roundabout [raundəbaut] aut. kruhový objazd
route [ru:t] trasa, cesta
row[1] [rəu] rad
row[2] [rəu] veslovať
row[3] [rəu] lomoz, hluk, škriepka
royal [roiəl] kráľovský
rubber [rabə] guma
rucksack [raksæk] plecniak

rug [rag] koberček; prikrývka, deka
rule [ru:l] podst. pravidlo; vláda; **rules of the road** [ru:ls, rəud] dopravné predpisy; sl. vládnuť
rump-steak [rampsteik] kuch. biftek
run [ran] podst. beh; cesta, jazda; sl. bežať; jazdiť; **r. in** zabehávať *(auto); r. into sth* [intu] naraziť do čoho; **r. out of sth** [aut] minúť sa; **r. over sb** [əuvə] zraziť koho
running [raniŋ] podst. beh; sl. bežiaci; tečúci
rural [ru:rəl] vidiecky
rush [raš] ponáhľať sa
rush hours [raš auəz] dopravná špička
rusk [rask] suchár
rye [rai] raž

S

sad [sæd] smutný
safe [seif] bezpečný
safe-keeping [seifki:piŋ] úschova

safety [seifti] bezpečnosť, istota
safety-belt [seiftibelt] bezpečnostný pás

85 | **SCHEME**

safety-match [seiftimæč] zápalka

safety-pin [seiftipin] zatváracf špendlík

safety-razor [seiftireizə] žiletka

sail [seil] podst. plachta *(lodná);* plavba; sl. (vy)plaviť sa, plachtiť; vznášať sa

sailing-boat [seiliŋ bəut] plachetnica

saint [seint] svätý

sake: for the s. of sb [seik] kvôli komu

salad [sæləd] šalát

salary [sæləri] plat

sale [seil] predaj; výpredaj

salmon [sæmən] losos

saloon [sə'lu:n] limuzína; salón; výčap

salt [so:lt] soľ

same [seim] ten istý

sand [sænd] piesok

sandwich [sænwič] sendvič

sanitary towels [sænitəri tauəlz] hygienické vložky

satisfied [sætisfaid] spokojný

Saturday [sætədi] sobota

sauce [so:s] omáčka

saucepan [so:spən] rajnica

saucer [so:sə] tanierik

sauerkraut [sauəkraut] kyslá kapusta

sausage [sosidž] klobása, saláma, párok, jaternica

save [seiv] sl. zachrániť; sporiť; šetriť; predl. okrem

savoury [seivəri] chutný, lahodný

say [sei] povedať, hovoriť

scale [skeil] stupnica, mierka; **on a large s.** [la:dž] vo veľkom

scales: a pair of s. [peə, skeilz] váhy

scarce [skeəs] zriedkavý, nedostačujúci

scarf [ska:f] šál

scarlet fever [ska:lət fi:və] šarlach

scent [sent] podst. vôňa; voňavka; sl. ňuchať, cítiť; navoňavkovať

schedule [šedju:l] cestovný poriadok; program, rozvrh

scheduled flight [šedju:ld flait] let pravidelnou leteckou linkou

scheme [ski:m] osnova

SCHOLAR 86

scholar [skolə] vedec; štipendista

scholarship [skoləšip] štipendium

school [sku:l] škola

science [saiəns] veda

scientific [saiən'tifik] vedecký

scissors [sizəs] nožnice

scooter [sku:tə] skúter; kolobežka

score [sko:] šport., podst. výsledok; sl. skórovať, dať gól

scrambled eggs [skræmbld egz] praženica

scream [skri:m] sl. kričať; podst. výkrik

screen [skri:n] podst. záves, clona; premietacie plátno, obrazovka; sl. zacloniť; premietať

screw [skru:] podst. skrutka; sl. (pri)skrutkovať

sculptor [skalptə] sochár

sculpture [skalpčə] sochárstvo

sea [si:] more

seal[1] [si:l] tuleň

seal[2] [si:l] podst. plomba; sl. zapečatiť

seamless [si:mlis] bezšvíkový *(pančuchy)*

search [sə:č] sl. hľadať, pátrať; podst. hľadanie, pátranie

seasickness [si:siknis] morská choroba

seaside [si:said] morské pobrežie

season [si:zn] ročné obdobie; sezóna

seasoned [si:znd] (o)korenený

seasoning [si:zniŋ] korenie, prísada

seat [si:t] sedadlo; sídlo, rezidencia

seat-belt [si:tbelt] aut. bezpečnostný pás

seat reservation [si:t rezə'veišn] miestenková pokladnica

second [seknd] príd. druhý; podst. sekunda

secondhand [sekndhænd] použitý, antikvárny

second-rate [sekndreit] podradný

secret [si:krət] príd. tajný; podst. tajnosť

secretary [sekrətri] tajomník, tajomníčka

87 **SHALLOW**

section [sekšn] úsek, časť

secure [si'kjuə] bezpečný

see [si:] vidieť; chápať; **s. sb home** [həum] odprevadiť koho domov; **s. sb off** vyprevadiť koho; **s. to sth** postarať sa o čo

seek [si:k] hľadať

seem [si:m] zdať sa

seldom [seldəm] zriedka

select [si'lekt] vybrať si

self-service [selfsə:vis] samoobsluha

sell pred(áv)ať

send poslať

sender [sendə] odosielateľ

sense [sens] zmysel

sensible [sensəbl] rozumný

sensitive [sensitiv] citlivý

separate [seprət] príd. jednotlivý; osobitný; [sepəreit] sl. oddeliť

September [sep'tembə] september

series [siəri:z] séria, rad

serious [siəriəs] vážny

servant [sə:vnt] sluha

serve [sə:v] slúžiť; obsluhovať

service [sə:vis] služba; obsluha;

servis; **s. included** [in'klu:did] vrátane obsluhy

service area [sə:vis eəriə] parkovisko; miesto na odpočívanie *(na autostráde)*

service station [sə:vis steišn] benzínová pumpa

session [sešn] zasadanie

set podst. súbor; súprava; prijímač *(televízny, rozhlasový);* div. scéna; sl. položiť; nastaviť; určiť, stanoviť

setting div. inscenácia

settle [setl] usadiť sa; vyrovnať; **s. a bill** vyrovnať účet

several [sevrəl] niekoľko, viacero

severe [si'viə] prísny

sew [səu] šiť

shade [šeid], **shadow** [šædəu] tieň

shake [šeik] sl. triasť (sa); podst. koktail

shall [šæl, šəl] *(tvar pomocného slovesa v 1. osobe budúceho času);* **I s. come** [šəl kam] prídem; mám *(povinnosť);* **s. I start?** [sta:t] mám začať?

shallow [šæləu] plytký

SHAME

shame [šeim] hanba

shampoo [šæmˈpu:] šampón; **s. and set, please** [pliːz] prosím si umyť vlasy a vodovú

shape [šeip] tvar

share [šeə] (po)diel; účastina, akcia

shark [šaːk] žralok

sharp [šaːp] ostrý; **at four s.** [foː] presne o štvrtej

shave [šeiv] sl. (o)holiť (sa); podst. (o)holenie (sa); **have a s.** [hæv] oholiť sa

shaver [šeivə] elektrický holiaci strojček

shawl [šoːl] ručník, šál

she [ši:] zám. ona

sheep [ši:p] ovca

sheepskin [ši:pskin] ovčia kožušina

sheet [ši:t] plachta; hárok; tabuľa *(skla, plechu)*

shelf [šelf] polica

shell [šel] škrupina; mušľa; granát, náboj

shelter [šeltə] podst. úkryt, skrýša; sl. ochrániť, kryť

shift [šift] aut. radenie *(rýchlos-*

tí); **manual s.** [mænjuəl] ručné radenie *(rýchlostí)*

shine [šain] lesknúť sa, svietiť

ship [šip] loď

shirt [šəːt] košeľa

shock [šok] otras, náraz, úder

shock-absorber [šok əbˈsoːbə] aut. tlmič perovania

shoe [šu:] topánka

shoehorn [šu:hoːn] obuvák

shoelaces [šu:leisiz] šnúrky do topánok

shoot [šu:t] strieľať; filmovať

shop [šop] obchod

shop-assistant [šopəsistənt] predavač(ka)

shopkeeper [šopki:pə] obchodník

shopwindow [šopwindəu] výklad

shopping [šopiŋ] nákup

shore [šoː] pobrežie, breh

short [šoːt] krátky; nízky *(postavou);* **s. circuit** [səːkit] el. krátke spojenie; **s. cut** [kat] skratka *(cesta);* **s. drink** alkoholický nápoj v malom pohári; **s. story** [stoːri] novela

shortage [šoːtidž] nedostatok

89   **SILENT**

shortbread [šo:tbred] maslový sladký keks

shorts [šo:ts] šortky

should [šud] *(tvar pomocného slovesa v podmieňovacom spôsobe):* **I s. come** [šud kam] prišiel by som; **you s. go** [gəu] mal by si ísť

shoulder [šouldə] plece

shout [šaut] podst. (vý)krik; sl. (za)kričať

show [šəu] sl. ukázať; **s. sb in** uviesť koho; **s. sb out** [aut] vyprevadiť koho; **s. sb round** [raund] sprevádzať koho; podst. výstava; prehliadka

shower [šauə] lejak; sprcha

shower-bath [šauəba:θ] sprcha

shrink [šriŋk] zbehnúť sa, scvrknúť sa *(o látke)*

shrub [šrab] ker

shut [šat] zatvoriť (sa)

shutter [šatə] roleta, okenica; fot. záver

shy [šai] plachý

sick [sik] chorý; **be s.** [bi:] vracať; **feel s.** [fi:l] cítiť sa zle *(od žalúdka)*

sickness [siknis] choroba; nevoľnosť

side [said] podst. strana, bok; príd. postranný, bočný

side-car [saidka:] prívesný vozík *(motocykla)*

sidelight [saidlait] aut. bočné svetlo

sidewalk [saidwo:k] am. chodník

sight [sait] zrak; pohľad; mn. č. **sights** [saits] pamätihodnosti

sight-seeing [saitsi:iŋ] prehliadka pamätihodností; **s. bus** [bas] vyhliadkový autobus; **s. trip** vyhliadková cesta

sign [sain] podst. znak, značka; firemná tabuľa; znamenie; **traffic signs** [træfik sainz] dopravné značky; sl. podpísať

signal [signəl] podst. znamenie, signál; sl. dávať znamenie, signalizovať

signature [signičə] podpis

signpost [sainpəust] smerová tabuľa

silence [sailəns] ticho

silencer [sailənsə] aut. tlmič *(výfuku)*

silent [sailənt] tichý

SILK 90

silk hodváb

silver [silvə] podst. striebro; príd. strieborný

similar [similə] podobný

simple [simpl] jednoduchý

since [sins] prísl. odvtedy; predl. od *(toho času)*; spoj. pretože

sincere [sin'siə] úprimný

sing spievať

single [siŋgl] jednotlivý, jediný; slobodný, nevydatá; **s. room** [ru:m] jednoposteľová izba; **s. ticket** [tikit] lístok *(nie spiatočný)*

single-line [siŋgllain] dopr. jednoprúdový

Single Track Road [siŋgl træk rəud] Cesta s jedným jazdným pruhom

sink podst. drez, výlevka; sl. klesať, (po)topiť sa

sir [sə:] pane *(oslovenie)*; **S. Winston** [sə winstən] šľachtický titul

sirloin [sə:loin] kuch. sviečkovica

sister [sistə] sestra

sister-in-law [sistəinlo:] švagriná

sit sedieť; **s. down** [daun] sadnúť si

sitting room [sitiŋ ru:m] obývačka

situated [sitjueitid] umiestený, položený

situation [sitju'eišn] poloha; situácia; zamestnanie, postavenie

size [saiz] veľkosť, číslo

skate [skeit] podst. korčuľa; **roller-skates** [roləskeits] kolieskové korčule; sl. korčuľovať sa

ski [ski:] podst. lyža; sl. lyžovať sa

skid dostať šmyk, pošmyknúť sa

skilled [skild] kvalifikovaný

skin koža, pokožka

skirt [skə:t] sukňa

sky [skai] obloha

skyscraper [skaiskreipə] mrakodrap

slacks [slæks] nohavice *(dámske)*

sledge [sledž] sane

sleep [sli:p] sl. spať; podst. spánok

sleeper [sli:pə], **sleeping-car** [sli:piŋka:] spací vozeň

91   **SOBER**

sleeping-bag [sli:piŋbæg] spacie vrece

sleeping-pill [sli:piŋpil] prášok na spanie

sleepy [sli:pi] ospanlivý

sleeve [sli:v] rukáv

slender [slendə] štíhly

slice [slais] krajec

slide [slaid] podst. kĺzanie; fot. diapozitív; sl. kĺzať sa

slim štíhly

slip podst. šmyk; chyba; kombiné; povlak na podušku; sl. šmýkať sa; uniknúť

slippers [slipəz] papuče

slippery [slipəri] klzký

slot štrbina

slot-machine [slotməˈši:n] automat *(na predaj tovaru)*

slow [sləu] príd. pomalý; **s. train** [trein] osobný vlak; prísl. pomaly; **go s.** [gəu] choďte pomaly; sl. **s. down** [daun] spomaliť

small [smo:l] malý; **s. change** [čeindž] drobné *(peniaze)*

smart [sma:t] módny, elegantný; bystrý, vtipný

smell podst. čuch; vôňa, pach; sl. ovoňať; voňať, páchnuť

smile [smail] podst. úsmev; sl. usmievať sa

smoke [sməuk] podst. dym; sl. dymiť; fajčiť

smoked [sməukt] údený

smoker [sməukə] fajčiar; žel. fajčiarsky vozeň

smooth [smu:ð] hladký

snack [snæk] ľahké rýchle jedlo, občerstvenie

snack-bar [snækba:] bufet, bistro

snail [sneil] slimák

snap-fastener [snæpfa:sənə] patentná gombička

snapshot [snæpšot] fot. snímka, momentka

sneeze [sni:z] kýchať

snore [sno:] chrápať

snow [snəu] podst. sneh; sl. snežiť

snowdrift [snəudrift] závej snehu

so [səu] tak; **so far** [fa:] doteraz, zatiaľ; **so much** [mač] toľko

soap [səup] mydlo

sober [səubə] triezvy

SOCCER 92

soccer [sokə] futbal

social [səušl] spoločenský, sociálny

socialism [səušəlizm] socializmus

society [sə'saiəti] spoločnosť

socks [soks] ponožky

socket [sokit] el. zásuvka

soda-water [səudəwo:tə] sódovka

sofa [səufə] pohovka

soft mäkký; jemný; **s. drink** nealkoholický nápoj

soil podst. pôda; sl. zašpiniť

soldier [səuldžə] vojak

sole [səul] podrážka; chodidlo

solid pevný, tuhý

soluble [soljubl] rozpustný

solution [sə'lu:šn] riešenie; roztok

some [sam] niekoľko; niektorý; nejaký

somebody [sambodi], **someone** [samwan] niekto

something [samθiŋ] niečo

sometimes [samtaimz] niekedy

somewhere [samweə] niekde

son [san] syn

song pieseň

son-in-law [saninlo:] zať

soon [su:n] skoro, onedlho

sore [so:] boľavý; **I have a s. throat** [ai hæv, θrəut] bolí ma hrdlo

sorry [sori] prepáčte; žiaľbohu; **s.?** prosím?

sort [so:t] druh; **what s. of** [wot] aký

soufflé [su:flei] nákyp

soul [səul] duša

sound¹ [saund] podst. zvuk; sl. znieť

sound² [saund] zdravý

soup [su:p] polievka

sour [sauə] kyslý

source [so:s] prameň

south [sauθ] juh

southern [saðən] južný

souvenir [su:vəniə] pamiatka, suvenír

spa [spa:] kúpele

space [speis] priestor; miesto; vzdialenosť

spanner [spænə] skrutkový kľúč

spare [speə] rezervný, náhradný

spark [spa:k] iskra

spark(ing) plug [spa:k(iŋ) plag] aut. sviečka

93 STAGE

speak [spi:k] hovoriť
special [spešl] špeciálny, zvláštny
spectacles [spektəklz] okuliare
spectator [spek'teitə] divák
speech [spi:č] reč
speed [spi:d] rýchlosť
speed-indicator [spi:dindi'keitə] aut. rýchlomer, tachometer
speeding [spi:diŋ] aut. prekročenie rýchlosti
speedometer [spi'domi:tə] aut. rýchlomer, tachometer
speedway [spi:dwei] am. autostráda, diaľnica; aut. motodróm
spell[1] obdobie; **a cold, warm s.** [kəuld, wo:m] studená, teplá vlna *(počasia)*
spell[2] hláskovať; správne napísať
spend minúť; stráviť *(čas)*
spice [spais] korenie
spill rozliať (sa), rozsypať (sa)
spinach [spinidž] špenát
spine [spain] chrbtica
spirit duch, duša; mn. č. **spirits** nálada; liehoviny
spit[1] pľuvať

spit[2] ražeň
spite: in s. of [spait] napriek, navzdory
splendid nádherný
spoil pokaziť (sa)
sponge [spandž] špongia
sponge-cake [spandžkeik] piškótové cesto
spoon [spu:n] lyžica
sportsman [spo:tsmən] športovec
spot škvrna; miesto; **on the s.** na mieste
spread [spred] sl. rozširovať (sa); rozprestierať (sa); natrieť; podst. obrus, prikrývka; nátierka
spring[1] jar
spring[2] sl. prameniť; vyskočiť; podst. prameň; skok; pružina; pružnosť
square [skweə] podst. štvorec; námestie; príd. štvorcový
squash [skwoš] šťava
squeeze [skwi:z] stisnúť; vytlačiť
stadium [steidjəm] štadión
staff [sta:f] personál
stage [steidž] podst. javisko; obdobie; sl. inscenovať

STAIRS

stairs [steəz] schody

staircase [steəkeis] schodište

stall [stoːl] stánok; mn. č. **stalls** [stoːlz] div. kreslá

stamp [stæmp] podst. známka; kolok; pečiatka; sl. nalepiť známku, kolok; opečiatkovať

stand [stænd] podst. stánok; sl. stáť; **s. up** [ap] vstať

standard [stændəd] štandard, úroveň; norma, miera; zástava

star [staː] podst. hviezda; sl. div. uviesť, vystúpiť v hlavnej úlohe

starch [staːč] škrob

start [staːt] podst. začiatok; sl. začať; (vy)štartovať; naľakať (sa)

state [steit] podst. stav; štát; sl. vyhlásiť; stanoviť

station [steišn] stanica

stationery [steišnəri] papiernictvo

station-wagon [steišnwægən] am. kombi

statue [stætjuː] socha

stay [stei] sl. zostať; bývať; podst. pobyt

steady [stedi] pevný; stály

steak [steik] rezeň *(mäsa);* biftek

steal [stiːl] kradnúť

steam [stiːm] para

steamer [stiːmə], **steamship** [stiːmšip] parník

steel [stiːl] podst. oceľ; príd. oceľový

steep [stiːp] strmý

steeplechase [stiːplčeis] prekážkové dostihy

steering-wheel [stiəriŋwiːl] volant

step podst. krok; schod; sl. kráčať

stew [stjuː] kuch. dusiť v pare

stewed [stjuːd] kuch. parený; dusený

stick [stik] podst. palica; sl. nalepiť; prepichnúť

sticking-plaster [stikiŋplaːstə] náplasť

still ešte; ale predsa

stink podst. zápach; sl. páchnuť

stir [stəː] pohnúť (sa); pomiešať

stock [stok] zásoba, sklad; účastina, akcia

95 STUFFED

stockings [stokiŋz] pančuchy

stock-taking [stokteikiŋ] inventúra

stomach [stamək] žalúdok

stone [stəun] kameň; jednotka hmotnosti *(= 6,35 kg)*; kôstka

stool [stu:l] stolička; lek. stolica

stop podst. zastávka; sl. zastaviť (sa); prestať

stoplight [stoplait] aut. brzdové svetlo

stop-over [stopəuvə] prerušenie cesty; medzipristátie

stopping zastavenie

Stopping Prohibited [prəˈhibitid] Zákaz zastavenia

store [sto:] zásoba; sklad; obchodný dom; am. predajňa

storey [sto:ri] podlažie

storm [sto:m] búrka

story [sto:ri] príbeh; **short s.** [šo:t] novela

stout [staut] príd. silný; tučný; podst. porter *(silné čierne pivo)*

stove [stəuv] kachle; sporák

straight [streit] príd. priamy, rovný; prísl. priamo, rovno

strange [streindž] neznámy, cudzí; čudný

stranger [streindžə] cudzinec

strap [stræp] remienok

straw [stro:] podst. slama; príd. slamený

strawberry [stro:bəri] jahoda

stream [stri:m] potok; prúd; **down s.** [daun] po prúde; **up s.** [ap] proti prúdu

street [stri:t] ulica

streetcar [stri:tka:] am. električka

strength [streŋθ] sila

stretch [streč] tiahnuť (sa)

stretch-nylon [strečnailən] krepsilon

strike [straik] podst. štrajk; sl. biť *(o hodinách);* udrieť

string šnúra, vlákno; struna

strip sl. vyzliecť (sa); stiahnuť; podst. pásik, pruh

stroke [strəuk] úder; mŕtvica

strong silný

struggle [stragl] sl. bojovať; podst. boj, zápas

study [stadi] podst. štúdium; pracovňa; sl. študovať

stuffed [staft] kuch. plnený

SUBURB 96

suburb [sabə:b] predmestie

subway [sabwei] podchod; am. podzemná železnica, metro

succeed [səkˈsiːd] podariť sa; nasledovať po kom

success [səkˈses] úspech

such [sač] taký

sudden [sadn] náhly, nečakaný

suffer [safə] trpieť

sufficient [səˈfišnt] dostatočný

sugar [šugə] cukor

suggest [səˈdžest] navrhnúť

suit [sjuːt] podst. oblek; súprava; proces; sl. vyhovovať; slušať; pristať

suitable [sjuːtəbl] vhodný

suitcase [sjuːtkeis] kufor

suite [swiːt] apartmán; súprava; sprievod

sum [sam] podst. suma; sl. **s. up** [ap] spočítať; zhrnovať

summer [samə] leto

sun [san] slnko

sunbathe [sanbeiθ] slniť sa

sunburnt [sanbə:nt] opálený

sundae [sandei] zmrzlinový pohár s ovocím

Sunday [sandi] nedeľa

sunrise [sanraiz] východ slnka

sunset [sanset] západ slnka

sunstroke [sanstrəuk] úpal

supermarket [suːpəmaːkit] veľký obchod so samoobsluhou

supper [sapə] večera

supplement [saplimənt] doplnok; príloha

supply [səˈplai] sl. zásobovať; podst. zásoba

support [səˈpoːt] sl. podporovať; podst. podpora

suppose [səˈpəuz] predpokladať, nazdávať sa

suppository [səˈpozitri] lek. čípok, čapík

supreme [sjuːˈpriːm] najvyšší

surcharge [səːˈčaːdž] príplatok

sure [šuə] istý

surely [šuəli] istotne

surface [səːfis] povrch

surgeon [səːdžn] chirurg; **dental s.** [dentl] zubný lekár

surgery [səːdžəri] chirurgia; ordinácia; **s. hours** [auəz] ordinačné hodiny

surname [səːneim] priezvisko

surprise [səˈpraiz] podst. prekvapenie; sl. prekvapiť

97   **TABLET**

surroundings [sə'raundiŋz] oko-
lie, prostredie

survey [sə:vei] prehľad

suspender belt [səs'pendə belt]
pás na pančuchy

suspenders [səs'pendəz] am. traky

suspicious [səs'pišəs] podozrivý

swallow[1] [swoləu] prehltnúť

swallow[2] [swoləu] lastovička

sweat [swet] podst. pot; sl. potiť sa

sweater [swetə] sveter

sweep [swi:p] zametať

sweet [swi:t] príd. sladký; podst.
múčnik, dezert; mn. č. **sweets**
[swi:ts] cukríky

swerve [swə:v] odbočiť, vychýliť
sa

swift rýchly

swim plávať

swimmer [swimə] plavec, plav-
kyňa

swimming plávanie; **s. bath**
[ba:θ] krytý bazén; **s. cos-
tume** [kostju:m] dámske
plavky; **s. pool** [pu:l] plavá-
reň; **s. suit** [sju:t] dámske
plavky; **s. trunks** [traŋks]
pánske plavky

swing sl. hojdať sa; podst. hoj-
dačka

switch [swič] podst. vypínač; sl. **s.
off** vypnúť, zahasiť; **s. on**
zapnúť, rozsvietiť; **s. over**
[əuvə] prepnúť

swollen [swəuln] napuchnutý

sympathy [simpəθi] sústrasť,
súcit

syringe [sirindž] injekčná strie-
kačka

syrup [sirəp] sirup

T

table [teibl] stôl; **t. tennis** stolný
tenis

table-cloth [teiblkloθ] obrus

table-spoon [teiblspu:n] polievk-
ová lyžica

tablet [tæblit] tabuľka; tabletka

TACK

tack [tæk] pripináčik

tag [tæg] štítok, menovka

tail [teil] chvost; koniec

tail-coat [teilkəut] frak

tail-light [teillait] aut. zadné svetlo

tailor('s) [teilə(z)] krajčír

take [teik] vziať, brať; **t. away** [ə'wei] odniesť; **t. a bath** [ba:θ] okúpať sa; **t. a taxi** [tæksi] vziať si taxík; **t. sugar in one's tea** [šugə, wanz ti:] dať si cukor do čaju; **the journey takes two hours** [džə:ni teiks tu: auəz] cesta trvá 2 hodiny; **t. care of** [keə] starať sa o; **t. down** [daun] zložiť; zaznamenať; **t. for** považovať za; **t. leave of** [li:v] rozlúčiť sa s; **t. off** vyzliecť; odletieť; **t. part in sth** [pa:t] zúčastniť sa na; **t. place** [pleis] konať sa; **t. sb's temperature** [temprəčə] odmerať komu teplotu

take-off [teikof] odlet

talcum powder [tælkəm paudə] púder, zásyp

tale [teil] poviedka

talk [to:k] podst. rozhovor; sl. rozprávať sa

tall [to:l] vysoký

tangerine [tændžə'ri:n] mandarínka

tank [tæŋk] podst. nádrž; tank; sl. **t. up** [ap] natankovať

tanned [tænd] opálený

tap [tæp] kohútik *(vodovodu)*

taproom [tæpru(:)m] výčap

tape [teip] magnetofónová páska

tape-recorder [teipriko:də] magnetofón

target [ta:git] terč, cieľ

tart [ta:t] ovocný koláč

task [ta:sk] úloha

taste [teist] podst. chuť; vkus; sl. ochutnať

tavern [tævən] krčma

tax [tæks] daň

taxicab [tæksikæb] taxík

taxi rank [tæksi ræŋk] stanovište taxíkov

tea [ti:] čaj; **high t.** [hai] ľahšie večerné jedlo, sýty olovrant

tea-bags [ti:bægz] porcionovaný čaj

teach [ti:č] učiť

99   **(THE) THAMES**

teacher [ti:čə] učiteľ(ka)

teacup [ti:kap] čajová šálka

tea-kettle [ti:ketl] konvica na čaj *(na uvarenie vody)*

team [ti:m] družstvo, mužstvo, tím

tea-party [ti:pa:ti] čajová spoločnosť

teapot [ti:pot] čajník *(na zaliatie čaju)*

tear [teə] trhať

tears [tiəz] slzy

tearoom [ti:ru(:)m] čajovňa

teaspoon [ti:spu:n] čajová lyžička

tedious [ti:djəs] nudný; nezáživný

teenager [ti:neidžə] chlapec alebo dievča od 13. do 19. rokov

teeth [ti:θ] zuby

teetotaller [ti:ˈtəutlə] abstinent

telegram [teligræm] telegram

telegraph [teligra:f] podst. telegraf; sl. telegrafovať

telephone [telifəun] podst. telefón; sl. telefonovať

teleprinter [teliprintə] ďalekopis

telescope [teliskəup] ďalekohľad

television [telivižn] televízia; **t. set** televízor

tell povedať

temperature [temprəčə] teplota; horúčka

tempest [tempist] búrka

temporary [temprəri] dočasný

tenant [tenənt] nájomník

tender[1] [tendə] nežný; mäkký *(mäso)*

tender[2] [tendə] dozorca, správca

tent stan

term [tə:m] obdobie; trimester *(školský);* termín *(odborný)*

terminal [tə:minl], **terminus** [tə:minəs] konečná stanica *(autobusov)*

terrace [terəs] terasa

terrible [terəbl] hrozný

territory [teritəri] územie

test skúška, test; **breath(alyser) t.** [breð(əlaizə)] aut. skúška na alkohol *(fúkaním do balónika)*

textbook [tekstbuk] učebnica

textile [tekstail] látka, textil

(the) Thames [temz] Temža

THAN 100

than [ðæn] než

thank [θæŋk] sl. ďakovať; podst., mn. č. **thanks** [θæŋks] vďaka, ďakujem

that [ðæt] zám. (tam)ten, tá, to; ktorý; spoj. že; aby

the [ðə] ten, tá, to (určitý člen)

theatre [θiətə] divadlo

their [ðeə] privl. ich

them [ðem] zám. ich, im

themselves [ðəm'selvz] (oni) sami; sa

then [ðen] potom; vtedy; teda; **by t.** [bai] dovtedy

there [ðeə] tam, ta; **t. is, t. are** [a:] je, sú

therefore [ðeəfo:] preto

thermometer [θə'momitə] teplomer

thermos flask [θə:məs fla:sk] termoska

these [ði:z] títo, tieto

they [ðei] oni, ony

thick [θik] hrubý, tučný; hustý

thief [θi:f] zlodej

thin [θin] tenký; chudý; riedky

thing [θiŋ] vec

think [θiŋk] myslieť (si)

thirsty [θə:sti] smädný; **I'm t.** [aim] som smädný

this [ðis] tento, táto, toto

thoroughfare [θarəfeə] dopravná tepna

those [ðəuz] tamtí, tamtie

though [ðəu] hoci; **as t.** [əz] akoby; ale

thought [θo:t] podst. myšlienka; sl. minulý čas od **think** [θiŋk] myslieť

thread [θred] niť

three-lane road [θri:lein rəud] trojprúdová cesta

throat [θrəut] hrdlo; **a sore t.** [so:] bolesť hrdla

through [θru:] príd. priamy; **t. train** [trein] priamy vlak; prísl. cez; telef. **put t.** spojiť s

throw [θrəu] sl. hodiť; podst. vrh, hod

thumb [θam] palec (na ruke)

thunder [θandə] podst. hrom; sl. hrmieť

Thursday [θə:zdi] štvrtok

thus [ðas] takto; teda

ticket [tikit] lístok, vstupenka; **t. office** [ofis] pokladnica

tide [taid] príliv a odliv

101   **TOGETHER**

tidy [taidi] *príd.* usporiadaný; *sl.* upratať

tie [tai] *podst.* kravata; puto; *šport.* nerozhodná hra; *sl.* (z)viazať

tight [tait] *príd.* tesný; *podst., mn. č.* **tights** [taits] pančuchové nohavičky

till *predl.* až do; *spoj.* kým, až kým nie

time [taim] čas; **all the t.** [o:l] stále; **any t.** [eni] hocikedy; **in t.** včas; **on t.** presne; **what is the t.?** [wot] koľko je hodín?; **have a good t.** [hæv, gud] príjemnú zábavu!; **at what t.?** o ktorej (hodine)?

times [taimz] -krát, razy; **three t.** [θri:] trikrát

timetable [taimteibl] cestovný poriadok; rozvrh hodín

tin *podst.* cín; plech; konzerva; *sl.* konzervovať

tinfoil staniol

tin-opener [tinəupənə] otvárač konzerv

tint *podst.* farba, odtieň; preliv; *sl.* (pri)farbiť vlasy

tip¹ *podst.* konček; filter *(cigare-*

ty); prepitné; tip; *sl.* opatriť končekom; dať prepitné; tipovať

tip² *podst.* smetisko; *sl.* prevrátiť, vysypať

tire [taiə] *am.* pneumatika

tired [taiəd] unavený

tissue [tišu:] tkanivo, tkanina; **face t.** [feis] papierová vreckovka; **toilet t.** toaletný papier

title [taitl] nadpis; titul

to [tu, tə] do, k *(smer);* **to London** [landn] do Londýna; na, (až) po; **to the south** [sauθ] na juh, južne od; *predl. (3. pád)* **to him** jemu; *častica neurčitku;* **to be** [bi:] byť

toast [təust] *podst.* hrianka; prípitok; *sl.* opekať; pripiť *(komu)*

tobacconist's [təˈbækənists] trafika

today [təˈdei] dnes

toddler [todlə] batoľa

toe [təu] prst *(na nohe)*

toffee [tofi] karamelka

together [təˈgeðə] spolu, dovedna

TOILET 102

toilet [toilət] úprava; toaleta; oblečenie; umyváreň; záchod

token [təukn] darček; poukážka

toll [təul] mýto

tomato [təˈmaːtəu] rajčina

tomb [tuːm] hrob(ka)

tomorrow [təˈmorəu] zajtra

ton [tan] tona

tone [təun] tón

tongs [toŋz] kliešte

tongue [taŋ] jazyk

tonight [təˈnait] dnes večer

tonsillitis [tonsiˈlaitis] angína

too [tuː] príliš; aj; tiež

tool [tuːl] nástroj

tooth [tuːθ] zub, mn. č. **teeth** [tiːθ]

toothache [tuːθeik] bolesť zubov

toothbrush [tuːθbraš] zubná kefka

toothpaste [tuːθpeist] zubná pasta

toothpick [tuːθpik] špáradlo *(na zuby)*

top podst. vrchol; príd. horný; najlepší; **t. speed** [spiːd] najväčšia rýchlosť; sl. pokryť; vynikať; byť na vrchole

topic [topik] téma

topical [topikl] aktuálny

torch [toːč] baterka; fakľa

total [təutl] podst. celková suma; príd. celý, úplný

touch [tač] podst. dotyk; hmat; sl. dotknúť sa; dojať

tough [taf] pevný, tvrdý

tour [tuə] cesta; túra; zájazd; **conducted, guided t.** [kənˈdaktid, gaidid] zájazd so sprievodcom

tourist [tuərist] turista

tournament [tuənəmənt] preteky, turnaj

tow [təu] podst. vlek; **take in t.** [teik] vziať do vleku; sl. vliecť

towards [təˈwoːdz] smerom k

towel [tauəl] uterák

tower [tauə] veža

towing [təuiŋ] vlečný; **t. line** [təuiŋ lain], **t. rope** [təuiŋ rəup] vlečné lano

town [taun] mesto; **t. hall** [hoːl] radnica

toxic [toksik] jedovatý

toy hračka

toyshop [toišop] hračkársky obchod

track [træk] stopa; trasa; trať

103 **TREAT**

tracksuit [træksju:t] tepláky

trade [treid] podst. obchod; sl. **t. in, with sth** obchodovať s čím

trade-mark [treidma:k] obchodná ochranná značka

tradesman [treidzmən] obchodník

trade-union [treidju:njən] odborová organizácia

traffic [træfik] podst. doprava, premávka; **oncoming t.** [ankamiŋ] premávka opačným smerom; príd. dopravný; **t. jam** [džæm] dopravná zátarasa; **t. lights** [laits] dopravné svetlá

trail [treil] stopa

trailer [treilə] aut. *(obytný)* príves, vlečka; film. ukážky z budúceho programu

train¹ [trein] vlak

train² [trein] trénovať, cvičiť

training [treiniŋ] tréning, výcvik

tram [træm] električka

tramline [træmlain] električková trať

transfer [trænsfə:] podst. premiestnenie; prestupný lístok; [trænsˈfə:] sl. premiestniť; presadnúť

transferable [trænsfərəbl] prenosný

transform [trænsˈfo:m] premeniť

transit [trænsit] tranzit, prechod; **t. visa** [vi:zə] tranzitné vízum

translate [trænsˈleit] prekladať

translation [trænsˈleišn] preklad

translator [trænsˈleitə] prekladateľ(ka)

transmission [trænzˈmišn] vysielanie, prenos *(rozhlasom, televíziou)*

transport [trænspo:t] podst. doprava; [trænsˈpo:t] sl. prevážať

travel [trævl] podst. cestovanie; sl. cestovať

travel agency [trævl eidžnsi], **t. bureau** [bjuərəu], **t. office** [ofis] cestovná kancelária

traveller [trævlə] cestujúci, cestovateľ

tray [trei] tácňa, podnos

treat [tri:t] zaobchodiť *(s kým)*;

TREATMENT 104

liečiť; (po)hostiť; rokovať *(o čom)*

treatment [tri:tmənt] liečba, ošetrenie

treaty [tri:ti] zmluva

tree [tri:] strom

trial [traiəl] skúška; súdny proces

triangle [traiæŋgl] trojuholník, trojhran

trifle [traifl] maličkosť; kuch. ovocný pohár

trim(ming) pristrihnutie *(vlasov)*

trip výlet; **go for a t** [gəu] ísť na výlet

tripe [traip] kuch. držky

trolley [troli] vozík

trolleybus [trolibas] trolejbus

trouble [trabl] podst. trampoty; sl. trápiť, znepokojovať

trousers [trauzəs] nohavice

trout [traut] pstruh

truck [trak] am. nákladné auto

true [tru:] skutočný, rýdzi; verný

truly [tru:li] úprimne; **Yours t.** [jo:z] s úctou *(v liste)*

trunk [traŋk] kmeň; driek; kufor

trunk-call [traŋkko:l] telef. medzimestský hovor

trunk-road [traŋkrəud] hlavná cesta

trunks [traŋks] plavky; trenírky

trust [trast] podst. dôvera; úver; trust; sl. dôverovať komu

truth [tru:θ] pravda

try [trai] sl. pokúsiť sa: skúsiť; **try on** skúsiť si *(šaty);* podst. pokus

T shirt [ti:šə:t] tričko s krátkymi rukávmi

tub [tab] vaňa

tube [tju:b] rúr(k)a; tuba; londýnske metro; **inner t.** [inə] aut. duša *(pneumatiky)*

Tuesday [tju:zdi] utorok

tune [tju:n] podst. melódia; sl. **t. in** vyladiť *(rádio)*

tunnel [tanl] tunel

turkey [tə:ki] morka

turn [tə:n] sl. obrátiť (sa); zmeniť (sa); **t. back** [bæk] vrátiť sa; **t. off** vypnúť; **t. on** zapnúť; **t. left, right** [rait] zabočiť vľavo, vpravo; podst.

105   **UNDIES**

obrat, zmena; poradie; **it's your t. now** [nau] teraz ste vy na rade

turning [tə:niŋ] zákruta; križovatka

turtle [tə:tl] korytnačka

TV [ti:vi:] televízia

twice [twais] dvakrát

twin dvojča; **t. beds** dve postele; **t. room** [ru:m] dvojposteľová izba

two-lane road [tu:lein rəud] dvojprúdová cesta

two-stroke [tu:strəuk] aut. dvojtaktný

two-way traffic [tu:wei træfik] dvojsmerná doprava

type [taip] podst. typ, druh; písmo; sl. písať na stroji

typewriter [taipraitə] písací stroj

tyre [taiə] pneumatika

U

U (underground) [andəgraund] podzemná železnica, metro; film. **universal** [juni'və:sl] prístupný pre všetky vekové kategórie

ulcer [alsə] vred

umbrella [am'brelə] dáždnik

umpire [am'paiə] šport. rozhodca

uncertain [an'sə:tn] neistý

uncle [aŋkl] strýko

unconscious: be u. [bi: an'konšəs] byť v bezvedomí

under [andə] pod

underclothes [andəkləudz] spodná bielizeň

underdone [andədan] kuch. polosurový

underground [andəgraund] príd. podzemný; podst. metro

underpants [andəpænts] spodky

underpass [andəpa:s] podchod

understand [andə'stænd] rozumieť

underwear [andəweə] spodná bielizeň

undies [andiz] hovor. dámska bielizeň

UNDRESS 106

undress [anˈdres] vyzliecť (sa)
uneasy [aniːzi] nepokojný, nesvoj; nepohodlný
unemployed [animˈploid] nezamestnaný
uneven [aniˈvn] nerovný
unfortunately [anˈfoːčnitli] žiaľbohu
unhappy [anˈhæpi] nešťastný
uniform [juːnifoːm] príd. jednotný; podst. uniforma
unify [juːnifai] zjednotiť
union [juːnjən] jednota; združenie, zväz
unit [juːnit] jednotka
united [juːˈnaitid] spojený
universal [juːniˈvəːsl] všeobecný
universe [juːnivəːs] vesmír
university [juːniˈvəːsiti] univerzita
unknown [anˈnoun] neznámy
unless [anˈles] ak nie; iba ak
unlike [anˈlaik] iný, odlišný
unlikely [anˈlaikli] nepravdepodobný
unlucky: be u. [bi: anˈlaki] mať smolu
unmarried [anˈmærid] slobodný, neženatý, nevydatá

UNO (the United Nations' Organization) [juːˈnaitid neišnz oːgənaiˈzeišn] OSN (Organizácia Spojených národov)
unpack [anˈpæk] rozbaliť, vybaliť
unpaid [anˈpeid] neplatený
until [anˈtil] predl. až do; spoj. kým nie
unusual [anˈjuːžuəl] nezvyčajný
unwell: be u. [anwel] necítiť sa dobre
up [ap] nahor, hore
upon [əˈpon] na
upper [apə] horný
upstairs [apˈsteəz] hore, na poschodí
up-to-date [aptədeit] moderný, časový
upwards [apwədz] nahor
urban [əːbən] mestský
urge [əːdž] súriť, naliehať
urgent [əːdžnt] súrny, naliehavý
us [as] zám. nás; **to u.** nám
use [juːs] podst. použitie; [juːz] sl. používať; **be used to** [bi: juːst tə] byť zvyknutý na; **get used to** zvyknúť si na

107   **VARIETY SHOW**

useful [juːsfl] osožný, užitočný

useless [juːslis] neosožný, nepotrebný

usher [ašə] uvádzač

usherette [ašə'ret] uvádzačka

usual [juːžuəl] zvyčajný

usually [juːžuəli] obyčajne

utensils [ju'tenslz] náradie, potreby

utility [juː'tiliti] prospešnosť; **public utilities** [pablik ju:'tilitiz] verejnoprospešné služby

U-turn [juːtəːn] dopr. otočenie do protismeru

V

vacancy [veiknsi] voľné miesto

vacant [veiknt] voľný, neobsadený

vacate [və'keit] uvoľniť, vyprázdniť

vacation [və'keišn] am. prázdniny

vaccinate [væksineit] (za)očkovať

vaccination certificate [væksi'neišn sə:'tifikit] očkovací preukaz

vacuum cleaner [vækjuəm kliːnə] vysávač

vacuum flask [vækjuəm flaːsk] termoska

vain [vein] márny; **in v.** zbytočne

valid [vælid] platný

validity [və'liditi] platnosť

valley [væli] údolie

valuables [væljuəblz] cennosti

value [vælju:] podst. cena, hodnota; sl. oceniť, (o)hodnotiť

valve [vælv] ventil; elektrónka

van [væn] krytý voz, dodávkové auto

vapour [veipə] para

varied [veərid] rozličný, rozmanitý

variety [və'raiəti] rozmanitosť, pestrosť; veľký výber; varieté

variety show [və'raiəti šəu] revue, estrádny program

VARIOUS 108

various [veəriəs] rozličný, rozmanitý

varnish [va:niš] lak; **v. remover** [ri'mu:və] odlakovač

vault [vo:lt] klenba; hrobka

veal [vi:l] teľacina

vegetables [vedžitəblz] zelenina

vegetarian [vedži'teəriən] vegetarián

vehicle [vi:ikl] vozidlo

vein žila

vending machine [vendiŋ mə'ši:n] automat *(na predaj drobností)*

vendor [vendə] predavač

venison [venizn] srnčie mäso

verify [verifai] overiť; potvrdiť

vermicelli [və:mi'seli] kuch. rezance

very veľmi; **v. good** [gud] veľmi dobrý; dobre; **the v. best** ten najlepší

vessel [vesl] nádoba; loď, plavidlo; cieva

vest tričko; am. vesta

VHF (very high frequency) [veri hai fri:kwənsi] el. veľmi krátke vlny, VKV

via [vaiə] smerom, cez; **v. Dover** [dəuvə] cez Dover

vicinity [vi'siniti] susedstvo, blízkosť

victory [viktəri] víťazstvo

view [vju:] pohľad; prehliadka; názor

viewer [vju:ə] divák

view-finder [vju:faində] fot. hľadáčik

village [vilidž] dedina

vine [vain] vinič

vinegar [vinigə] ocot

violate [vaiəleit] prestúpiť *(zákon);* narušiť

violin [vaiə'lin] husle

visa [vi:zə] vízum; **entry v.** vstupné vízum; **transit v.** [trænsit] tranzitné vízum

visible [vizəbl] viditeľný

visit [vizit] sl. navštíviť; podst. návšteva

visiting-card [vizitiŋ ka:d] vizitka

visitor [vizitə] návštevník

vital [vaitl] životne dôležitý; podstatný; vitálny

vocation [vəu'keišn] povolanie

voice [vois] hlas
voltage [voltidž] el. napätie
volume [volju:m] objem; zväzok

vomit dáviť
voucher [vaučǝ] poukážka, potvrdenka
voyage [voidž] plavba

W

wages [weidžiz] plat, mzda
waggon [wægǝn] vozeň; vagón
war [wo:] vojna
waist [weist] pás
waistcoat [weiskǝut] vesta
wait [weit] čakať; **w. for sb** čakať na koho; **w. on** al. **upon sb** [ǝ'pon] obsluhovať koho
waiter [weitǝ] čašník
waiting-room [weitiŋru:m] čakáreň
waitress [weitris] servírka
wake (up) [weik (ap)] zobudiť (sa)
walk [wo:k] podst. chôdza, prechádzka; sl. kráčať; prechádzať sa
wall [wo:l] stena
wallet [wolit] náprsná taška
wallpaper [wo:lpeipǝ] tapeta
walnut [wo:lnǝt] vlašský orech

waltz [wo:ls] valčík
wander [wondǝ] putovať, cestovať; (za)blúdiť
want [wont] podst. nedostatok; potreba; sl. chcieť; potrebovať
ward [wo:d] nemocničná izba, oddelenie
warden [wo:dǝn] dozorca
wardrobe [wo:drǝub] skriňa, šatník
warehouse [weǝhaus] skladište
wares [weǝz] tovar
warm [wo:m] príd. teplý; sl. zohriať (sa)
warning [wo:niŋ] výstraha, upozornenie
warrant [worǝnt] oprávnenie; splnomocnenie
was: I, he, she w. [ai, hi:, ši: woz] bol som, on, ona bol(a)

WASH 110

wash [woš] sl. umyť (sa); prať;
  w. up [ap] umyť riad; podst.
  (u)mytie; pranie
wash-basin [wošbeisn] umý-
  vadlo
washing-machine [wošiŋmə-
  ˡši:n] práčka
waste [weist] príd. pustý; zbytoč-
  ný; podst. márnenie; odpad-
  ky; sl. plytvať čím
watch [woč] sl. sledovať, pozo-
  rovať; strážiť; podst. hodinky
watchmaker [wočmeikə] hodi-
  nár
water [wo:tə] podst. voda; **cold,
  hot, running w.** [kəuld,
  raniŋ] studená, teplá, tečúca
  voda; sl. polievať
water-colour [wo:təkalə] akva-
  rel
waterfall [wo:təfo:l] vodopád
waterproof [wo:təpru:f] nepre-
  mokavý, vodovzdorný
watertight [wo:tətait] vodo-
  tesný
wave [weiv] vlna; **short waves**
  [šo:t weivz] el. krátke vlny
  (rozhlasové)

wave-band [weivbænd] vlnový
  rozsah
wave-length [weivleŋθ] vlnová
  dĺžka
wax [wæks] vosk
way [wei] cesta; spôsob
Way In [wei in] Vchod
Way Out [wei aut] Východ
WC (water closet) [wo:tə klozit]
  záchod *(splachovací)*
we [wi:] zám. my
weak [wi:k] slabý
weapon [wepən] zbraň
wear [weə] nosiť *(šaty)*; ošúchať
  (sa), zodrať (sa)
weather [weðə] počasie
weather-bureau [weðəbjuərəu]
  meteorologický ústav
weather forecast [weðə fo:ka:st]
  predpoveď počasia
wedding svadba
Wednesday [wenzdi] streda
week [wi:k] týždeň
weekday [wi:kdei] všedný deň
weekend [wi:kend] víkend
weekly [wi:kli] príd. týždenný;
  prísl. týždenne; podst. týžden-
  ník
weigh [wei] (od)vážiť

111   **WILL**

weight [weit] hmotnosť; **w. limit**
  povolené zaťaženie; **excess
  w.** [ik'ses] nadhmotnosť
welcome [welkəm] príd. vítaný;
  you're w. [jo:ə] prosím, niet
  za čo; podst. privítanie; sl.
  vítať; vitaj(te)!
well[1] studňa
well[2] podst. dobro; príd. zdravý;
  prísl. dobre; nuž, teda; **as w.**
  aj, tiež; **as w. as** [əz] ako aj
went minulý čas od go; **I went**
  šiel som
were: you, we, they w. [weə] bol
  si, boli sme, boli
west západ
western [westən] západný
westwards [westwo:dz] na
  západ
wet mokrý, vlhký; **get w.** zmok-
  núť; **w. paint** [peint] čerstvo
  natreté
what [wot] čo; aký; ktorý
whatever [wot'evə] hocaký;
  čokoľvek
wheat [wi:t] pšenica
wheel [wi:l] koleso; **w. balanc-
  ing** [bælənsiŋ] aut. vyváženie
  kolies

when [wen] kedy; keď; až
where [weə] kde; kam
whether [weðə] či
which [wič] ktorý; aký; kto, čo
while [wail] podst. chvíľa; spoj.
  kým
whisky [wiski] pálenka
whisper [wispə] šepkať
white [wait] biely
who [hu:] kto; ktorý
whole [həul] príd. celý; podst.
  celok; **on the w.** vcelku, cel-
  kom
wholesale [həulseil] veľkoob-
  chod; vo veľkom
whom [hu:m] zám. koho; **to w.**
  komu
whose [hu:z] privl. čí; ktorého
why [wai] prečo
wide [waid] široký
widow [widəu] vdova
widower [widəuə] vdovec
width [widθ] šírka
wife [waif] manželka
wig parochňa
wild [waild] divý
will podst. vôľa; pomocné slove-
  so budúceho času; **he w.
  come** [kam] príde

WILLING 112

willing [wiliŋ] ochotný

win vyhrať; získať

wind[1] vietor

wind[2] [waind] točiť (sa), vinúť (sa); **w. up** [ap] natiahnuť *(hodinky)*

wind-cheater [windči:tə], am. **windbreaker** [windbreikə] vetrovka

window [windəu] okno; **window-shopping** [windəušopiŋ] pozeranie výkladov

windscreen [windskri:n], am. **windshield** [windši:ld] aut. predné sklo

wine [wain] víno

wing krídlo; mn. č. **wings** [wiŋz] div. kulisy

winter [wintə] zima *(ročné obdobie)*

wipe [waip] utierať

wire [waiə] podst. drôt; telegram; sl. telegrafovať

wireless [waiəlis] rádio, rozhlas

wise [waiz] múdry

wish [wiš] sl. želať (si); chcieť; podst. želanie

with [wiď] s, so; predl. *(7. pádu):* **w. spoon** [spu:n] lyžicou

within [wiˡďin] na dosah; v priebehu, za

without [wiˡďaut] bez

witness [witnis] podst. svedok; sl. (do)svedčiť

woman [wumən] žena, mn. č. **women** [wimin]

wonder [wandə] podst. div; sl. čudovať sa; byť zvedavý

wonderful [wandəful] skvelý, úžasný

wood [wud] drevo; les

wool [wul] vlna

woollen [wulən] vlnený

word [wə:d] slovo

work [wə:k] podst. práca; sl. pracovať; fungovať; **it doesn't w.** [daznt] nefunguje to

workday [wə:kdei] pracovný deň

worker [wə:kə] robotník, pracovník

working [wə:kiŋ] pracujúci; **w. day** [dei] pracovný deň; **w. hours** [auəz] pracovný čas

works [wə:ks] továreň, závod

workshop [wə:kšop] dielňa

world [wə:ld] svet

worn [wo:n] ošúchaný

113   **YARD**

worry [wari] podst. trápenie, starosť; sl. sužovať (sa), trápiť (sa)

worse [wə:s] príd. horší; prísl. horšie

worship [wə:šip] bohoslužba

worst [wə:st] príd. najhorší; prísl. najhoršie

worsted [wustid] vlnená látka

worth [wə:θ] podst. hodnota, cena; príd. majúci cenu; **it is w. while** [wail] stojí to za to

would [wud] *pomocné sloveso podmieňovacieho spôsobu:* **w. you like . . .?** [laik] chceli by ste . . .?

wound [wu:nd] podst. rana; sl. (po)raniť

wrap up [ræp ap] zabaliť

wrench [renč] francúzsky kľúč

wring [riŋ] krútiť; žmýkať

wrist [rist] zápästie

wrist-watch [ristwoč] náramkové hodinky

write [rait] písať

writer [raitə] spisovateľ(ka)

writing-desk [raitiŋdesk] písací stôl

writing-paper [raitiŋpeipə] listový papier

wrong [roŋ] príd. nesprávny; zlý; **he is w.** [hi:] nemá pravdu, mýli sa; prísl. nesprávne, zle

wt (weight) [weit] hmotnosť

X

Xmas (Christmas) [krisməs] Vianoce

X-ray [eksrei] podst. röntgen; sl. röntgenovať

Y

yacht [jot] jachta

yard [ja:d] jard *(= 91 cm)*

YEAR 114

year [jə:, jiə] rok
yellow [jeləu] žltý
yes [jes] áno
yesterday [jestədi] včera
yet [jet] prísl. ešte; **not y.** ešte
  nie; **and y.** a predsa; spoj. ale,
  predsa však
YHA (Youth Hostels Associa-
  tion) [ju:θ hostlz əsəusi'eišn]
  turistická nocľaháreň pre
  mládež

yolk [jəuk] žĺtko
you [ju:] ty, vy; teba, vás
young [jaŋ] mladý
your [jo:] privl. tvoj, váš
yourself [jo:'self] (ty, vy) sám;
  sa
youth [ju:θ] mládež; mladosť;
  mladík
youthful [ju:θful] mladistvý

Z

zebra crossing [zi:brə krosiŋ]
  dopr. zebra
zero [ziərəu] nula
zip code [zip kəud] am. poštové
  smerovacie číslo

zip fastener [zip fa:sənə] zips
zone [zəun] pásmo
zoo(logical garden) [zu:(ľodži-
  kəl ga:dn)] zoologická
  záhrada